国家自然科学基金资助项目（71372070）
上海立信会计学院085项目
立信会计产学研基地建设项目

企业并购与重组会计案例解析

（第二版）

Teaching Guide for Accounting Cases of Merge, Acquisition and Restructuring

张奇峰 主 编
张维宾 郑先弘 朱 颖 潘莉华 副主编

东北财经大学出版社 大连
Dongbei University of Finance & Economics Press

图书在版编目（CIP）数据

企业并购与重组会计案例解析 / 张奇峰主编．—2 版．—大连 ：东北财经大学出版社，2019. 8

ISBN 978-7-5654-3592-8

Ⅰ．企…　Ⅱ．张…　Ⅲ．企业合并-会计-案例-中国　Ⅳ．F279. 23

中国版本图书馆 CIP 数据核字（2019）第 140365 号

东北财经大学出版社出版

（大连市黑石礁尖山街 217 号　邮政编码　116025）

网　　址：http：//www. dufep. cn

读者信箱：dufep @ dufe. edu. cn

大连永盛印业有限公司印刷　　东北财经大学出版社发行

幅面尺寸：170mm×240mm　字数：304 千字　印张：15. 5　插页：1

2019 年 8 月第 2 版　　2019 年 8 月第 3 次印刷

责任编辑：李智慧　王　莹　　责任校对：惠恩乐

封面设计：张智波　　版式设计：钟福建

定价：38. 00 元

教学支持　售后服务　联系电话：（0411）84710309

如有印装质量问题，请联系营销部：（0411）84710711

资助声明

本书是作者主持的国家自然科学基金资助项目“同一控制下企业合并会计的经济后果研究”（项目批准号：71372070）与上海立信会计学院085项目“企业并购与合并报表实训基地建设”以及立信会计产学研基地建设项目的重要成果之一。感谢国家自然科学基金委、上海市教委、上海立信会计学院与立信会计产学研基地的资助，但本书文责由作者承担。

第二版前言

自本书第一版于2015年4月出版以来，新的企业会计准则与解释公告相继出台，对本书案例中运用的相关法规与原理产生了一些影响。为此，第二版根据目前最新的企业会计准则与解释公告，以及近年来教师在授课过程中的反馈情况，对本书进行了修订。

第二版主要修订之处如下：（1）案例1中补充了新的问题与解析；（2）案例5“美的集团换股兼并美的电器：是企业合并吗”中补充了其法规基础——《企业会计准则解释第7号》；（3）案例20“精良印包兼并原子公司：同一控制合并还是公司清算”中补充了其法规基础——《企业会计准则解释第7号》。

本书的编写目的不仅仅在于解决“会计怎么做”——介绍企业会计准则及其解释公告在实务中如何运用，更重要的是对不同方案下的会计处理进行评价与解析，探讨其适用的企业会计准则的基本原理，试图回答“会计为什么这么做”。很高兴地看到，新的企业会计准则与解释公告的出台，与本书第一版中提出的案例解决方案不谋而合，为本书的案例解决方案提供了更坚实的法规基础。

由于时间与能力有限，本书的疏漏与错误在所难免，敬请读者批评指正！

张奇峰

2019年6月

第一版前言

本书是《企业并购与重组会计案例》的配套教学指南，适用于会计专业高年级本科生、会计专业硕士（MPAcc）、审计专业硕士（MAud）以及工商管理硕士（MBA）的“企业并购与重组”的课程教学以及会计师事务所审计人员的后续培训，也可以作为“高级财务会计”课程的教学辅导资料；我们也希望本书给从事企业并购与重组实务的投资顾问、会计与税务人员、研究人员以及监管者提供一个基于财务会计视角的分析框架与建设性思路。

企业并购与重组是企业快速扩张或缩小规模的主要途径，对于企业经营效率的改善、资源配置的优化、产业转型与技术升级以及资本市场的健康良性发展都具有重要意义。目前企业并购重组的实务发展与创新层出不穷，对并购重组的会计核算与教育提出了严峻的挑战。本书从财务会计的视角，分析与讨论企业并购与重组的会计核算问题，揭示并购与重组的经济实质及会计核算原则，为投资顾问、财会人员、审计师以及监管者更好地理解与开展并购与重组业务提供思路。

本书包括 23 个企业并购与重组的会计案例解析。案例既包括同一控制下的合并、非同一控制下的合并、分步购买、一揽子交易、股权出售、资产置换、债务重组等常见的并购与重组业务，又包括借壳上市所引发的反向购买、业务合并以及无支付对价的合并等特殊并购业务。每个案例解析主要包括案例概览、教学目标、教学建议、建议使用的教学资源、案例分析参考、课程中可讨论的其他问题几个部分，从会计主管或审计师的角度探讨案例的交易特征、会计类型认定、会计核算原则以及交易对企业的财务影响等问题。为了便于教师与学生使用，考虑到课堂容量有限，本书把案例中一些拓展的问题放入了“课程中可讨论的其他问题”，这些问题往往涉及新的视角或新的条件，如“如果案例中的某些交易条件发生变化，应怎么办”，“如果你是监管者，你对交易的会计核算有何意见”等，任课教师可根据课时与课程总体目标来调整每个案例可讨论的问题数量。

本书所有案例素材都来自企业并购重组实务前沿，其中大部分案例来自上市公司的公开信息披露，少数案例来自会计师事务所合伙人或高级项目经理在审计过程中所亲历的会计难题。出于客户信息的保密需要以及更好地揭示其所运用的会计原则，我们对一些案例进行了匿名或化名的处理，对一些案例的交易细节进行了简化与调整。

本书的案例主要是探索性的，我们所提供的参考答案并非标准答案，更多的是一些思路与分析框架，也未必与公司的实际会计处理相符，本书案例解析的目的主要在于激发与引导读者进行批判性思考。由于案例资料的完备性、人们的认知水平以及我国的会计规范处在不断变化中，会计实务也在不断发展中，不少案例在当时没有相关会计与税务规范，我们不能用后颁布的会计与税务规范去处理当时的业务，以免成为“事后诸葛亮”；同时案例本身的特殊性意味着它不可能在未来的工作中完全重复出现，但是案例中所运用的基本原理为我们未来业务的开展提供了思路与借鉴。

本书作者均来自会计实务与教学的一线，具有丰富的实务经验与教学经验，每个案例解析均在我们内部进行了深入的讨论，其中一些案例已经在“高级财务会计”与“企业并购与重组”课堂上使用与修订过多次，取得了较好的教学效果。

本书由张奇峰担任主编，负责拟定编写大纲，设计体例，并负责总纂、修改与定稿；张维宾、郑先弘、朱颖、潘莉华担任副主编，协助主编审校；冯琪协助主编复核。本书写作分工如下：

内容	主笔	审校
案例导读	张奇峰	张奇峰、张维宾
案例 1	张奇峰	郑先弘、张奇峰、张维宾
案例 2	郑先弘、章丽娟	张维宾、张奇峰
案例 3	张奇峰	张奇峰、张维宾、郑先弘
案例 4	潘莉华、江强、张维宾	张维宾、张奇峰
案例 5	张奇峰、潘文科、戴佳君	张奇峰、张维宾
案例 6	张奇峰、杨龙	张维宾、张奇峰
案例 7	朱颖、周永厦、徐莎	张维宾、张奇峰
案例 8	朱颖、张维宾、李沿锦	张维宾、张奇峰
案例 9	叶飞腾	郑先弘、张奇峰
案例 10	董卉娜	张奇峰、张维宾
案例 11	张维宾、钱敏	张维宾、张奇峰
案例 12	黄海	张维宾、张奇峰
案例 13	徐娟	张维宾、张奇峰
案例 14	张奇峰	张奇峰、张维宾
案例 15	张维宾、张宇	张维宾、张奇峰
案例 16	王斌、朱颖、左冰清	张维宾、张奇峰
案例 17	张奇峰、章丽娟、叶敏	郑先弘、张奇峰、张维宾
案例 18	潘莉华、饶海兵	张维宾、张奇峰
案例 19	张维宾、章丽娟	张维宾、张奇峰

续表

内容	主笔	审校
案例 20	张维宾、章丽娟	张维宾、张奇峰
案例 21	姚津、张维宾	张维宾、张奇峰
案例 22	张奇峰、吴烁华	张奇峰、张维宾
案例 23	叶敏	郑先弘、张奇峰、张维宾

本书部分来自于我在上海立信会计学院给高年级本科生与审计专业硕士生讲授“高级财务会计”与“企业并购与重组”的讲义和笔记。在写作过程中，感谢会计师事务所专家郑先弘、朱颖、潘莉华、徐娟、黄海、江强、饶海兵、孙冰、张宇、周永厦的大力支持与帮助；感谢我的同事叶敏老师、董卉娜博士、叶飞腾博士、肖成民博士的积极参与以及相关课程的学员提供的许多宝贵的意见。

由于作者本身的水平与能力有限，书中的错误与遗漏在所难免，恳请各位专家、同学批评指正并提出改进意见，以便再版时进行更新与修订。

张奇峰

2015 年 2 月

目　录

案例导读　1

上篇　一般并购业务

案例 1　华映科技股权收购：同一控制下的企业合并吗　9

一、案例概览　9

二、教学目标　9

二、教学建议　10

四、建议使用的教学资源　10

五、案例分析参考　10

六、课程中可讨论的其他问题　14

案例 2　海豹股份增发收购大原地产：同一控制下的企业合并吗　15

一、案例概览　15

二、教学目标　15

三、教学建议　15

四、案例分析参考　16

五、课程中可讨论的其他问题　23

案例 3　远东股份增发收购云峰股份：夫妻分别控股下并购如何核算　26

一、案例概览　26

二、教学目标　26

三、教学建议　26

四、建议使用的教学资源　27

五、案例分析参考　27

六、课程中可讨论的其他问题　32

案例 4　友谊股份兼并百联股份：同一控制下的企业合并吗　35

一、案例概览　35

二、教学目标　35

三、教学建议 35
四、建议使用的教学资源 36
五、案例分析参考 37
六、课程中可讨论的其他问题 42
案例 5　美的集团换股兼并美的电器：是企业合并吗 44
一、案例概览 44
二、教学目标 44
三、教学建议 45
四、建议使用的教学资源 46
五、案例分析参考 46
六、课程中可讨论的其他问题 62
案例 6　广药集团整体上市：谁是主并方 63
一、案例概览 63
二、教学目标 63
三、教学建议 63
四、建议使用的教学资源 64
五、案例分析参考 65
案例 7　达盛股份增发取得股权：合并成本如何计量 73
一、案例概览 73
二、教学目标 73
三、教学建议 74
四、案例分析参考 74
五、课程中可讨论的其他问题 81
案例 8　兴建集团以股换股：取得少数股权如何计量 83
一、案例概览 83
二、教学目标 83
三、教学建议 83
四、案例分析参考 84
五、课程中可讨论的其他问题 91
案例 9　华邦制药吸收合并颖泰嘉和：商誉如何计量 93
一、案例概览 93
二、教学目标 93

三、教学建议 94
四、建议使用的教学资源 95
五、案例分析参考 95
六、课程中可讨论的其他问题 100
案例 10　中国平安收购深发展：非同一控制还是同一控制企业合并 101
一、案例概览 101
二、教学目标 101
三、教学建议 102
四、建议使用的教学资源 103
五、案例分析参考 103
案例 11　世纪科技收购珠江红力：分步合并如何核算 111
一、案例概览 111
二、教学目标 111
三、教学建议 112
四、案例分析参考 112
五、课程中可讨论的其他问题 119
案例 12　长钢股份收购广金股份：是一揽子交易吗 121
一、案例概览 121
二、教学目标 121
三、教学建议 121
四、建议使用的教学资源 122
五、案例分析参考 123
六、课程中可讨论的其他问题 128
案例 13　万泰集团以股换股新设公司：附利润承诺的股权投资如何核算 130
一、案例概览 130
二、教学目标 130
三、教学建议 131
四、案例分析参考 132

中篇　特殊并购业务

案例 14　ST 长控收购浪莎内衣：同一控制合并还是反向购买　140
一、案例概览　140
二、教学目标　140
三、教学建议　141
四、建议使用的教学资源　141
五、案例分析参考　142
六、课程中可讨论的其他问题　146
案例 15　银亿房产借壳兰光科技：反向购买如何核算　150
一、案例概览　150
二、教学目标　150
三、教学建议　150
四、建议使用的教学资源　151
五、案例分析参考　152
六、课程中可讨论的其他问题　160
案例 16　中科电收购江苏天策：构成业务吗　163
一、案例概览　163
二、教学目标　163
三、教学建议　163
四、案例分析参考　164
五、课程中可讨论的其他问题　173
案例 17　ST 东源兼并金科集团：是反向购买吗　175
一、案例概览　175
二、教学目标　175
三、教学建议　175
四、建议使用的教学资源　176
五、案例分析参考　176
六、课程中可讨论的其他问题　181
案例 18　欧朗电器购买资产：是业务合并吗　183
一、案例概览　183
二、教学目标　183

三、教学建议 184
四、建议使用的教学资源 184
五、案例分析参考 185
六、课程中可讨论的其他问题 188
案例 19 上海祥润受托经营沪江金润：是无支付对价的合并吗 190
一、案例概览 190
二、教学目标 190
三、教学建议 191
四、案例分析参考 191
五、课程中可讨论的其他问题 198

下篇 企业重组业务

案例 20 精良印包兼并原子公司：同一控制合并还是公司清算 199
一、案例概览 199
二、教学目标 199
三、教学建议 200
四、建议使用的教学资源 200
五、案例分析参考 201
六、课程中可讨论的其他问题 206
案例 21 银河股份股权转让：丧失控制权后的股权如何计量 207
一、案例概览 207
二、教学目标 207
三、教学建议 207
四、案例分析参考 208
五、课程中可讨论的其他问题 211
案例 22 广钢股份股权换电炉：具有商业实质吗 214
一、案例概览 214
二、教学目标 214
三、教学建议 214
四、建议使用的教学资源 215
五、案例分析参考 215
六、课程中可讨论的其他问题 223

案例 23　宝硕股份债务重组：破产重整下收益何时确认 224
一、案例概要 224
二、教学目标 225
三、教学建议 225
四、建议使用的教学资源 226
五、案例分析参考 226

案例导读

一、案例的主要内容

《企业并购与重组会计案例》分为上篇、中篇与下篇三个部分。

（一）上篇

上篇为“一般并购业务”，包括案例1至案例13，主要涉及是否企业合并、是否同一控制下的合并、是否非同一控制下的合并、是否一揽子交易、是否分步购买下企业合并的交易特征、判断标准、会计处理原则及其实务应用。

案例1至案例8探讨的共同主题为是否同一控制下合并的会计认定及其对企业的财务影响。其中案例1为上市公司现金收购股权，案例2至案例4是上市公司定向增发取得第一大股东的资产，由于案例中大股东的初始持股情况以及注入资产各异，导致适用的会计原则及其财务影响完全不同。案例5与案例6都属于整体上市，都采用了换股吸收合并的交易方式，但是不同的并购方导致会计类型的认定与会计核算原则迥然不同。案例7与案例8属于上市公司增发股票购买大股东的资产，分别从上市公司与大股东的角度探讨以股换股的会计类型认定及其财务影响。

在案例1中，华映科技以现金4亿元收购了控股股东持有的子公司华映光电20%股权，并声明将视市场发展情况，选择合适的时机继续收购控股股东华映百慕大等华映光电股东持有的剩余的华映光电股份，且控股股东应无条件同意。那么该笔交易是一般的长期股权投资，还是属于同一控制下合并的第一步呢？其适用于什么会计核算原则？

在案例2中，海豹股份公司增发股票购买第一大股东持有的大原地产70%股权，第一大股东此前持有海豹股份40%的股权，交易后第一大股东的持股比例上升为66.66%。对于海豹股份公司而言，该笔交易属于同一控制下的合并吗？对企业有何财务影响？

在案例3中，远东股份增发股票收购实际控制人姜放的妻子持有的子公司云峰股份100%股权，此前姜放间接持有远东股份15.46%的股权，交易后姜放夫妇的控股比例上升为51.14%。对于远东股份而言，该笔交易属于同一控制下的合并吗？对利益相关者有何影响？

在案例4中，友谊股份增发股票，换股吸收合并百联股份。此前第一大股东百联集团直接与间接持有友谊股份 27.3% 的股权，持有百联股份 44.1% 的股权。对于友谊股份而言，该次交易属于同一控制下的吸收合并吗？对企业有何财务影响？

在案例 5 中，美的集团增发股票，换股吸收合并美的电器，此前美的集团持有美的电器 41.17% 的股权，交易后美的电器法人身份注销。对于美的集团而言，该次交易属于会计上的企业合并吗？是否降低了关联交易？是否改善了同业竞争？其并购的绩效如何？

在案例 6 中，广州药业增发换股吸收合并白云山。此前广药集团持有广州药业 48.2% 的股权，持有白云山 35.58% 的股权。交易后，广州药业更名为白云山，原白云山的法人身份注销，广药集团持有白云山（更名后）45.24% 的股权。该次交易属于白云山合并广州药业，还是广州药业合并白云山？属于同一控制下的合并吗？应采用什么会计核算原则？

在案例 7 与案例 8 中，达盛股份增发股票换取大股东兴建集团持有 8 家（子）公司的股权。此前兴建集团持有达盛股份 36.85% 的股权，本次交易后兴建集团持有达盛股份 52.61% 的股权。对于达盛股份而言，该次交易控股 8 家公司属于同一控制下的合并吗？对于兴建集团而言，该次交易以股换股具有商业实质吗？应采用哪些会计核算原则？

案例 9 至案例 13 探讨的共同主题为是否非同一控制下的合并、是否一揽子交易的判断标准、会计核算原则及其财务影响。其中案例 9 与案例 10 采用了换股吸收合并的方式，而案例 11 与案例 12 采用了现金收购的方式，案例 13 采用了以持有股权入股设立新公司的方式，不同的支付方式与不同的交易目的导致适用的会计原则不尽相同。

在案例 9 中，华邦制药定向增发股票，换股吸收合并颖泰嘉和后注入全资子公司。此前华邦制药持有颖泰嘉和 22.7437% 的股权，换股价格以董事会公告日前 20 个交易日均价（即 23.86 元/股）为基础确定发行数量，到审批结束正式上市时，股价上涨到 40.65 元/股。对于华邦制药而言，本次交易是否属于非同一控制下的分步购买？应如何计量其合并成本与合并商誉？应采用哪些会计核算原则？

在案例 10 中，中国平安（集团）以子公司平安银行股份以及部分现金认购深发展发行的股份。此前中国平安持有深发展 29.99% 的股份，此次交易后中国平安持有深发展 52.38% 的股份，平安银行的法人身份注销。对于中国平安而言，本次交易是否属于同一控制下的合并？应如何计量其合并成本与合并商誉？不同会计认定对企业有何财务影响？

在案例 11 中，世纪科技以现金收购珠江红力 20% 股权。此次交易后，世纪科技对珠江红力的持股比例达到 52%。对于世纪科技而言，本次交易是否属于非同一控制下合并的分步购买？其合并成本与商誉应如何计量？应采用哪些会计核算原则？

在案例 12 中，长钢股份以现金收购广金股份 100% 股权，并分两个阶段实施：2012 年收购 85.50% 股权；2012 年审计报告出具后 15 个工作日内收购其余 14.50% 股权。对于长钢股份而言，第二阶段的交易与第一阶段的交易是否一揽子交易？如何核算第二阶段的长期股权投资入账价值？不同的会计认定对企业有何财务影响？

在案例 13 中，万泰集团和银信公司共同投资新设万信公司，其中万泰集团以持有的泰河公司 100% 股权认缴股本比例 60%；银信公司以货币出资 4 亿元，认缴股本比例 40%。自万信公司成立之日起计 5 年，万泰集团保证银信公司从万信公司每年获取一定的到账利润分配，否则差额部分由万泰集团负责补足。对于万泰集团而言，本次交易应如何核算附利润承诺的长期股权投资？应采用哪些会计核算原则？

（二）中篇

中篇为特殊并购业务，包括案例 14 至案例 19，主要涉及是否反向购买、是否构成业务、是否业务合并以及是否无支付对价的合并的交易特征、判断标准、会计处理原则及其财务影响。其中案例 14 至案例 17 都属于借壳上市，其探讨的共同主题为是否构成业务的反向购买应如何判断，适用哪些会计原则以及对企业有多大的财务影响。案例 18 属于常见的资产购买交易，但是否确认为业务合并将导致完全不同的财务后果。案例 19 属于受托经营业务，其法律形式与经济实质的错位使得其适用的会计原则出现了重大的不确定性。

在案例 14 中，ST 长控向大股东浪莎控股定向增发获得浪莎内衣 100% 股权，此前浪莎控股已持有 ST 长控 57.11% 的股权，交易后浪莎控股持有 ST 长控 57.63% 的股权，那么对于 ST 长控而言，该交易属于同一控制下的合并，还是反向购买？应采用哪些会计核算原则？对企业有何财务影响？对利益相关者有何影响？

在案例 15 中，兰光科技定向增发获得银亿房产 100% 股权。交易完成后，银亿控股拥有兰光科技近 90% 的股权，而兰光科技拥有银亿房产 100% 的股权。对于兰光科技而言，本次交易是否属于不构成业务的反向购买？应如何进行会计核算？

在案例 16 中，中科电定向增发获得江苏天策 100% 股权。交易完成后，原江苏天策股东拥有中科电近 67% 的股权，而中科电拥有江苏天策 100% 股权。对于中科电而言，本次借壳上市的交易是否构成业务应如何判断？适用哪些会计原则？对上市公司有何财务影响？

在案例 17 中，ST 东源定向增发股票吸收合并金科集团。此前黄红云夫妇控制的金科投资持有上市公司 ST 东源总股本的 13.42%，为公司第二大股东。本次吸收合并完成后，黄红云夫妇直接或间接持有的股份占 ST 东源总股本的 58.78%。对于 ST 东源而言，本次交易属于同一控制下的合并？构成业务的反向购买，还是不构成业务的反向购买？其不同的会计类型认定将对企业有何财务影响？将对利益相关者有何影响？

在案例 18 中，欧朗电器旗下子公司南通欧朗与上海欧朗理发剪公司现金购买福建欧朗、上海欧朗电吹风、梁州欧朗部分经营性资产。看上去常见的资产购买业务，是否属于业务合并？适用哪种会计核算原则？

在案例 19 中，上海祥润以每年 450 万元现金的代价受托经营琼海鑫海 10 年。对于上海祥润而言，该交易属于租赁，还是企业合并？是否应该将琼海鑫海纳入合并报表？应采用哪些会计核算原则？

（三）下篇

下篇为企业重组业务，包括案例 20 至案例 23，主要涉及股权出售、公司清算、资产置换与债务重组的交易特征、会计处理原则及其财务影响。

在案例 20 中，精良印包吸收合并原子公司精美印刷。交易完成后，原子公司注销。对于精良印包而言，该交易属于同一控制下的吸收合并，还是子公司清算？应采用哪些会计核算原则？对企业有何财务影响？

在案例 21 中，银河股份转让子公司龙洲房产 31% 的股权给盛宏股份。交易完成后，银河股份收到现金，仍持有龙洲房产 20% 股权。对于银河股份而言，应如何核算丧失控制权的股权投资？应采用哪些会计核算原则？

在案例 22 中，广钢股份以持有的子公司广州贸易的 90% 股权置换大股东的电子锅炉。该交易属于典型的以货易货，是否具有商业实质？应采用哪种会计核算原则？对企业有何财务影响？其交易动机何在？

在案例 23 中，法院宣告宝硕股份破产重整计划执行完毕，宝硕股份的债务被豁免 22.896 亿元。宝硕股份在破产重整下的债务重组能适用债务重组准则吗？应在何时确认债务重组利得？应采用哪种会计核算原则？

二、案例的视角与角色设置

在案例中，我们设置了会计人员、审计人员、会计主管或 CFO 等管理层以及监管者等角色，以引导学员从不同的视角来分析问题与解决问题。

对于企业的会计人员，他们面临的问题是：（1）该交易可采用哪些会计方法进行核算？（2）在不同的会计方法下，该交易应如何核算？（3）不同的会计方法适用的条件是什么？可以说，会计人员关注的重点在于交易如何进行会计核算。

对于审计人员，他们面临的问题是：（1）该交易的经济实质是什么？属于哪种会计类型？（2）该交易的会计核算应采用哪些会计准则与原则？（3）该交易应如何真实公允地进行会计核算与列报？（4）公司的会计处理合理吗？如不合理，应如何说服公司的会计人员进行调整？可以说，审计人员关注的重点问题是交易的会计确认、计量与报告。

对于企业的会计主管或CFO，他们面临的问题是：（1）该交易适用于哪些会计核算原则？（2）该交易可选择的会计方法有哪些？（3）不同的会计方法对企业有什么不同的财务影响？（4）哪种会计方法更能有助于企业价值的提升。可以说，管理层关注的重点在于交易的不同会计政策选择对企业有何不同财务影响。

对于监管者，他们面临的问题是：（1）该交易的动机是什么？（2）如何制定合理的会计政策来反映交易的经济实质？（3）该交易对利益相关者有何影响？可以说，监管者关注的重点在于交易或不同的会计政策选择对利益相关者有何不同的影响。

在案例中，会计的作用不仅在于反映管理层的受托责任履行情况，而且在于提供预测与反馈企业价值的相关信息。但是会计的上述两种作用在很多时候会存在一定的冲突，这要求管理层与审计师充分理解交易的经济实质，依据其专业判断，在会计信息的相关性与可靠性之间作出平衡。

三、案例的难度安排

本书案例按交易的复杂程度、资料的充分性以及适用的会计原则可分为三级。其中一级为难度最小，三级为难度最大。一级的难度主要是指交易相对比较简单，给出的资料比较充分，适用的会计原则相对比较清晰；而三级的难度主要体现在交易相对复杂，给出的资料不完全，适用的会计原则具有较大的不确定性。

需要指出的是，本书假设学员已经基本掌握了“高级财务会计”课程中企业并购与重组的会计处理原则。即使是一级的难度，对于初学者而言，可能也是一个巨大的挑战。

在上篇与下篇中，本书设置了一级到三级难度的案例。由于本书首先把内容与问题相近的案例排在一起，因此并没有完全按照由易到难的顺序进行排列。在中篇特殊并购交易中，由于交易本身较为复杂，我们在案例的讨论分析中给出了更多的提示，以降低分析的难度，提高读者的阅读兴趣。

本书案例具有一定的独立性，未必需要循序渐进地在课堂上讲解。

本书案例概要、角色设置以及难度情况见表1。

表 1　　案例概要、角色设置以及难度情况

案例名称	会计主体	标的资产	时间	交易情况	主要会计问题	决策者	交易目的	难度
案例 1　华映科技股权收购：同一控制下的企业合并吗	华映科技	华映光电 20% 股权	2011 年 10 月	现金 4 亿元收购大股东持有的华映光电 20% 股权	是否同一控制下控股合并的判断标准、初始计量与后续计量	CFO 与会计人员	产业整合	一级
案例 2　海豹股份增发收购大原地产：同一控制下的企业合并吗	海豹股份	大原地产 70% 股权	2012 年 6 月	增发股票购买大股东持有的大原地产 70% 股权	是否同一控制下分步合并的判断标准、会计核算与财务影响	审计师	大股东资产注入	二级
案例 3　远东股份增发收购云峰股份：夫妻分别控股下并购如何核算	ST 远东	沈阳云峰 100% 股权	2009 年 8 月	定向增发购买大股东妻子控股子公司云峰 100% 股权	夫妻分别控制下合并的会计类型判别、核算原则与财务影响	审计师、公司会计人员、监管者	大股东资产注入	二级
案例 4　友谊股份兼并百联股份：同一控制下的企业合并吗	友谊股份	百联股份所有资产与负债	2011 年 8 月	定向增发互换股权吸收合并百联股份	是否同一控制下吸收合并的判别标准、会计核算与税务处理	审计师	国资重组横向合并	二级
案例 5　美的集团换股兼并美的电器：是企业合并吗	美的集团	美的电器所有资产与负债	2013 年 9 月	美的集团换股吸收合并美的电器	是否企业合并的判别标准、会计处理与财务影响	审计师	整体上市	二级
案例 6　广药集团整体上市：谁是主并方	广州药业	白云山	2013 年 5 月	广州药业增发换股吸收合并白云山	是否同一控制下合并的判断标准、会计处理及其财务影响	审计师	横向合并整体上市	三级
案例 7　达盛股份增发取得股权：合并成本如何计量	达盛股份	大股东持有的 8 家公司股权	2012 年 6 月	达盛股份增发换取大股东持有 8 家公司的股权	是否同一控制下合并的判断标准、合并成本计量与税务处理	审计师	大股东资产注入	二级
案例 8　兴建集团以股换股：取得少数股权如何计量	兴建集团	达盛股份 36.85% 股权	2012 年 6 月	以 8 家公司股权换取上市公司发行的股份	以股换股是否具有商业实质的判断标准、会计处理与财务影响	审计师	大股东资产注入	二级

续表

案例名称	会计主体	标的资产	时间	交易情况	主要会计问题	决策者	交易目的	难度
案例9　华邦制药吸收合并颖泰嘉和：商誉如何计量	华邦制药	颖泰嘉和所有资产与负债	2011年12月	定向增发吸收合并颖泰嘉和	是否非同一控制下分步合并的判断标准及其合并成本与商誉如何计量	会计与审计人员	产业整合	三级
案例10　中国平安收购深发展：非同一控制还是同一控制企业合并	中国平安	深发展股权	2011年7月	以子公司平安银行股权与部分现金换取深发展股权	是否一揽子交易下非同一控制下合并的判断标准、会计处理及财务影响	会计人员	产业整合	二级
案例11　世纪科技收购珠江红力：分步合并如何核算	世纪科技	珠江红力20%股权	2013年8月	以现金收购20%股权达到52%股权	是否非同一控制下分步合并的判断标准、会计核算原则与财务影响	审计师技术标准部	产业整合	二级
案例12　长钢股份收购广金股份：是一揽子交易吗	长钢股份	广金股份14.5%	2013年6月	第2次现金购买14.5%广金股份达到100%控股	是否分步购买下一揽子交易的判断标准、会计处理与财务影响	审计师	产业整合	二级
案例13　万泰集团以股换股新设公司：附利润承诺的股权投资如何核算	万泰集团	万信公司60%股权	2014年7月	以股份出资新设万信公司占60%股份	附利润承诺的以股入股中合并成本如何计量	审计师	引入新资金	二级
案例14　ST长控收购浪莎内衣：同一控制合并还是反向购买	ST长控	浪莎内衣100%股权	2007年5月	定向增发获得浪莎内衣100%股权收购	是否同一控制下合并与反向购买的判断标准、会计处理与财务影响	CFO	借壳上市	二级
案例15　银亿房产借壳兰光科技：反向购买如何核算	兰光科技	银亿房产100%股权	2011年5月	定向增发获得银亿房产100%股权	是否构成业务的反向购买的判断标准、会计核算与交易动机	审计师	借壳上市	三级
案例16　中科电收购江苏天策：构成业务吗	中科电	江苏天策100%股权	2014年9月	定向增发获得江苏天策100%股权	是否不构成业务的反向购买的判断标准、会计处理与税务处理	审计师	借壳上市	二级

续表

案例名称	会计主体	标的资产	时间	交易情况	主要会计问题	决策者	交易目的	难度
案例 17　ST 东源兼并金科集团：是反向购买吗	ST 东源	金科集团所有资产与负债	2011 年 7 月	定向增发股票吸收合并金科集团	是否构成业务的反向购买的判断标准、会计处理与财务影响	会计主管	借壳上市	三级
案例 18　欧朗电器购买资产：是业务合并吗	南通欧朗与上海欧朗理发剪	福建欧朗、上海欧朗电吹风、梁州欧朗部分经营性资产	2011 年 12 月	现金购买福建欧朗、上海欧朗电吹风、梁州欧朗部分经营性资产	是否业务合并的判断标准、会计处理与财务影响	审计师	产业整合	二级
案例 19　上海祥润受托经营沪江金润：是无支付对价的合并吗	上海祥润	沪江金润企业经营权	2012 年 1 月	受托经营沪江金润	是否无支付对价合并的判断标准、会计处理与财务影响	审计师	扩大规模产业整合	三级
案例 20　精良印包兼并原子公司：同一控制合并还是公司清算	精良印包	精美印刷（原子公司）所有资产与负债	2011 年 10 月	吸收合并精美印刷（原子公司）所有资产与负债	是否同一控制下合并与公司清算的判断标准、会计核算与税务处理	审计师	组织结构调整	二级
案例 21　银河股份股权转让：丧失控制权后的股权如何计量	银河股份	龙洲房产 31% 股权	2011 年 3 月	银河股份转让 31% 龙洲房产股权给盛宏股份	丧失控制权的股权转让的会计核算与财务影响	审计师	缓解财务压力	一级
案例 22　广钢股份股权换电炉：具有商业实质吗	广钢股份	电子锅炉	2009 年 3 月	以股权置换固定资产	非货币性资产交换是否具有商业实质的判断标准、会计处理与交易动机	CFO 与监管者	资产重组	一级
案例 23　宝硕股份债务重组：破产重整下收益何时确认	ST 宝硕	债务 22.896 亿元	2011 年 6 月	法院宣告破产重整计划执行完毕，债务被豁免	破产重整下债务重组利得如何确认与计量	审计师	债务重组	二级

上篇　一般并购业务

案例 1

华映科技股权收购：同一控制下的企业合并吗

一、案例概览

2011年9月，华映科技（集团）股份有限公司（以下简称华映科技）的董事会、临时股东大会审议通过议案：华映科技受让控股股东中华映管（百慕大）股份有限公司（以下简称华映百慕大）持有的子公司华映光电20%股权，转让金额为4亿元人民币。同时华映科技将视市场发展情况，选择合适的时机继续收购华映百慕大等华映光电股东持有的剩余的华映光电股份，以控制华映光电。

2011年年底，华映科技公司会计主管吴总召集会计人员小王、小李与小孙就上述股权收购交易的会计处理进行了讨论，会计人员在该投资的初始入账价值以及后续计量之间发生了激烈的争论。

二、教学目标

通过本案例的讨论与分析，拟实现以下教学目标：

1. 了解企业并购类型；
2. 掌握一揽子交易的特征、判断标准以及实务应用；
3. 掌握长期股权投资的初始计量及其后续计量的会计处理原则及实务应用；
4. 掌握投资收益如何计量；
5. 掌握是否一揽子交易的认定对企业的财务影响；
6. 了解长期股权投资交易的动机及其财务影响。

三、教学建议

案例 1 的教学建议见表 1–1。

表 1–1 案例 1 的教学建议

内容	主角	组织与要求	时间
阅读案例资料	学生	熟悉案例资料，补充并收集相关资料	课前
案例讨论	学生	每个案例小组围绕着思考分析题，分析讨论案例会计类型认定及其影响	课前
演讲	学生	每个案例小组推荐一名学生阐述其讨论的情况及达成的共识、产生的分歧	25～35 分钟
点评	老师	点评案例小组讨论情况并引导其对问题的正确理解和深入分析	20～30 分钟

本案例以企业合并与合并报表会计理论及其实务为基础，参考以下文献：

1. 中华人民共和国财政部．企业会计准则第 2 号——长期股权投资．2014.

2. 中华人民共和国财政部．企业会计准则第 13 号——或有事项．2006.

3. 中华人民共和国财政部．企业会计准则第 20 号——企业合并．2006.

4. 中华人民共和国财政部．企业会计准则第 33 号——合并财务报表．2014.

5. 中华人民共和国财政部．企业会计准则——应用指南［M］．北京：中国时代经济出版社，2007.

6. 财政部会计司编写组．企业会计准则讲解 2010［M］．北京：人民出版社，2010.

7. 中华人民共和国财政部．企业会计准则解释第 5 号．财会〔2012〕19 号．

8. 财政部会计司．《企业会计准则第 2 号——长期股权投资》应用指南［M］．北京：中国财政经济出版社，2014.

四、建议使用的教学资源

1. 华映科技 2011 年年度报告．

2. 华映科技（集团）股份有限公司关于受让华映光电股份有限公司 20% 股权暨关联交易公告，2011 年 9 月 1 日．

3. 关于华映科技（集团）股份有限公司盈利预测实现情况的专项审核报告，2012 年 3 月 6 日．

五、案例分析参考

1. 对于华映科技收购华映光电 20% 的股权，该交易属于哪种类型的并购重组？

➤ 参考答案：

从法律形式看，本次交易属于股权收购，也属于协议收购。

从业务范围看，本次交易属于横向并购。

从支付方式看，本次交易属于现金并购。

从并购意图看，本次交易属于战略型收购，属于大股东的资产注入。

从会计上来看，本次交易不构成并购，属于长期股权投资，因为公司的控制权没有转移。

2. 对于华映科技收购华映光电 20% 的股权，请说明小王、小李与小孙三人在会计处理方面的分歧及其对华映科技 2011 年底财务报表的不同影响。

➤ 参考答案：

小王的会计处理如下：

2011 年 10 月 31 日 借：长期股权投资 400 000 000 贷：银行存款 400 000 000	2011 年 12 月 31 日 借：长期股权投资 1 391 840 贷：投资收益 1 391 840

小李的会计处理如下：

2011 年 10 月 31 日 借：长期股权投资 400 000 000 贷：银行存款 400 000 000	2011 年 12 月 31 日 借：长期股权投资 15 353 400 贷：投资收益 15 353 400

小孙的会计处理如下：

2011 年 1 月 1 日 借：长期股权投资 331 588 600 资本公积 68 411 400 贷：银行存款 400 000 000	2011 年 12 月 31 日 个别报表上长期股权投资采用成本法，不作会计处理，且需要编制合并报表

根据上述小王、小李与小孙的会计处理，华映科技财务报表的列示见表 1-2。

表 1-2 **不同会计方法对华映科技 2011 年底财务报表的影响**

人员	小王	小李	小孙
会计类型	非合并的投资；权益法后续计量	非合并的投资；权益法后续计量	同一控制下的合并；成本法后续计量
长期股权投资	40 139.184 万元	41 535.34 万元	33 158.86 万元
投资收益	139.184 万元	1 535.34 万元	0
华映光电是否纳入合并报表	不合并	不合并	合并

3. 如果你是吴总，请评述小王、小李与小孙的会计处理的合理与不足之处，说明本次交易应如何进行会计处理及其理由。

➢ 参考答案：

1）对小王观点的评述

小王的合理之处：长期股权投资初始计量为实际支付价款 4 亿元，后续计量采用权益法。

小王的不足之处：以本年度华映光电母公司个别报表中净利润 695.92 万元为基础，确认投资收益 139.184 万元。存在两个问题：（1）华映科技取得股权的日期为 2011 年 10 月底，不能以被投资单位全年度的净利润为基数来计算投资收益，而应该以取得被投资单位股权后的净利润为基础来计算投资收益；转让合同上约定"以 2010 年年底的资产评估价为基准，后续的收益与风险由华映科技承担"指的是股权转让价格风险，而不是指投资收益的确认。（2）在权益法下，是将投资企业与被投资单位作为一个整体对待，作为一个整体其所产生的损益应当在一致的会计政策基础上确定，不能以华映光电个别报表的净利润为基础来计算投资收益，需要根据投资日净资产的公允价值以及内部交易抵销后的金额进行调整。

2）对小李观点的评述

小李的合理之处：长期股权投资初始计量为实际支付价款 4 亿元，后续计量采用权益法，且投资收益从股权转让日 2011 年 10 月 31 日之后开始计算。

小李的不足之处：投资收益以华映光电合并报表中自购买日后被投资单位最后 2 个月的合并报表净利润 7 676.7 万元为基础乘以持股比例 20% 而确认 1 535.34 万元。这里的问题在于华映光电的合并报表净利润中包含了少数股东损益，不能归属于华映光电，因此需要从合并报表净利润中扣除。

3）对小孙观点的评述

小孙的合理之处：注意到该股权转让合同中的后续安排，且本次交易发生在华映科技及其大股东之间，属于同一控制下的关联交易。

那么这种关联交易以及后续安排是否应在财务报表中确认与计量呢？

小孙的不足之处：华映科技以 2011 年 1 月 1 日的账面价值 165 794.28 万元乘以持股比例 20%，也就是 33 158.86 万元入账。该处理存在以下问题：

（1）该交易不属于一揽子交易。《企业会计准则解释第 5 号》与《企业会计准则第 33 号——合并财务报表》（2014）中判断一揽子交易的条件为：①这些交易是同时或者在考虑了彼此影响的情况下订立的；②这些交易整体才能达成一项完整的商业结果；③一项交易的发生取决于其他至少一项交易的发生；④一项交易单独看是不经济的，但是和其他交易一并考虑时是经济的。

一揽子交易最本质的特征是多次交易事项是作为一个整体一起筹划和确定的，旨在实现同一交易目的、互为前提和条件。

一揽子交易的处理原则：符合以上一种或多种情况通常表明应将多次交易事项作为一项交易进行会计处理。

在本例的股权转让合同中，交易双方并没有就未来股权转让的时间、金额与支付方式作出明确的说明，交易双方仅存在潜在的义务，而不是现时的义务，不符合一揽子交易认定标准的任何一条，因此不构成一揽子交易。

（2）该交易的做账日期或股权转让时点不是 2011 年 1 月 1 日，而是 2011 年 10 月 30 日，因为直到 2011 年 10 月 30 日，该股权的风险与报酬才完全转移。

（3）该交易不属于企业合并。根据股权转让协议，转让交易完成后，华映科技仅持有华映光电 20% 的股权与表决权，而华映百慕大持有 58.91% 的股权与表决权，占据绝对的控股地位，因此华映光电的控制权并没有转移，华映科技并没有控制华映光电，不属于同一控制下的企业合并，而属于非企业合并情形下的长期股权投资，应采用实际支付的价款作为长期股权投资的入账价值，后续计量采用权益法。

4）本次交易的会计处理

本次交易属于非合并下的长期股权投资，后续计量采用权益法。

本次交易的初始计量日期为股权转让日 2011 年 10 月 31 日，以实际支付的价款 4 亿元入账。

华映光电公司 2011 年不同时点的财务状况见表 1-2。

表 1-2　**华映光电公司 2011 年不同时点的财务状况**　单位：万元

项目	2011 年 11—12 月净利润	2011 年 1—12 月净利润	2011 年年初净资产	2011 年 10 月底净资产
个别报表	3 275.32	695.92	165 794.00	140 566.00
合并报表合计	7 676.70	1 631.10	166 565.20	182 682.00
合并报表（归属于母公司）	4 314.15	916.64		

根据《企业会计准则讲解 2010》与《企业会计准则第 2 号——长期股权投资》（2014 年修订），投资方在确认应享有被投资单位净损益的份额时，应当以取得投资时被投资单位可辨认净资产的公允价值为基础，对被投资单位的净利润进行调整后确认。被投资单位采用的会计政策及会计期间与投资方不一致的，应当按照投资方的会计政策及会计期间对被投资单位的财务报表进行调整，并据以确认投资收益和其他综合收益等。

根据《企业会计准则第 2 号——长期股权投资》应用指南（2014 年修订），在持有投资期间，被投资单位编制合并财务报表的，应当以合并财务报表中净利润、其他综合收益和其他所有者权益变动中归属于被投资单位的金额为基础进行会计处理。

会计期末，投资收益应以股权转让日后的被投资单位的 11—12 月合并报表中归属于母公司的净利润 4 314.15 万元为基础，乘以持股比例 20%，确认为 862.83 万元，记入贷方；借记“长期股权投资”科目，增加其账面价值。

4. 如华映科技与华映百慕大约定，2012 年 6 月 30 日前继续购买华映光电 40% 的股权，应如何进行会计处理？

➢ 参考答案：

如华映科技与华映百慕大约定，2012 年 6 月 30 日前继续购买华映光电 40% 的股权，那么该交易可视同一揽子交易，作为分步购买下，同一控制下企业合并的第一步，即长期股权投资的入账价值为被投资单位在购买日的净资产账面价值的份额入账，与支付对价的账面价值的差额计入资本公积。否则在第二步交易时可能会导致计量困难。

六、课程中可讨论的其他问题

5.（可选）如果你是华映百慕大的会计人员，请说明该交易的会计处理与税务处理。

➢ 参考答案：

华映百慕大转让 20% 股权，属于不丧失控制权的长期股权投资转让，应贷记“长期股权投资”（20% 股权）的账面价值，借记“银行存款”4 亿元，差额列入“投资收益”，并把差额确认为当期应纳税所得额，缴纳相应所得税款。

6.（可选）试分析华映百慕大转让华映光电 20% 股权的时机选择以及可能动机。

➢ 参考答案：

华映光电公司在 2011 年的前 10 个月的（归属于母公司）净利润为-3 397.51 万元，而在最后两个月的（归属于母公司）净利润为 4 314.15 万元，从而给上市公司华映科技带来投资收益 862.83 万元，该交易的时机选择成为华映科技公司完成当年盈利预测数的关键之一。

华映科技公司 2011 年度利润实现数与业绩承诺数的比较见表 1-3。

表 1-3 **华映科技公司 2011 年度利润实现数与业绩承诺数的比较**

项目	业绩承诺数（亿元）	利润实现数（亿元）	业绩承诺实现率（%）
归属于母公司所有者的净利润	3.46	3.4673	100.21

说明：公司 2011 年度利润实现数业经福建华兴会计师事务所有限公司审计，并出具闽华兴所（2012）审字 G-011 号审计报告。

可以看出，华映科技公司如果没有该笔投资收益 862.83 万元，业绩承诺实现率将由 100.21% 变为 97.72%，控股股东华映百慕大公司将补偿上市公司的现金 789.83 万元。通过该笔股权转让，控股股东不仅以较小的代价避免了付出补偿性现金，而且在不丧失对华映光电公司控制权的基础上获得了 4 亿元现金，可谓一举数得。

案例2

海豹股份增发收购大原地产：同一控制下的企业合并吗

一、案例概览

2013 年 7 月，上市公司重庆市海豹实业股份有限公司（以下简称“海豹股份”，报告主体）向第一大股东东日控股有限公司（以下简称“东日控股”）非公开发行 57 592.99 万股股票，购买其持有的大原房地产开发有限公司（以下简称“大原地产”）70% 股权。东日控股此前持有海豹股份 40% 的股权，交易后东日控股的持股比例上升为 66.66%①。

信华会计师事务所为海豹股份提供 2013 年度财务报告审计服务。2013 年 11 月，项目组各成员预审期间对本次交易的合并类型及相关会计处理进行了讨论，各成员提出了不同观点，项目负责人老苏需要根据现场审计实际情况，作出最终判断。

二、教学目标

通过本案例的讨论与分析，拟实现以下教学目标：

1. 掌握分步购买下同一控制合并的特征、判断标准及其实务应用；
2. 掌握同一控制下分步购买的会计处理原则及其实务应用；
3. 掌握分步购买下原股权投资如何重新计量；
4. 了解同一控制下分步合并后合并报表的编制原则。

三、教学建议

案例 2 的教学建议见表 2-1。

本案例以企业合并与合并报表会计理论及其实务为基础，参考以下文献：

1. 中华人民共和国财政部．企业会计准则第 2 号——长期股权投资．2014.
2. 中华人民共和国财政部．企业会计准则第 20 号——企业合并．2006.

---

① 出于保密的需要，本案例的公司名称与相关资料进行了化名处理。

表 2-1 案例 2 的教学建议

内容	主角	组织与要求	时间
阅读案例资料	学生	熟悉案例资料，补充并收集相关资料	课前
案例讨论	学生	每个案例小组围绕着思考分析题，分析讨论案例会计类型认定及其影响	课前
演讲	学生	每个案例小组推荐 1 名学生阐述其讨论的情况及达成的共识、产生的分歧	30～40 分钟
点评	老师	点评案例小组讨论情况并引导其对问题的正确理解和深入分析	20～30 分钟

3. 中华人民共和国财政部. 企业会计准则第 33 号——合并财务报表. 2014.

4. 中华人民共和国财政部. 企业会计准则应用指南［M］. 北京：中国时代经济出版社，2007.

5. 财政部会计司编写组. 企业会计准则讲解 2010［M］. 北京：人民出版社，2010.

6. 中华人民共和国财政部，企业会计准则解释第 5 号. 财会〔2012〕19 号.

7. 中国证券监督管理委员会. 上市公司执行企业会计准则监管问题解答［S］. 2013（1）.

8. 中国证监会会计部. 关于执行《企业会计准则解释 4 号》有关问题的提示. 2010-11-30.

四、案例分析参考

1. 如果你是项目负责人老苏，对于交易前东日控股是否能够控制海豹股份，请评价各项目组成员的看法，指出你的倾向性意见与理由。

➢ 参考答案：

项目组成员关于问题 1 的观点与理由见表 2-2。

➢ 评价与分析：

同一控制下的企业合并要求交易双方在合并前后均受同一方或相同多方的控制，且该控制是非暂时性的。本次交易后，东日控股持有海豹股份 66.66% 的股权，持有大原地产 100% 的股权；交易前，东日控股持有大原地产 100% 的股权，因此表明交易前后东日控股能够控制大原地产以及交易后能够控制海豹股份，但是东日控股在本次交易前仅持有海豹股份 40% 的股权，能否控制海豹股份？这是本次交易是否分类为同一控制下的企业合并的关键。

其实，自股权分置改革以来，非流通股股东通过送股方式补偿给流通股股东，以换取其持有的非流通股份的上市流通权，导致上市公司大股东持股比例下降，因

表 2-2　　　　　　　**项目组成员关于问题 1 的观点与理由**

人员	老金	老盛、小石
观点	东日控股不能够控制海豹股份	东日控股能够控制海豹股份
理由及依据	（1）交易前东日控股持有海豹股份股权比例为 40%，少于 50%。 （2）东日控股派出 2 名董事，未超过全体董事人数（5 名）的半数	（1）独立董事一般由大股东提名，代表大股东利益，东日控股实质上占 4 席，过半数。 （2）如果不考虑独立董事，东日控股派出董事 2 人也超过了排除独立董事后全体人数 3 人的半数。 （3）符合《上海证券交易所股票上市规则》中有关“控制”的条件。 （4）从股东大会的出席情况和董事会的历史表决情况来看，东日控股构成实质上的控制

此较少有股东能够单独持有上市公司 50% 以上的股权，而且自证监会发布《关于在上市公司建立独立董事制度的指导意见》引入“独立董事制度”以来，由于董事会中聘用的独立董事至少占全体董事人数 1/3 以上，导致大股东在董事会中拥有的表决权通常也无法过半数，所以第一大股东通常很难通过获取董事会半数以上表决权而对上市公司实施控制。

可能是考虑到了上市公司股权结构的特殊性，不仅《上海证券交易所股票上市规则》对于“控制”的条件有具体规定，《深圳证券交易所股票上市规则》也有类似的规定，如《深圳证券交易所股票上市规则》规定的控制条件还包括可以实际支配上市公司股份表决权超过 30% 等。但这只是两地证券交易所为了监管上市公司必须设置实际控制人角色对其信息披露负责而制定的规范性文件。

对于本案判断东日控股是否能够“控制”上市公司海豹股份，需要把握以下几个要点：

第一，会计上的“控制”应当遵照企业会计准则的有关条件作出判断，而非依据证券交易所上市规则等其他规范性文件。

第二，独立董事独立于上市公司的管理和经营活动以及那些有可能影响他们作出独立判断的事物之外，不能与公司有任何影响其客观、独立判断的关系。因此它不代表某一方股东、管理层、股东大会、董事会任何一方的利益，而是代表公司的全体股东和公司整体的利益，与非独立董事拥有同等的表决权。老盛认为独立董事代表的是大股东的利益，或者将独立董事剔除来计算大股东派出董事拥有的表决权份额，显然不妥。

第三，对于“控制”的判断，现行的企业会计准则取消了量化规定，其判断条件是基于原则导向作出的。

控制是指一个企业能够决定另一个企业的财务和经营政策，并能据以从另一个企业的经营活动中获取利益的权力。

在实务中对“控制”进行判断时，强调实质重于形式，综合考虑所有相关因素进行的职业判断，应当结合企业的实际情况具体分析得出，如被投资单位各个投资者的持股情况、投资者之间的相互关系、公司治理结构、潜在表决权、日常经营管理特点等因素。

通常情况下，投资企业拥有被投资单位半数以上表决权，意味着投资企业能够主导该投资单位的股东大会，特别是董事会，从而能够决定其经营政策和财务政策，那么就表明投资企业能够对该被投资单位实施控制。

第四，本案例中，虽然交易前东日控股仅持有海豹股份 40% 的股权，且从海豹股份最近董事会成员的表决权比例来分析，5 位董事中仅有 2 位来自东日控股，未达到半数以上，但是基于以下迹象，倾向性判断结果为东日控股交易前能够对海豹股份实施控制：

（1）东日控股为第一大股东，持股比例达 40%，远超第二大股东持股比例 2.11%，其他中小股东联合对抗第一大股东的难度较大。

（2）近年股东大会召开的记录表明，出席股东大会的股东或其代理人所持表决权的股份数通常仅占海豹股份的股份总数的 60% ~70%，东日控股持股比例 40% 占出席会议股东的表决权股份总数可达 50% 以上，从海豹股份股东大会历史召开的统计情况来分析，东日控股表决权比例占出席股东大会股份总数超过半数。

（3）海豹股份董事会历次表决情况显示：东日控股派出的董事罗西和甄俊提出的议案均获得了董事会的全票通过，这意味着东日控股的利益通常能够获得董事会其他董事的支持。虽然东日控股无法通过股东大会控制关联交易的决议，但是东日控股能够通过派出的董事主导董事会，而董事会则是公司日常生产经营的决策机构。

2. 如果你是项目负责人老苏，对于同一控制下的企业合并成本的确定及相关处理原则，请评价各项目组成员的看法，指出你的倾向性意见与理由。

➢ 参考答案：

各项目组成员关于问题 2 的观点与理由见表 2-3。

➢ 评价与分析：

从企业会计准则对于企业合并的定义来看，企业合并的结果通常是一个企业取得了另一个或多个业务的控制权，也就是说，只有涉及控制权转移的交易才构成企业合并，海豹股份原取得大原地产 30% 股权并未涉及控制权的转移，而本次海豹股份购入大原地产 70% 股权的交易才涉及控制权的转移，除非海豹股份原取得大原地产 30% 股权与本次取得 70% 股权的交易为一揽子交易，否则原取得 30% 股权不能认定为同一控制下的企业合并，并且企业会计准则对于同一控制下的企业合并规定“在合并日按照取得被合并方所有者权益账面价值的份额作为长期股权投资的

表 2-3　　各项目组成员关于问题 2 的观点与理由

人员	老金	老盛	小石
观点	分步交易实现同一控制下的企业合并采用一致的原则处理	按照非一揽子交易的分步交易实现的同一控制下的企业合并的处理原则，差额冲减资本公积处理	按照非一揽子交易的分步交易实现的同一控制下的企业合并的处理原则，差额确认为商誉
理由	（1）若认定为同一控制下企业合并的，原持有 30% 股权以及本次交易新取得的 70% 股权应采用一致处理原则。（2）根据同一控制下企业合并的理论基础，从最终控制方的角度，其控制比例始终为 100%	海豹股份原取得大原地产 30% 股权并未涉及控制权的转移，不构成企业合并，而只有本次购入 70% 股权的交易才涉及控制权的转移	该 30% 股权是原购买价款中包含实质为非同一控制下购入股权的商誉部分金额，从最终控制方的角度，其在企业合并发生前后能够控制的净资产价值量并没有发生变化

初始投资成本”中的“取得份额”，本案中理解为涉及控制权转移的持股比例 70% 可能更加妥当。

是否属于一揽子交易的判断，可以参照《企业会计准则解释第 5 号》关于一揽子交易的规定，“各项交易的条款、条件以及经济影响符合以下一种或多种情况，通常表明应将多次交易事项作为一揽子交易进行会计处理：（1）这些交易是同时或者在考虑了彼此影响的情况下订立的；（2）这些交易整体才能达成一项完整的商业结果；（3）一项交易的发生取决于其他至少一项交易的发生；（4）一项交易单独看是不经济的，但是和其他交易一并考虑时是经济的”。从海豹股份原购买大原地产 30% 股权和本次购入大原地产 70% 股权这两项交易来看，该两项交易的协议是分别签订的，本次交易前海豹股份持有大原地产 30% 股权采用公允价值收购，本次交易条款的订立与之前收购协议价款并无关联，而且该 30% 股权和 70% 股权的转让方不同，一方是无关联的第三方恒控地产，另一方则是其股东东日控股，是完全独立的两笔交易，所以这两个交易并不满足一揽子交易的判断条件，因而认定为非一揽子交易的分步实现的同一控制下企业合并的交易更为恰当。

至于原 30% 股权权益法下账面价值与大原地产账面所有者权益相关份额之间的差额是冲减权益，还是确认为商誉，目前尚无定论。从最终控制方的角度来看，其在企业合并发生前后能够控制的净资产价值量并没有发生变化，商誉作为一项资产也不应当发生变化，理论上是可以确认的，但是本案中确认的商誉（支付对价与被合并方账面净资产份额的差额）与购买法下商誉（支付对价与被合并方可辨认净资产公允价值份额之间的差额）计算的金额并不完全相符。另外，冲减权益中资本公积与同一控制下的企业合并类型更为协调，且考虑到商誉的减值测试，操作上也更为便利。

3. 请根据项目组成员老金、老盛与小石对同一控制下的企业合并成本与相关会计处理原则的讨论，写出各自的会计分录（包括确定合并成本及合并财务报表中长期股权投资及所有者权益的抵销分录），并说明其对财务报表的影响。

➤ 参考答案：

项目组成员关于该交易的会计分录见表 2-4。

表 2-4 **项目组成员关于该交易的会计分录**

人员	老金	老盛	小石
购买70%部分	借：长期股权投资 143 655.386 贷：股本 57 592.990 资本公积 86 062.396	同左	同左
购买30%部分	借：期初留存收益、投资收益等 17 054.3 贷：长期股权投资 17 054.3 借：长期股权投资 7 386.594 贷：资本公积 7 386.594	不调整	不调整
合并报表抵销分录	股东权益账面价值 205 221.98 万元与长期股权投资全部抵销，没有差额	借：股东权益 205 221.98 资本公积 9 667.71 贷：长期股权投资214 889.69	借：股东权益 205 221.98 商誉 9 667.71 贷：长期股权投资 214 889.69
会计处理	（1）合并成本为合并日大原地产所有者权益账面价值的100%，即 205 221.98 万元(205 221.98×100%)。 （2）对于原持有的 30% 股权，视同取得时即按照同一控制下的企业合并的处理原则进行调整，相关差额冲减资本公积，原权益法下核算的有关损益等予以冲回	（1）合并成本为合并日之前持有大原地产 30% 股权投资的账面价值与本次交易新增 70% 股权的投资成本之和，即 214 889.69万元（71 234.30 + 205 221.98×70%）。 （2）原持有的采用权益法核算 30% 股权账面价值与大原地产账面所有者权益份额的差额调整资本公积	（1）合并成本为合并日之前持有大原地产 30% 股权投资的账面价值与本次交易新增 70% 股权的投资成本之和，即 214 889.69 万元（71 234.30+205 221.98×70%）。 （2）原持有的采用权益法核算 30% 股权账面价值与大原地产账面所有者权益份额的差额确认为商誉

从上述会计处理可以看出，方案一（老金）中的合并成本较方案二（老盛）

与方案三（小石）低 9 667.71 万元。方案二（老盛）与方案三（小石）中合并成本价值较高，合并报表中方案三会多出商誉（资产）9 667.71 万元，这部分并非同一控制下的企业合并产生，而是由于并购前购买 30% 股权而产生的。

4. 如果你是项目负责人老苏，对于本次交易原持有的 30% 股权按权益法确认的相关损益等金额在个别财务报表上是否需要冲回，请评价各项目组成员的看法，指出你的倾向性意见与理由。

➢ 参考答案：

项目组成员关于问题 4 的观点与理由见表 2-5。

表 2-5　**项目组成员关于问题 4 的观点与理由**

人员	老金	老盛、小石
观点	原持有 30% 股权的权益法核算部分应冲回，视同取得时即按照同一控制下的企业合并的处理原则进行调整	原权益法核算的金额不必冲回，以合并日权益法下的账面价值作为成本法转换时的投资成本
理由及依据	（1）原持有 30% 股权采用公允价值进行计量，若不进行调整，将会与合并财务报表账面价值的计量属性存在不协调。 （2）大原地产 100% 股权是一个整体，割裂开来而按照不同方法计量不合理	（1）原购入大原地产 30% 股权与本次交易购买 70% 股权之间不是一次交易。 （2）若调整会造成该联营企业股权与其采用成本法核算方法的不一致，不宜被报表使用者理解。 （3）参照《企业会计准则解释第 4 号》问答三的规定不进行调整

➢ 评价与分析：

对于个别财务报表中原持有 30% 股权改按成本法核算，实务中存在不同的意见，无论是否调整，均有其优缺点。

原权益法核算的 30% 股权不作调整的优点：

（1）原取得 30% 股权对大原地产构成重大影响，未涉及控制权转移，按照目前准则的规定，只能采用购买法核算。

（2）仅凭本次交易后对大原地产取得了控制权而改按成本法核算，导致原权益法核算冲回恢复至初始取得投资成本，会引发与个别财务报表的期初比较报表列报的联营企业投资的事实不符。

（3）符合企业会计准则对于长期股权投资权益法转换为成本法的会计处理规定，且与非同一控制下的企业合并的类似交易的处理原则一致：根据《企业会计准则解释第 4 号》问答三“关于多次交易分步实现非同一控制下企业合并”的规定，以购买日之前所持被购买方的股权投资的账面价值与购买日新增投资成本之和，作为该项投资的初始投资成本，即在合并日原持有权益法下股权投资的账面价值可作为未来成本法核算重新认定的投资成本，无需作特别调整。

（4）核算简便。

原权益法核算的30%股权不作调整的缺点：

（1）导致两种计量属性及不同的核算方法并存，可能对后续核算造成困难，如海豹股份若对原持有的30%股权采用公允价值计量，对本次交易购入的70%股权采用账面价值进行计量，未来若将其中20%股权进行处置，要如何区分处分股权对应的成本呢？是采用公允价值部分还是账面价值部分，抑或需要通过加权平均计算？

（2）造成个别报表与合并报表计量属性的不一致，增加复杂性。

原权益法核算的30%股权作调整的优点：

（1）确保核算前后计量基础的一致性，更符合同一控制下企业合并一体化存续的理念。

（2）未来对大原地产100%股权的持续计量中不会出现两种价值，便于理解和持续计量。

（3）使个别财务报表对同一控制下的企业合并也全部以账面价值为计量基础，与合并财务报表保持一致。

原权益法核算的30%股权作调整的缺点：

（1）操作较为复杂。

（2）在我国，企业是以其个别财务报表未分配利润项目金额为基础确定可供分配利润的，若在个别财务报表中冲回以前年度确认的损益，会直接影响其未分配利润，甚至可能由于以前年度确认的损益已进行利润分配而导致留存收益出现负数，如此可能会人为地减少可供分配利润，从而损害股东的利益。

5. 如果海豹股份购买大原地产70%的股权认定为非同一控制下的企业合并，你认为应如何进行账务处理，并说明与认定为同一控制下的企业合并（采用你认为较妥当的会计处理）相比，将对财务报表有何影响？

➢ 参考答案：

不同会计方法对海豹股份的财务影响见表2-6。

从表2-6中可以看出，与非同一控制下的企业合并相比，在并购当期，同一控制下的企业合并的资产价值较少，且并购日前子公司大原地产利润应纳入合并利润表，由于子公司大原地产的利润为正，因此在合并当期，同一控制下的企业合并的合并财务报表中利润较高。由于非同一控制下的企业合并的合并财务报表中，对子公司采用公允价值计量，比账面价值高，这使得未来期间的摊销成本较高，因此降低了未来期间海豹股份的利润。

表 2-6　不同会计方法对海豹股份的财务影响

个别报表	同一控制	非同一控制
长期股权投资	大原地产 70% 的账面价值为 143 655.386万元	以支付对价 270 687.053 万元入账
支付对价	发行股票的账面价值为 57 592.99 万元	发行股票的公允价值为 270 687.053 万元（4.7×57 592.99）
差额	资本公积（贷）86 062.396 万元	无差额
合并报表	同一控制	非同一控制
合并资产	母公司资产+子公司资产（账面价值）-长期股权投资（权益法调整）	母公司资产+子公司资产（公允价值）+商誉-长期股权投资（权益法调整）
合并负债	母公司负债+子公司负债（账面价值）	母公司负债+子公司负债（公允价值）
合并所有者权益	母公司股东权益+少数股东权益（账面价值）	母公司股东权益+少数股东权益（公允价值）
合并留存收益	母公司留存收益+子公司留存收益（合并前）	母公司留存收益
合并利润表	包括被合并方合并前实现的当期净利润	不包括被合并方合并前实现的净利润
合并现金流量表	包括被合并方合并前产生的当期现金流量	不包括
比较报表	大原地产纳入上年度合并报表	大原地产不纳入上年度合并报表

五、课程中可讨论的其他问题

6.（可选）如果你是项目负责人老苏，对于合并财务报表比较期间按照持有多少大原地产股权比例进行重述，请评价各项目组成员的看法，指出你的倾向性意见与理由。

➢ 参考答案：

项目组成员关于问题 6 的意见分歧见表 2-7。

➢ 评价与分析：

对小石观点的分析：同一控制下的企业合并采用权益结合法，其实质为参与合并的企业权益的重新整合，最终控制主体在合并前后实际控制的经济资源并没有发生变化。合并后形成的报告主体应视同自最终控制方开始实施控制时，一直是一体化存续的。海豹股份前期比较报表中应体现为持有大原地产 100% 股权，但海豹股份以前年度对于原持有的大原地产 30% 股权已作为联营企业投资按照权益法进行核算了，本年度仅需按照 70% 持股比例对比较报表以前各期进行重述即可。若按照

表 2-7　　　　项目组成员关于问题 6 的意见分歧

人员	老金	老盛	小石
观点	应当按照 100% 比例重述	应当按照 82% 比例重述	应当按照 70% 比例重述
理由及依据	（1）编制同一控制下企业合并的合并财务报表时，应视同合并后的报告主体在以前期间一直以目前的状态存在。 （2）合并前东日控股对大原地产的直接和间接持股比例合计达 100%。 （3）就财务数据的可比性而言，按照 100% 持股比例进行重述较为合理	严格来说，合并前最终控制方东日控股对大原地产的直接和间接持有的权益比例合计为 82%（40% × 30% + 70%），所以应当按照 82% 的持股比例进行重述	前期比较报表中原持有 30% 股权已作为联营企业投资按照权益法进行核算了，故本期按照 70% 持股比例对前期比较报表进行重述即可

小石的方法处理，前期比较报表中对于同一家公司的股权，部分按照同一控制下的企业合并进行重述，部分采用权益法进行核算，这样会导致对同一家公司，既作为子公司核算，又作为联营企业核算，让报表使用者很难理解。

导致老金得出按照 100% 股权比例进行追溯调整的主要原因是，企业会计准则讲解中提出同一控制下的企业合并在考虑前期比较报表的重述调整时，应视同合并后的报告主体在以前期间一直以目前的状态存在，但是“以目前的状态存在”是否可以单纯理解为“以目前的持股比例”作为状态存在有待商榷，原 30% 股权是海豹股份自无关联第三方购入的，视为始终由东日控股控制似乎不妥。虽然老金的方法有利于增强可比性，然而权益结合法重述比较报表并不是出于可比性的考虑，而是为了体现集团内经济资源延续的理念。

老盛的观点虽然也是权益结合法的思路，看似更加强调从“从最终控制方的角度”考虑，本案中东日控股持有的大原地产的表决权股份为 100%，其中直接持有 70%，通过海豹股份间接持有 30%，但是东日控股以前年度享有的大原地产所有者权益的份额应当为 82%（40% ×30% +70%），另外 18% 的所有者权益份额是由海豹股份的少数股东享有的，所以不应当作为海豹股份母公司享有的份额进行重述。但老盛可能忽略的是，同一控制下的企业合并要求：“从最终控制方的角度，其在企业合并发生前后能够控制的净资产价值量并没有发生变化。”其中“控制”是一种权力，是定性而并非定量的概念，最终控制方“控制”的资源未发生变化，并不代表其享有的被合并方所有者权益份额不能发生变化，而且“站在最终控制方的角度”并不意味着要将海豹股份的合并财务报表“当作”最终控制方的合并财务报表进行处理。若按照 82% 的持股比例对海豹股份前期比较报表进行重述，那么站在东日控股的角度，其对海豹股份的持股比例为 40%，间接体现了合并比较报表以前各期份额低至 32.8%（40%×82%），这显然不对，况且站在海豹股份的角度始终是持有该 30% 股权的，若海豹股份在合并财务报表比较期间将其中 18% 的股权剔除，就与其以前年度享有该 30% 股权全部收益的事实不符，报表使用者也难以理解。

案例 3

远东股份增发收购云峰股份：夫妻分别控股下并购如何核算

一、案例概览

2009 年 8 月 26 日，远东实业股份有限公司（以下简称远东股份）董事会与临时股东大会通过议案：向公司第一大股东的实际控制人姜放的妻子控股的沈阳雅都投资有限公司（以下简称雅都公司）发行股份购买其持有的沈阳云峰投资有限责任公司（以下简称云峰公司）100% 股权，发行价格为定价基准日前 20 个交易日远东股份股票交易均价，即 2.03 元/股，发行数量为 208 038 328 股，标的资产定价 422 317 807.65 元。

远东股份的第一大股东为物华实业有限公司，持有上市公司 15.46% 的股权，而物华实业公司的实际控制人为姜放，其妻子罗兰持有雅都公司 95% 的股份。本次交易后，姜放及其妻子将间接持有上市公司 51.14% 的股份。

2011 年 7 月，会计师事务所培训部章然老师组织学员对并购重组会计业务进行学习时介绍了该案例，审计人员小蔡、老黄与小范对上述远东股份股权收购交易的会计类型及其会计处理原则产生了较大的分歧。

二、教学目标

通过本案例的讨论与分析，拟实现以下教学目标：

1. 掌握同一控制下企业合并的判断标准及其实务应用；
2. 了解夫妻分别控股下合并的会计处理原则及其实务应用；
3. 掌握是否同一控制下合并的认定对企业的财务影响；
4. 理解企业合并会计方法的选择对不同利益相关者的影响。

三、教学建议

案例 3 的教学建议见表 3-1。

表 3-1　　案例 3 的教学建议

内容	主角	组织与要求	时间
阅读案例资料	学生	熟悉案例资料，补充并收集相关资料	课前
案例讨论	学生	每个案例小组围绕着思考分析题，分析讨论案例会计类型的认定及其影响	课前
演讲	学生	每个案例小组推荐 1 名学生阐述其讨论的情况及达成的共识、产生的分歧	20 ~ 30 分钟
点评	老师	点评案例小组讨论情况并引导其对问题的正确理解和深入分析	15 ~ 25 分钟

本案例以企业合并与合并报表会计理论及其实务为基础，参考以下文献：

1. 中华人民共和国财政部．企业会计准则第 2 号——长期股权投资 . 2014.

2. 中华人民共和国财政部．企业会计准则第 20 号——企业合并 . 2006.

3. 中华人民共和国财政部．企业会计准则第 33 号——合并财务报表 . 2014.

4. 中华人民共和国财政部．企业会计准则应用指南［M］．北京：中国时代经济出版社，2007.

5. 财政部会计司编写组．企业会计准则讲解 2010［M］．北京：人民出版社，2010.

6. 中华人民共和国财政部．企业会计准则解释第 5 号．财会〔2012〕19 号 .

四、建议使用的教学资源

1. 远东股份 2009 年度报告 .

2. 远东实业股份有限公司非公开发行股份购买资产暨关联交易报告书，2009 年 7 月 3 日 .

五、案例分析参考

1. 请说明远东股份定向增发购买关联股份，属于哪种类型的并购？（可从法律形式、业务范围与支付方式等方面考虑）

➢ 参考答案：

从法律形式看，本次交易属于股权收购，也属于协议收购。

从业务范围看，本次交易属于混合并购。

从支付方式看，本次交易属于股权并购或股票并购。

从并购意图看，本次交易属于战略型收购，属于大股东的资产注入。

从会计上来看，本次交易是否属于同一控制下的企业合并处于争议之中。

2. 如果你是指导老师章然，对于远东股份定向增发购买关联股份的会计核算，请评价小蔡的看法中正确与不当之处。

➢ 参考答案：

小蔡的观点：远东股份向雅都公司定向发行股份收购其全资子公司云峰公司，属于非同一控制下的企业合并。远东股份是购买方，云峰公司是被购买方。在非同一控制的企业合并下，远东股份在购买日应当以合并成本作为长期股权投资的初始投资成本。其合并成本为在购买日发行的权益性证券的公允价值，也就是 2.03 元每股乘以发行的股份 208 038 328 股，即 42 231.78 万元。

理由：因为并购交易之前，云峰公司的控制人是罗兰，而远东股份的最终控制人是姜放，两人虽是夫妻关系，但毕竟不是同一人。我国企业会计准则没有规定夫妻分别控制的企业合并可以视同为同一控制下的企业合并。

正确之处：远东股份是购买方，云峰公司是被购买方。（如果）在非同一控制的企业合并下，远东股份在购买日应当以合并成本作为长期股权投资的初始投资成本。其合并成本为在购买日发行的权益性证券的公允价值。

不当之处：首先，我国企业会计准则虽然没有规定夫妻分别控制的企业合并可以视同为同一控制下的企业合并，但也没有规定夫妻分别控制的企业合并应视同为非同一控制下的企业合并，因此本次交易的会计类型需要结合同一控制下合并的两个条件进行判断：（1）合并前后均受同一方或相同的多方最终控制；（2）该控制并不是暂时性的。

其次，合并成本为在购买日发行的权益性证券的公允价值，而 2.03 元/股为定价基准日（董事会公告）前 20 个交易日远东股份股票交易均价。购买日一般应在主管部门批准后，证监会核准后，以及发行的股票证券登记过户、云峰公司的股权转让过户完成后才能确定。

因此，小蔡对于本次交易的会计类型的认定理由是不充分的，其会计处理也是不准确的。

3. **如果你是指导老师章然，对于远东股份定向增发购买关联股份的会计核算，请评价老黄的看法中正确与不当之处。**

➢ 参考答案：

老黄的观点：本次交易属于同一控制下的企业合并，远东股份为购买方，云峰公司为被购买方。远东股份对云峰公司的股权投资应该按照云峰公司净资产的账面价值计量，即 25 069.61 万元，发行股票的面值为 20 803.83 万元，两者之间的差额应记入“资本公积”的贷方。

理由：（1）《中华人民共和国婚姻法》第十七条规定，婚姻关系存续期间所得财产归夫妻共同所有，夫妻对共同所有的财产有平等的处理权。因此，法律上已明确了夫妻双方对于共同财产拥有平等的控制权。（2）在并购前后，云峰公司的法人代表都是姜放，而云峰公司是雅都公司的全资子公司，雅都公司的股权由姜放的妻子与父亲所持有，都是由姜放家族所控制；在并购之后，云峰公司的股权由远东股份全部持有，而姜放夫妇间接持有远东股份的 58.7% 的表决权与股权，这样姜放夫妇共同控制远东股份，从而间接控制云峰公司。（3）姜放虽然在并购前仅间接持有远东股份15.6%的股权，但是依其可实际支配的上市公司股份表决权，其足以对公司股东大会的决议产生重大影响，满足《深圳证券交易所股票上市规则》与《上海证券交易所股票上市规则》中18.1条的控制标准——股东名册中显示持有公司股份数量最多，即构成控制。万商天勤律师事务所、华泰证券股份有限公司等中介机构出具的报告将远东股份的实际控制人认定为姜放。

正确之处：（1）远东股份为购买方，云峰公司为被购买方。（2）法律上已明确了夫妻双方对于共同财产拥有平等的控制权。因此，该交易完成后，姜放夫妇共同控制远东股份。在交易之前，姜放夫妇控制了云峰股份。（3）如果该交易属于同一控制下的企业合并，那么远东股份对云峰公司的股权投资应该按照云峰公司净资产的账面价值计量，即25 069.61万元，发行股票的面值为20 803.83万元，两者之间的差额应记入“资本公积”的贷方。

不当之处：以《深圳证券交易所股票上市规则》与《上海证券交易所股票上市规则》中18.1条的控制标准，以及律师、投行等中介机构出具的报告作为判断姜放在交易前控制远东股份的标准，是不恰当的。《深圳证券交易所股票上市规则》与《上海证券交易所股票上市规则》以及律师投行中介机构报告主要针对的是上市公司的信息披露，而不是会计处理原则。对于姜放在交易前是否控制远东股份，以及是否属于同一控制下的企业合并，必须遵循企业会计准则的要求，采取实质重于形式的原则，结合控制的三要素（投资方拥有对被投资方的权力，通过参与被投资方的相关活动而享有可变回报，并且有能力运用对被投资方的权力影响其回报金额）进行判断。

因此，老黄对该交易会计类型的判断是不充分的。

4. 如果你是指导老师章然，对于远东股份定向增发购买关联股份的会计核算，请评价小范的看法中正确与不当之处。

➢ 参考答案：

小范的观点：本次交易属于非同一控制下企业合并的分步购买。

理由：（1）交易之前姜放仅持有远东股份15.46%的股权，持股比例没有达到50%以上的控制标准，因此这次交易还不能看成是同一控制下的企业合并。（2）姜放在2008年5月通过购买物华公司100%股权，间接持有远东股份15.46%的股权，这次再把云峰股份注入远东股份，使得对远东股份达到控制的比例，可以把这次交易看成非同一控制下企业合并的分步购买。

正确之处：交易前，姜放持有远东股份的股份比例过小，不足以达到控制的标准，这揭示了本次交易的实质是大股东把资产注入上市公司获得公司控制权。

不当之处：把本次交易归结为分步购买，混淆了会计主体的概念。本次讨论的交易主体，也就是会计主体是远东股份，而不是姜放或者姜放夫妇。分步购买属于对某一公司股权的购入分阶段进行，本次交易是远东股份一次买入云峰100%股权，不属于分步购买。最后，仅用持股比例来作为控制的判断标准也是不充分的。

总体来看，小范对于本次交易会计类型的判断也是不充分的。

5. 如果你是指导老师章然，对于远东股份定向增发购买关联股份的会计核算，请说明你的倾向性意见及其理由。

➢ 参考答案：

参与合并的企业在合并前后均受同一方或相同的多方最终控制且该控制并不是暂时性的，为同一控制下的企业合并。这里并购双方指的是远东股份与云峰公司，对于该交易是否为同一控制下的合并涉及三个判断：①并购之前，远东股份与云峰公司是否同属姜放夫妇的控制；②并购之后，远东股份与云峰公司是否同属姜放夫妇的控制；③该控制是否是暂时的。

对于该次合并的会计类型判断存在两种观点的激烈争论，分述如下：

（1）本次合并不能认定为同一控制下的企业合并。

①在并购之前，姜放不能最终控制远东股份（小范的观点）。

并购重组前，物华公司持有远东股份 15.46% 的股权，为第一大股东，而姜放拥有物华公司 100% 的股权，因此姜放仅间接持有远东股份 15.46% 的股权。该持股比例，不符合企业会计准则中对控制的认定标准——“母公司直接或通过子公司间接拥有被投资单位半数以上的表决权”。

②在并购前后，姜放对云峰公司不具有控制权（小蔡的观点）。

被收购方云峰公司在收购前由姜放的妻子罗兰所控制，虽然姜放与罗兰是法律上的夫妻关系，但是并非同一人，存在着财产权的不确定性。虽然 2009 年 12 月双方以书面协议方式确认，罗兰将所持雅都公司全部出资的表决权授予姜放行使，在罗兰持有雅都公司出资期间持续有效，姜放通过雅都公司拥有云峰公司的控制权。但是当罗兰与姜放出现分歧时，没有证据表明罗兰对云峰公司股权的处置权受到限制，这会对姜放所拥有的云峰公司的实质控制权带来重大不确定性，因此不能表明姜放在并购前后拥有对云峰公司的控制权。

因此，该收购属于非同一控制下的企业合并。远东股份对云峰公司的股权投资应采用购买日发行股票的公允价值入账。

（2）本次合并可认定为同一控制下的企业合并。

①在并购前后姜放夫妇共同控制云峰公司（老黄的观点）。

《中华人民共和国婚姻法》第十七条关于婚姻关系存续期间所得财产归夫妻共同所有，以及夫妻对共同所有的财产有平等的处理权的规定，已明确了夫妻双方对于共同财产拥有平等的控制权。

在并购之前，沈阳云峰公司的 100% 股权属于沈阳雅都投资公司，而沈阳雅都公司 95% 的股权为罗兰与姜放的共同财产，属于双方共同控制，因此姜放夫妇共同间接拥有沈阳云峰至少 95% 的股权与表决权，满足企业会计准则对控制的判别标准，能够控制沈阳云峰；在并购之后，沈阳云峰公司的股权由远东股份全部持有，而姜放夫妇间接持有远东股份 58.7% 的表决权与股权，这样姜放夫妇间接持有沈阳云峰的表决权与股权至少达到 58.7%，从而能够控制沈阳云峰。

②在并购前后姜放夫妇实际上共同控制远东股份（老黄的观点）。

虽然姜放夫妇在并购前仅间接持有远东股份 15.46% 的股权，但是依其可实际支配的上市公司股份表决权足以对公司股东大会的决议产生重大影响。

③姜放夫妇对远东股份、云峰公司的控制为非暂时性的。

姜放实际控制远东股份的时间为 2008 年 6 月 10 日，即姜放持有金叶有限公司和好时全球有限公司 100% 的股权，完成股权过户及相关变更手续日。在该日，姜放间接持有物华实业 100% 的股权及物华实业持有远东股份 30 730 838 股的股份数（占本公司总股数的 15.46%），成为物华实业及远东股份的实际控制人。

2009 年 7 月 21 日，远东股份临时股东大会通过《关于公司向沈阳雅都投资有限公司发行股份购买资产的议案》，距其取得实际控制权的时间已超过企业会计准则规定的 1 年期限，因此属非暂时性控制。

罗兰成为沈阳云峰公司实际控制人的日期为 2008 年 5 月，至 2009 年 7 月 21 日止，其实施控制的时间已超过企业会计准则规定的 1 年期限，也属于非暂时性控制。

因此，本次交易可认定为同一控制下的企业合并。上市公司远东股份收购云峰公司股权的入账价值应采用被合并方股东权益的账面价值。

一般而言，夫妻分别控制的企业进行合并可以认定为属于夫妻共同控制。但是对于本例远东股份并购云峰股份，交易前姜放夫妇是否能控制远东股份仍缺乏足够证据。仅从持股比例以及形式上的表决权来看，姜放夫妇并没有形成对远东股份的控制。

除此之外，企业会计准则中还规定了非量化的控制标准，包括：第一，通过与被投资单位其他投资者之间的协议，拥有被投资单位半数以上的表决权；第二，根据公司章程或协议，有权决定被投资单位的财务和经营政策；第三，有权任免被投资单位的董事会或类似机构的多数成员；第四，在被投资单位的董事会或类似机构占多数表决权。

目前，远东股份无法提供大股东的表决权与持股比例不一致的相关证据，也没有证据表明大股东达到实质性控制的标准，因此不能认定为并购之前远东股份的控制权归属于姜放，也不能认定本次并购属于同一控制下的企业合并。

如果远东股份能进一步提供公司章程、股东之间的协议、股东决策机制、高管任免机制等证据进一步表明交易前姜放夫妇实质上对远东股份的控制，该交易就可以认定为同一控制下的企业合并。

6. 请指出不同会计核算方法对远东股份个别报表以及合并报表的财务影响的差异。如果你是远东股份的财务总监，你的倾向性意见与理由是什么？

➢ 参考答案：

不同会计核算方法对远东股份个别报表以及合并报表的财务影响见表3-2。

表3-2　不同会计核算方法对远东股份个别报表以及合并报表的财务影响

人员	小蔡、小范	老黄的观点
会计类型	非同一控制下的企业合并	同一控制下的企业合并
长期股权投资入账价值	以支付对价公允价值42 231.78万元入账	云峰公司净资产的账面价值计量，即25 069.61万元
支付对价	发行股票的公允价值，2.03元每股乘以发行的股份208 038 328股，即42 231.78万元	发行股票的账面价值，20 803.83万元
差额处理	无差额	计入资本公积
合并前云峰公司当期利润、现金流量	不纳入合并报表	纳入合并报表
云峰公司是否纳入前期比较合并报表	不纳入合并报表	纳入合并报表

与非同一控制下的企业合并（小蔡、小范的观点）相比，如认定为同一控制下的企业合并（老黄的观点），远东股份的长期股权投资的入账价值将减少17 162.17万元，所有者权益将减少21 427.95万元；同时当年度云峰公司的当期利润表（1—12月）将被并入远东股份的合并利润表，有助于远东股份扭亏为盈。

从以后会计期间来看，由于沈阳云峰资产的公允价值高于账面价值，该部分的差额将在未来资产使用期间进行摊销，采用老黄的观点将导致未来远东股份合并利润表的利润小于非同一控制下的企业合并的利润额。

这些都有利于企业的外部融资、股价提升与管理层业绩考评。因此，公司财务总监往往更希望选择同一控制下的企业合并的会计类型认定，采用权益结合法的会计方法。

六、课程中可讨论的其他问题

7.（可选）如果你是监管机构的审批人，你是否赞同该交易，或对该交易还存在哪些疑虑？对该公司的会计处理方案有何建议？

➢ 参考答案：

本次交易的实质是大股东姜放进一步注入资产控制上市公司，如该交易被批准，姜放将成为上市公司的实质控制人。那么以下问题值得关注：（1）注入资产的定价是否公允、合理；（2）重组后上市公司是否能够持续、健康地成长。

本次交易目标资产由北京天健兴业评估有限公司出具天兴评报字（2009）第30号《资产评估报告书》，采用资产基础法和收益现值法对云峰公司的全部股东权益进行评估。根据《资产评估报告书》，标的资产账面价值 250 696 070.31 元，评估值 422 317 807.65 元，该评估值作为本次交易的价格，本次评估增值 171 621 737.34元，增值率 68.46%。由于云峰公司纳入本次评估范围的资产主要是房地产资产，受国际金融危机的影响，市场波动较大，特别是近期的房地产行业价格走向尚不明朗，因此资产评估报告书以资产基础法的评估结果为最终评估结论。总体上看，以资产基础法评估是比较稳健的。

对于重组后上市公司是否能持续、健康成长仍具有较大不确定性，主要原因有三：（1）注入资产——云峰公司主要的资产业务包括三个项目：①沈阳乐购超市项目；②亚洲时尚中心项目；③沈阳空港国际新城居住用地整理项目。其中前两个项目已竣工，投入运营；第三个项目尚未进行实质性开发，具有较大的风险。从前两个项目的运营来看，成长性不高，且近 3 年来的净资产收益率均不到 1%，盈利能力堪忧。（2）本次重组后，上市公司的主业转型为房地产，2008 年国际金融危机以及 2009 年国家宏观调控房价与限购限贷对房地产企业的融资与发展构成了严峻的挑战。（3）姜放为美国国籍，历任云峰公司的法定代表人，其过往的经营业绩并不显著。

本案例涉及了同一控制下的企业合并的认定中两个关键的认定：（1）并购前后企业控制关系的判断标准如何认定；（2）夫妻分别控制下的并购重组是否属于同一控制下的企业合并。

对于夫妻分别控制下的并购重组是否属于同一控制下的企业合并，根据《中华人民共和国婚姻法》的规定，夫妻分别持有的股权为夫妻的共有财产，可属于共同控制。

对于并购前后企业控制关系的判断标准如何认定，企业会计准则与《深圳证券交易所股票上市规则》以及《上海证券交易所股票上市规则》中对控制具有不同的判断标准，深圳证券交易所与上海证券交易所对控制的判断标准相对宽松，更注重经济实质上的实际控制；企业会计准则对控制的判断标准相对严格。例如，《深圳证券交易所股票上市规则》规定，在可以实际支配上市公司股份表决权超过 30%，以及依其可实际支配的上市公司股份表决权足以对公司股东大会的决议产生重大影响的情形下，均可认定为控制；而在企业会计准则中，上述情形均不可认定为控制。从上市公司充分信息披露来看，采用《深圳证券交易所股票上市规则》较宽泛的控制定义，有助于投资者更好地了解企业的运营状况以作出决策；但是从会计的账务处理来看，采用企业会计准则相对严格的标准，能较好地防范企业进行盈余管理。因此，本案例中姜放夫妇在并购前间接拥有的 15.46% 远东股份的股权并不满足企业会计准则中控制的判断标准，不能认定为同一控制下的企业合并。

一般来说，在企业合并中，由于被合并企业在并购后置于一个新的管理架构与商业环境，合并企业对于取得的被合并企业的资产（或承担的负债）采用公允价值计量能够更加真实、公允地反映交易的实质，也使得并购当期中取得的资产

（或承担的负债）有一致的计量基础，更有助于信息使用者了解并购交易的预期收益与真实成本，从而作出相应的经济决策。因此目前国际财务报告准则与美国会计准则已经取消了企业合并会计中的权益结合法。

考虑到我国目前大多数上市公司属于国有控股，企业并购中同一控制下的合并比较常见，而在同一控制合并的情况下，合并双方的交易都取决于最终控制方的指令，而不是市场讨价还价的结果，其交易方式与交易价格的公允性难以保证，资产（或股东权益）的公允价值难以可靠计量，因此我国企业会计准则规定，企业在同一控制合并下采用权益结合法。

由于在同一控制下的企业合并中，会计处理方法为权益结合法，形成母子公司关系的合并方可以将被合并方在合并当年的所有利润与现金流量表纳入合并报表，而在购买法下，在以后期间并购日资产公允价值超过账面价值的部分由于需要在资产使用期间摊销而导致其利润也会较低，因此多数企业偏好采用权益结合法来获得较高的披露利润，这为企业进行盈余管理打开了方便之门。为了制约企业滥用企业合并的权益结合法进行盈余管理，对于同一控制下企业合并的判断应该采取适当从严的标准。

案例 4

友谊股份兼并百联股份：同一控制下的企业合并吗

一、案例概览

为了解决上市公司友谊股份和上市公司百联股份之间的同业竞争，并坐实友谊股份主业，改善治理结构，2011 年友谊股份以新增 A 股股份 947 984 500 股换股吸收合并百联股份，并向百联集团发行 A 股 302 394 810 股股份购买百联集团持有的八佰伴 36% 股权和投资公司 100% 股权。本次百联股份与友谊股份的换股比例为 1∶0.861，换股吸收合并工作已于 2011 年 8 月 26 日完成。

在 2011 年度财务报告审计过程中，立信会计师事务所审计项目组对本次交易的有关会计问题进行了讨论，主要涉及同一控制下吸收合并会计处理对权益结构及后续利润分配的财务影响、同一控制下吸收合并现行会计规范的合理性以及在吸收合并中的税务问题等。该项目组参加业务讨论的主要人员有：合伙人高山、部门经理奚悦、注册会计师白灵、马兰和夏明。

二、教学目标

通过本案例讨论与分析，拟实现以下教学目标：

1. 掌握同一控制下吸收合并的认定条件；
2. 掌握同一控制下吸收合并的会计处理原则及其实务应用；
3. 理解同一控制下吸收合并与控股合并会计处理对企业的不同财务影响；
4. 掌握企业重组中特殊税务处理的相关规定；
5. 理解同一控制下的企业合并对利润分配的影响。

三、教学建议

案例 4 的教学建议见表 4-1。

本案例以企业合并和合并财务报表的会计理论及其实务为基础，参考以下文献：

表 4-1 案例 4 的教学建议

内容	主角	组织与要求	时间
阅读案例资料	学生	熟悉案例资料，补充并收集相关资料	课前
案例讨论	学生	每个案例小组围绕着思考分析题，分析讨论案例会计类型认定及其影响	课前
演讲	学生	每个案例小组推荐 1 名学生阐述其讨论的情况及达成的共识、产生的分歧	20~30 分钟
点评	老师	点评案例小组讨论情况并引导其对问题的正确理解和深入分析	15~25 分钟

1. 中华人民共和国财政部．企业会计准则第 2 号——长期股权投资．2014.

2. 中华人民共和国财政部．企业会计准则第 20 号——企业合并．2006.

3. 中华人民共和国财政部．企业会计准则第 33 号——合并财务报表．2014.

4. 中华人民共和国财政部．企业会计准则应用指南［M］．北京：中国时代经济出版社，2007.

5. 财政部会计司编写组．企业会计准则讲解 2010［M］．北京：人民出版社，2010.

6. 财政部会计司．关于编制合并会计报告中利润分配问题的请示的复函．财会函〔2000〕7 号．

7. 证监会会计部．关于明确上市公司利润分配基数征询函的复函．证监会会计部函〔2008〕94 号．

8. 中华人民共和国财政部，国家税务总局．财政部 国家税务总局关于企业重组业务企业所得税处理若干问题的通知．财税〔2009〕59 号．

四、建议使用的教学资源

1. 上海友谊集团股份有限公司收购报告书，2011 年 7 月．

2. 上海友谊集团股份有限公司发行股份购买资产及以新增股份换股吸收合并上海百联集团股份有限公司暨关联交易报告书（修订稿），2011 年 7 月．

3. 上海友谊集团股份有限公司关于换股吸收合并、发行股份购买资产暨关联交易实施情况报告书，2011 年 9 月．

4. 国浩律师（上海）事务所关于上海友谊集团股份有限公司重大资产重组实施情况之法律意见书．

5. 海通证券股份有限公司关于上海友谊集团股份有限公司换股吸收合并、发行股份购买资产暨关联交易实施情况之专项核查意见，2011 年 9 月．

6. 上海友谊集团股份有限公司 2010 年度报告（股票简称：友谊股份）．

7. 上海友谊集团股份有限公司 2011 年半年度报告（股票简称：友谊股份）.
8. 上海友谊集团股份有限公司 2011 年度报告（股票简称：友谊股份）.
9. 上海百联集团股份有限公司 2010 年度报告（股票简称：百联股份）.
10. 上海百联集团股份有限公司 2011 年半年度报告（股票简称：百联股份）.

五、案例分析参考

1. 对马兰与奚悦关于友谊股份吸收合并百联股份是否同一控制下的企业合并的不同意见，你如何看待？请说明理由。

➢ 参考答案：

项目组成员关于问题 1 的观点与理由见表 4-2。

表 4-2　**项目组成员关于问题 1 的观点与理由**

人员	马兰	奚悦
是否属于同一控制下的企业合并	不是，属于非同一控制下的企业合并	是，属于同一控制下的企业合并
理由	合并前后，百联集团拥有友谊股份、百联股份的股权比例均未超过 50%	合并前后，百联集团拥有友谊股份、百联股份董事会多数表决权、公司章程规定重大决策权由董事会行使，且其他股东持股比例分散，故百联集团拥有控制友谊股份、百联股份的权力

母公司拥有半数以下表决权的时候，其是否拥有实质性权力，是否拥有控制财务和经营政策并从其中获取利益的权力，“在被投资单位拥有多数表决权”是被经常运用的一项判断条件，但并不是唯一的条件。我们还可以从投资方与被投资方的关键管理人员或者董事会多数成员是否存在关联方关系、公司章程对于重大项目表决规定以及投资方持有的表决权相对于其他投资方持有的表决权份额的大小、其他投资方持有表决权的分散程度等方面综合分析判断投资方是否拥有对被投资方的权力，进而判断母公司是否主导公司的经营决策，达到控制目的。

2. 对于友谊股份吸收合并百联股份，说明马兰与奚悦的会计处理方案对企业财务报表的不同影响；如果你是友谊股份的财务总监，你倾向于采用哪种方案，为什么？

➢ 参考答案：

项目组成员关于问题 2 的观点与理由见表 4-3。

本例中，百联股份的净资产（资产-负债）的公允价值远大于其账面价值，那么与马兰的会计处理方案（非同一控制下的企业合并）相比，奚悦的会计处理方案（同一控制下的企业合并）的资产、负债的入账价值较低。如果从外部融资的角

表 4-3 项目组成员关于问题 2 的观点与理由

人员	马兰	奚悦
会计类型	非同一控制下的企业合并	同一控制下的企业合并
财务影响	资产、负债以百联股份的公允价值入账；发行股份以公允价值入账，与前者之间的差额计入商誉	资产、负债以百联股份的账面价值入账；发行股份以账面价值入账，与前者之间的差额计入资本公积

度考虑，马兰的方案会使企业资产负债率较低，且可抵押资产（账面）价值较高，较为有利。

在以后会计期间，由于并购资产的摊销或折旧，奚悦（同一控制下企业合并）的方案会使企业利润较高，这有利于管理层的业绩评价与股价提升。

3. 按我国现行会计规范，发生同一控制下的吸收合并与100%控股合并，会计处理的结果是否相同，白灵、奚悦及马兰的观点各不相同，他们的意见分歧在哪里？请进行评价，说明你的意见及理由。

➢ 参考答案：

项目组成员关于问题 3 的观点与理由见表 4-4。

表 4-4 项目组成员关于问题 3 的观点与理由

人员	白灵	奚悦	马兰
同一控制下的吸收合并与控股合并的会计差异	会计处理的最终结果相同	如果不需要编制合并财务报表，则会计处理的最终结果不同	无论是否需要编制合并财务报表，会计处理的最终结果都不同
理由	都基于一个原则：视同合并后的报告主体从开始就是一个整体	前期比较报表的具体编制原则比照同一控制下的控股合并比较报表的编制。从中可以推断出：同一控制下的吸收合并，只有在需要编制合并财务报表的前提下，才可以恢复被合并方在合并前实现的留存收益，否则不予恢复	同一控制下的吸收合并，对于被合并方股东而言，其实质是以被合并方的净资产作价投资的行为，其合并前的留存收益均在换股投资时用以作价考虑，所以将被合并方在合并前实现的留存收益继续回转是不合适的

正如奚悦所说，对于同一控制下的企业合并，被合并方在合并前实现的留存收益如何处理，我国企业会计准则（包括应用指南）未作出具体规定。只有企业会计准则讲解对此有较为具体的说明。在实务中，实施企业会计准则的各类企业，发生同一控制下的企业合并时，通常将企业会计准则讲解的有关说明，视同准则的应用指南加以执行。

上述我国对同一控制下吸收合并的会计规范属于不完全的权益结合法。据此，如果发生同一控制下的吸收合并，被合并方在合并前实现的留存收益，只能在合并财务报表中恢复，不能在个别财务报表中恢复，即在合并方个别财务报表中完全不考虑被合并方在合并前的留存收益。

4. 结合白灵与高山关于百联股份合并前的未分配利润在被吸收合并后能否由股东享有以及现行有关会计规范是否合理的争论，分析不同处理对权益结构的影响，并予以评价。

➢ 参考答案：

项目组成员关于问题4的观点与理由见表4-5。

表4-5　**项目组成员关于问题4的观点与理由**

人员	白灵	高山
被合并方吸收合并前的留存收益能否由合并后的主体承继	不能	可以
理由	被合并方的法人主体已经注销	权益结合的实质应体现合并各方的股东权益在合并后的主体中的联合及继承

分析不同处理对权益结构的影响：

按照现行规定，在个别财务报表中对被合并方百联股份的留存收益不予回转。回转与否对友谊股份个别财务报表有关数据的影响见表4-6。

表4-6　**被合并方留存收益回转与否对个别财务报表有关数据的影响**　单位：万元

项目	百联股份 2011-08-31	友谊股份 2011-08-31	加总后	合并后（不回转留存收益）	若合并后回转留存收益	差异
股本	110 102.73	47 211.64	157 314.37	142 010.09	142 010.09	—
资本公积	280 270.16	121 210.95	401 481.11	586 838.91	416 785.39	170 053.52
盈余公积	50 302.95	15 637.60	65 940.55	15 637.60	65 940.55	-50 302.95
未分配利润	119 750.57	37 403.14	157 153.71	37 403.14	157 153.71	-119 750.57
所有者权益合计	560 426.41	221 463.33	781 889.74	781 889.74	781 889.74	—

注：吸收合并后财务报表“实收资本（或股本）”项目142 010.09万元中，原百联股份的股本110 102.73万元按0.861折算为友谊股份的股本94 798.45万元，差额15 304.28万元计入资本公积。

➢评价与分析：

（1）对同一控制下吸收合并的有关会计规范的合理性质疑。

①是否体现了权益结合事项的实质？

对于同一控制下的吸收合并，为体现股东权益结合的实质，不论合并发生在会计年度的哪个时点，参与合并企业合并之前的损益都要全部包括在合并后企业的收益中，因此参与合并企业合并之前的留存收益转入合并后企业的留存收益中，由合并后主体的股东共享。根据我国对同一控制下吸收合并的会计规范和利润分配基础的规定，参与合并各方的股东根本无法继续分担和分享企业合并之前就存在的风险和利益，无法体现现有股东权益结合后企业中的联合和继续，背离了权益结合的实质。

虽然，对于同一控制下的控股合并，以及需要编制合并财务报表的同一控制下的吸收合并，在合并财务报表上视同合并后形成的报告主体自最终控制方开始实施控制时一直是一体化存续下来的报告主体进行列报，但这种仅限于合并财务报表列报的报告主体的延续，并无实质意义，股东无法享受被合并方合并前的收益。在实务中，现行有关规范仅有的作用是便于会计平衡。由于将被合并方合并前实现的利润及留存收益并入合并财务报表，合并后回转便于合并财务报表相关数据的前后衔接。但如果合并方的资本公积（资本溢价或股本溢价）余额不足，被合并方在合并前实现的留存收益中归属于合并方的部分在合并资产负债表中不能全额恢复，照样可以通过其他途径平衡。

②是否有利于维护参与合并各方股东的利益？

一般认为，市场价格作为上市公司的价值体现，本案例换股涉及两家上市公司，换股以二级市场价作为换股价格，可以平衡两家上市公司股东的利益。本案例中，我们从换股价格的角度来分析现行有关会计规范是否有利于维护参与合并各方股东的利益。

友谊股份以新增 A 股股份换股吸收合并百联股份的换股价格，是根据友谊股份和百联股份审议本次交易的董事会决议公告日前 20 个交易日的 A 股股票交易均价经除息调整后确定的，每 1 股百联股份之 A 股股份换 0.861 股友谊股份之 A 股股份。但实际上，市场价格很难考虑到换股双方留存收益的差异程度。在合并日，百联股份个别财务报表和友谊股份个别财务报表的未分配利润分别为 119 750.57 万元和 37 403.14 万元，相差较为悬殊，现行会计处理使原百联股份股东的每股可分配利润大幅度下降，在较大程度上损害了这部分股东的利益。

③仅因会计处理而改变股东享有的利益是否合理？

我们也可以换一个角度思考，如果友谊股份不是吸收合并百联股份，而是控股合并百联股份，则合并后母公司友谊股份仍然可以通过子公司百联股份分派股利，而将该子公司的未分配利润转化为友谊股份的未分配利润。实际上，同一控制下的吸收合并也可以视为先发生同一控制下的控股合并，然后再注销被合并方。如果按同一控制下的控股合并的现行规定处理，参与合并企业的股东仍然有机会分得被合并方在合并前实现的收益；如果按同一控制下的吸收合并的现行规定处理，参与合并企业的股东则永远丧失了分得被合并方在合并前实现收益的机会。仅由于会计处理方法的不同，导致参与合并企业的股东享有利益的差异，这显然是不合理的。

（2）建议根据权益结合的实质改进同一控制下吸收合并的有关规范。

对于同一控制下以换股形式实现的吸收合并，建议在严格规范权益结合法适用范围的基础上，根据权益结合的实质改进有关留存收益的会计规范，即在个别财务报表层面，将被合并方合并前的留存收益计入结合后主体的留存收益，以体现同一控制下权益结合对双方资源的继承关系，保护双方股东的利益。

5. 请评述项目组成员对友谊股份吸收合并百联股份的税务处理方案的分歧及其财务影响，说明你的倾向性意见。

➢ 参考答案：

项目组成员关于问题 5 的观点与理由见表 4-7。

表 4-7　**项目组成员关于问题 5 的观点与理由**

人员	白灵	马兰	奚悦
同一控制下的吸收合并的税务处理	按照公司注销缴纳所得税	吸收后的公司或新设的公司承继一切，所以百联股份无需按照清算价格计算重组的应纳税所得额	同意马兰的观点
理由	法人主体注销，实际上是清算注销，按照《企业所得税法》的规定，企业依法清算时，应当以清算期间作为一个纳税年度，企业应当在办理注销登记前，就其清算所得向税务机关申报并依法缴纳企业所得税	根据《公司法》的规定，公司合并时，合并各方的债权、债务应当由合并后存续的公司或者新设的公司承继	否则合并的代价太高

➢评价与分析：

白灵、马兰以及奚悦都有部分正确，但都不完整。

《财政部 国家税务总局关于企业重组业务企业所得税处理若干问题的通知》（财税〔2009〕59 号）对吸收合并的税务处理进行了明确：一般情况下，合并企业应按公允价值确定接受被合并企业各项资产和负债的计税基础，被合并企业及其股东都应按清算进行所得税处理，被合并企业的亏损不得在合并企业结转弥补。但是，具有合理的商业目的，且不以减少、免除或者推迟缴纳税款为主要目的；企业重组后的连续 12 个月内不改变重组资产原来的实质性经营活动；重组交易对价中涉及股权支付金额符合《财政部 国家税务总局关于企业重组业务企业所得税处理若干问题的通知》规定的比例；企业重组中取得股权支付的原主要股东，在重组后连续 12 个月内，不得转让所取得的股权的特殊重组条件的，可以适用如下规定：合并企业接受被合并企业资产和负债的计税基础，以被合并企业的原有计税基础确定。

友谊股份吸收合并百联股份完全符合文件中规定的特殊重组条款，所以可以根据规定去税务局办理享受特殊重组的政策。

此外，考虑到特殊的企业合并，没有资金的收付，纳税具有一定困难，且部分合并只是企业集团内部的整合，所以根据《财政部 国家税务总局关于企业重组业务企业所得税处理若干问题的通知》，只要符合特殊重组条件，均可以按以下规定处理：合并企业接受被合并企业资产和负债的计税基础，以被合并企业的原有计税基础确定；被合并企业合并前的相关所得税事项由合并企业承继；可由合并企业弥补的被合并企业亏损的限额=被合并企业净资产公允价值×截至合并业务发生当年年末国家发行的最长期限的国债利率；被合并企业股东取得合并企业股权的计税基础，以其原持有的被合并企业股权的计税基础确定。

对于同一控制下吸收合并的特殊重组的税务处理也遵循了权益结合的实质。

六、课程中可讨论的其他问题

6.（可选）关于被合并方百联股份合并前的其他综合收益，马兰、奚悦、夏明的意见分歧在哪里？请说明你的观点及理由。

➢ 参考答案：

项目组成员关于问题 6 的观点与理由见表 4-8。

表 4-8 **项目组成员关于问题 6 的观点与理由**

人员	马兰	奚悦	夏明
被合并方百联股份合并前的其他综合收益能否延续	在合并后主体的个别财务报表中作为其他综合收益延续	在合并后主体的合并财务报表中作为其他综合收益延续	不能延续
理由	视同合并后的报告主体（无论是个别财务报表还是合并财务报表的报告主体）从一开始就是一个整体	这样处理与 100% 控股合并处理的最终结果相同	此项通过换股形式实现同一控制下的企业合并属于权益性交易，视同投资，不应确认损益（包括未实现损益）

➢评价与分析：

其他综合收益是指企业未实现但根据企业会计准则的规定已确认的收益。友谊股份吸收合并百联股份，被吸收方百联股份原其他综合收益如何处理，应区分个别财务报表与合并财务报表，两者的处理方法不一样：

（1）个别财务报表：不体现被合并方百联股份合并前的其他综合收益。个别财务报表是友谊股份法人主体的财务报表，吸收合并百联股份时，百联股份以其净资产折股，原百联股份的其他综合收益已经作为折股净资产的一部分，只能在股本及股本溢价中体现，故不能在合并后友谊股份的综合收益中体现。

（2）合并财务报表：体现被合并方百联股份合并前的其他综合收益。对于同一控制下的吸收合并，为体现股东权益结合的实质，不论合并发生在会计年度的哪个时点，参与合并企业整个年度的损益（包括已实现损益和未实现损益）以及以前年度的损益（包括留存收益和其他综合收益）均要全部包括在合并后企业的收益和留存收益中。因此，参与合并企业整个年度及以前年度的其他综合收益均应转入合并后其他综合收益中，由合并后主体的股东共享。

案例5

美的集团换股兼并美的电器：是企业合并吗

一、案例概览

2013年3月，美的电器公布整体上市方案：美的集团以换股方式吸收合并美的电器，即美的集团向美的电器除美的集团外的所有换股股东发行股票交换该等股东所持有的美的电器股票。其中，美的集团此前所持美的电器41.17%的股票不参与换股，也不行使现金选择权，并且该股票将在本次换股吸收合并完成后予以注销。本次换股吸收合并完成后，美的电器的法人资格将注销，美的集团作为存续公司将承继及承接美的电器的全部资产、负债、业务、人员、合同及其他一切权利与义务。

美的集团的发行价格为44.56元/股。美的电器换股价格为15.36元/股，换股比例为0.3447∶1，美的集团本次发行股数为686 323 389股。

会计师事务所张老师在组织学员小赵、小钱与小孙进行并购会计业务的学习中，对本次交易的会计类型及其会计处理进行了讨论，学员们对本次交易是否属于企业合并存在着巨大的分歧。

二、教学目标

通过本案例的讨论与分析，拟实现以下教学目标：

1. 了解企业合并的不同类型，尤其是企业合并的法律认定与会计认定的差异；
2. 掌握企业合并的会计判断标准及其在实务中的具体运用；
3. 掌握换股吸收合并方式下整体上市的会计处理原则及其实务运用；
4. 了解企业整体上市的绩效评价方法及其应用；
5. 了解企业整体上市对关联方交易的影响；
6. 了解企业整体上市对同业竞争的影响。

三、教学建议

案例 5 的教学建议见表 5-1。

表 5-1　案例 5 的教学建议

内容	主角	组织与要求	时间
阅读案例资料	学生	熟悉案例资料，补充并收集相关资料	课前
案例讨论	学生	每个案例小组围绕着思考分析题，分析讨论案例会计类型认定及其影响	课前
演讲	学生	每个案例小组推荐 1 名学生阐述其讨论的情况及达成的共识、产生的分歧	35～45 分钟
点评	老师	点评案例小组讨论情况并引导其对问题的正确理解和深入分析	30～40 分钟

本案例的撰写可作为学生课程论文的模板。

本案例以企业合并与合并报表会计理论及其实务为基础，参考以下文献：

1. 杨朝军，廖士光．上市公司同业竞争问题研究［R］．上海证券交易所第二十一期联合研究计划课题，2010.

2. 罗忠洲，刘逖，廖士光．上市公司整体上市模式与效果分析［R］．上海证券交易所第二十期联合研究计划项目，2009.

3. 王志彬．中国集团公司整体上市与公司绩效关系的研究［D］．华中科技大学，2008.

4. 罗忠洲，司徒大年．上市公司关联交易研究［R］．上海证券交易所第二十一期联合研究计划项目，2010.

5. 中华人民共和国财政部．企业会计准则第 2 号——长期股权投资．2014.

6. 中华人民共和国财政部．企业会计准则第 20 号——企业合并．2006.

7. 中华人民共和国财政部．企业会计准则第 33 号——合并财务报表．2014.

8. 中华人民共和国财政部．企业会计准则应用指南［M］．北京：中国时代经济出版社，2007.

9. 财政部会计司编写组．企业会计准则讲解 2010［M］．北京：人民出版社，2010.

10. 中华人民共和国财政部．财政部关于做好执行会计准则企业 2008 年年报工作的通知．财会函〔2008〕60 号．

11. 中华人民共和国财政部．关于执行会计准则的上市公司和非上市企业做好

2009 年年报工作的通知．财会〔2009〕16 号．

12. 中华人民共和国财政部．财政部会计司关于非上市公司购买上市公司股权实现间接上市会计处理的复函．财会便〔2009〕17 号．

13. 中国证监会会计部．上市公司执行企业会计准则案例解析［M］．北京：中国财政经济出版社，2012.

14. 汤树梅．试论上市公司同业竞争与关联交易问题［J］．河南社会科学，2004（1）：106-109.

四、建议使用的教学资源

1. 美的集团 2013 年年度报告．

2. 美的电器 2012 年年度报告．

3. 美的电器 2011 年年度报告．

4. 美的集团股份有限公司换股吸收合并广东美的电器股份有限公司报告书（2013 年 7 月）．

五、案例分析参考

1. 对于美的集团换股吸收合并美的电器，从法律形式、交易方式、业务范围、并购意图上界定本次交易的类型？

➢ 参考答案：

从法律形式看，本次交易属于吸收合并，因为美的电器的法人身份注销。

从业务范围看，本次交易属于横向并购。

从支付方式看，本次交易属于股权并购或换股并购。

从并购意图看，本次交易属于战略型收购，属于整体上市。

从会计上来看，本次交易是否构成并购，值得商榷。

2. 对于美的集团换股吸收合并美的电器，学员小赵、小钱与小孙对这次交易的会计类型的判断，你认为有哪些正确与不足之处？你认为这次交易是企业合并吗？并说明理由。

➢ 参考答案：

学员们对问题 2 的判断与理由见表 5-2。

表 5-2 **学员们对问题 2 的判断与理由**

学员	小赵	小钱	小孙
会计类型	非同一控制下的吸收合并	同一控制下的吸收合并	不属于企业合并；属于先购买少数股东权益，再注销

续表

学员	小赵	小钱	小孙
理由	在吸收合并前，美的集团仅持有美的电器41.17%的股权，未达到控制的标准；通过换股吸收合并，美的集团把美的电器的所有资产与负债纳入自己的控制之下	在吸收合并前，何享健持有美的电器的表决权达42.94%，远高于第二大股东；何享健能控制美的电器；同时何享健通过美的控股间接控股美的集团59.85%	美的电器净资产控制权没有发生变化，美的集团与美的电器董事会的大多数成员由美的控股任命，美的电器在交易前后都受到美的控股的控制
正确之处	分析了美的电器与美的集团的股权结构	分析了美的电器与美的集团的相对控股权	分析了美的电器与美的集团治理层（董事会）的构成
不当之处	未考虑美的电器的相对控股、治理层构成等实质控制	未考虑美的电器治理层的构成，以及并购前后控制权的变化	未考虑并购交易目的、业务与技术

总体来看，小孙的观点相对更为全面与合理，本次交易不属于企业合并，因为美的电器的净资产的控制权没有发生转移，美的集团对美的电器的控制不仅包括相对控股权、高管人员（董事、监事与高级经理）的任命，还包括大量的业务与技术支持，对高管人员的考核与薪酬政策。从交易实质来看，本次交易的目的在于大股东把大家电业务板块、小家电业务板块、电机业务板块和物流业务板块整体上市。

3. 根据小赵、小钱与小孙的讨论，请写出美的集团对本次交易的三种可能的会计处理，并说明不同会计处理对美的集团财务报表的影响，以及你的倾向性观点。

➢ 参考答案：

学员们对问题 3 的观点分歧见表 5-3。

表 5-3　**学员们对问题 3 的观点分歧**

学员	小赵	小钱	小孙
会计类型	非同一控制下的吸收合并	同一控制下的吸收合并	不属于企业合并；先购买少数股东权益，再注销
资产与负债的计量	公允价值计量	个别报表账面价值计量	下推法——美的集团合并报表合并日公允价值持续计量
支付对价	发行股票的公允价值	发行股票的账面价值	发行股票的公允价值
差额处理	商誉	资本公积	资本公积

续表

学员	小赵	小钱	小孙
当期损益	长期股权投资账面价值与公允价值之间的差额计入投资收益	无	长期股权投资成本法与权益法之间的差额

从会计类型来看，本次交易属于美的集团购买少数股东权益，吸收合并美的电器，该会计处理可以有三种选择：

（1）被合并方美的电器资产与负债采用公允价值计量，发行股票采用公允价值计量，两者之间的差额计入商誉；原长期股权投资账面价值与公允价值之间的差额计入当期损益。这种会计处理方法类似于（小赵的观点）非同一控制下企业合并的账务处理：视同美的集团先发行股票购买少数股东权益，再把美的电器清算注销，原长期股权投资账面价值与公允价值之间的差额计入当期损益，最后重新以市价买入美的电器净资产（资产与负债）。该会计处理的优点在于美的集团发行股票的公允价值属于活跃市场的报价，比较公允可靠，能比较真实与公允地反映其与少数股东的交换价值；原美的电器的资产与负债也采用公允价值计量，反映该交易时点换入资产与负债的市场（交换）价值，具有较强的价值相关性。但是该会计处理的缺点是需要对美的电器的所有资产与负债一一进行评估，交易成本高，会计处理复杂，而且没有反映美的电器在美的集团控制下业务经营的连续性。

（2）被合并方美的电器的资产与负债采用账面价值计量，发行股票采用账面价值计量，两者之间的差额计入资本公积，不确认当期损益，原长期股权投资账面价值注销，不确认当期损益，该处理方案类似于（小钱的观点）同一控制下吸收合并的账务处理。其优点在于美的电器（净资产）一直在美的集团控制下采用历史成本计量，具有较好的可比性，尤其是无需对美的电器的资产与负债一一进行评估以获取公允价值，交易成本较低，会计处理较简便。其缺点在于没有真实反映购买少数股东权益的交换价值，背离了美的集团发行股票的公允价值；取得的资产与负债采用历史成本，其价值的相关性不高；注销的长期股权投资不确认投资收益，与税务处理也不一致。

（3）被合并方美的电器的资产与负债采用账面价值计量，美的集团发行股票采用公允价值计量，两者之间的差额计入资本公积；长期股权投资成本法转换为权益法之间的差额计入当期损益（投资收益）。该会计处理的思路是美的集团首先发行股票（以公允价值计量）购买少数股东权益，取得58.83%的少数股东权益（长期股权投资），再按照《企业会计准则解释第7号》中的全资子公司注销为分公司的会计处理核算。简而言之，美的集团合并美的电器的报表下推到取得美的电器的资产与负债。即先把美的集团对全资子公司美的电器的长期股权投资从成本法转换为权益法，其中长期股权投资按成本法与按权益法的差额主要包括两部分：（1）美的电器当年实现的净利润与股利分配；（2）美的电器以往年度实现的净利润与股利分配；前者计入投资收益，后者计入期初未分配利润；再把合并报表中子公司美的电器的资产与负债（采用账面价值计量）下推到取得的原美的电器资产与负债，同时注销长期股权投资（权益法下）。该会计处理方法的优点在于被合并方美的电器的资产与负债仍然在美的集团控制下采用历史成本，具有较好的一贯性；避免了高昂的公允价值的评估成本；原长期股权投资由成本法转为权益法后注销，确认投资收益，与税务处理一致，因此会计处理比较简便。美的集团发行股票采用公允价值计量，反映了其取得少数股东权益所付出的代价。该会计处理方法的缺点在于取得的资产与负债没有按照公允价值反映，其价值的相关性较低；把发行股票的公允价值与取得净资产之间的差额计入资本公积，缺乏明确的经济意义；长期股权投资注销时按照权益法与成本法之间的差额确认投资收益，既不属于资产处置，也不属于资产置换，不具有清晰的经济意义。

总体来看，三种方法各有利弊。在会计实务中，第三种方法较为常见，因为其会计处理简便，与税务处理较为一致。

4. 根据案例资料，你认为美的集团整体上市是否有助于减少关联交易？

➤ 参考答案：

市场、监管机构和投资者一直看重关联交易问题。关联交易特殊的地方在于它有两面性：一方面，一定程度上降低了企业的交易成本，提高了市场和企业的效率，有助于企业的扩大经营；另一方面，关联方可能利用信息不对称侵害其他利益相关者的利益，影响交易的公允性和市场的公平秩序。

上海证券交易所第二十一期联合研究计划项目《上市公司关联交易研究》（2011）通过实证分析发现：从关联交易对象来看，上市公司与母公司的关联交易量最大，约占 40%；从关联交易的来源来看，关联交易主要集中于商品类交易、资金类交易、担保抵押以及债权债务关系[①]。同时，集团公司整体上市将减少集团公司和上市公司的关联交易。

以下将在界定关联方的基础上，从商品类交易、资金类交易、担保抵押以及债权债务关系等方面分析美的集团和美的电器在此次换股吸收合并前后各自的关联交易情况，讨论此次整体上市对美的集团和美的电器的关联交易情况的影响。

（1）界定关联方。

对于关联交易和关联方的判断，会计准则、公司法规和上市规则都有各自的定义。综合《企业会计准则第 36 号——关联方披露》第三条、《公司法》第二百一十七条和《深圳证券交易所股票上市规则》第十章的规定，以美的集团、美的电器和实际控制人何享健三者之间的持股和控制关系判断，三者之间两两互为关联关

① 罗忠洲，司徒大年．上市公司关联交易研究［R］．上海证券交易所第二十一期联合研究计划项目，2010.

系。除此三者之外，还存在一些相关子公司也与这三者存在关联关系。

（2）换股吸收合并前的关联交易情况。

①美的电器。

第一，日常购销关联交易。

表5-4为2010—2012年美的电器日常购销关联交易金额及占比。通过观察可以发现，虽然采购商品和接受劳务涉及的金额以及占同类交易金额的比例远高于出售商品和提供劳务，但是其绝对数值并不大，占比一直维持在6.27%到7.69%之间。出售商品和提供劳务所占的比例始终低于1%，对于正常的经营活动基本不造成影响。

表5-4　2010—2012年美的电器日常购销关联交易金额及占比

年度	2012		2011		2010	
项目	金额（万元）	占同类交易金额的比例（%）	金额（万元）	占同类交易金额的比例（%）	金额（万元）	占同类交易金额的比例（%）
采购商品和接受劳务	338 122.06	6.27	642 251.23	7.69	421 687.13	6.41
出售商品和提供劳务	25 779.24	0.36	50 533.01	0.55	64 605.38	0.88

表5-5为2011—2012年美的集团对于美的电器日常购销关联交易金额及占比。从相关占比来看，美的集团在其中占有很大比重，尤其是在采购商品和接受劳务方面。

表5-5　2011—2012年美的集团对于美的电器日常购销关联交易金额及占比

年度	2012		2011	
项目	金额（万元）	占比（%）	金额（万元）	占比（%）
采购商品和接受劳务	315 016.2	93.2	489 755.5	76.3
出售商品和提供劳务	13 000.0	50.4	2 000.0	4.0

第二，关联担保。

表5-6为2010—2012年美的电器接受关联担保情况。担保事项均为票据、借款和贸易融资。此外，从数据变化来看，2011年度为变化较为剧烈的年份，原因是当年因经营规模扩大，票据金额较上年增加了约90%。美的电器自身仅在2010年向关联方提供过担保，合计金额为76.66亿元，美的集团不在接受担保范围内。

表 5-6 2010—2012 年美的电器接受关联担保情况

年度		2012		2011		2010
关联担保	担保方	金额（万元）	增幅（%）	金额（万元）	增幅（%）	金额（万元）
	美的集团股份有限公司	228 758. 8	-76%	967 396	95%	497 300
	广东美的生活电器制造有限公司	9 680. 0	—	—	—	—
	佛山市威尚科技产业发展集团有限公司	—	—	60 000	456%	10 797
合计		238 438. 8	-77%	1 027 396	102%	508 097

第三，关联方往来款。

表 5-7 反映了 2010—2012 年美的电器关联方往来款情况。款项主要集中在应付账款，但占比维持在 5% 左右，对于非关联关系的应付账款影响不大。而在应收账款和其他应付款中，关联方所占的比例极小，只是在 2010 年出现了较高的其他应付款，关联方为佛山市美的家用电器有限公司。

表 5-7 2010—2012 年美的电器关联方往来款情况

项目	2012-12-31			2011-12-31			2010-12-31		
应收账款	账面余额（万元）	占比（%）	坏账准备（万元）	账面余额（万元）	占比（%）	坏账准备（万元）	账面余额（万元）	占比（%）	坏账准备（万元）
	2 009	0. 3	100. 5	3 482	0. 6	174. 1	302	0. 1	15. 1
应付账款	55 695	5. 0	—	48 721	4. 0	—	67 066	6. 1	—
其他应付款	36	0. 1	—	—	—	—	10 833	32. 1	—

综上所述，美的电器在此次交易前与自身的关联方在商品劳务交易、担保和债权债务方面存在着一定的关联交易情况，但影响程度较小。同时，在商品劳务交易方面，美的集团所占比例较高。

②美的集团。

第一，经常性关联交易。

表 5-8 列示了 2010—2012 年美的集团经常性关联交易情况。2010—2012 年经常性关联销售收入占营业收入的比重均低于 1%，对营业收入的影响微乎其微，且呈递减趋势。2010—2012 年经常性关联采购支出占营业收入的比重逐年递减，且比例较低，对营业成本影响不大。因此，美的集团与其关联方在此次整体上市交易之前，发生着少量的经常性关联交易。

表 5-8　　2010—2012 年美的集团经常性关联交易情况

项目	2012 年	2011 年	2010 年
营业收入（万元）	10 259 811.05	13 404 564.93	11 026 201.17
经常性关联销售收入（万元）	15 829.68	45 240.79	67 918.70
经常性关联销售收入占营业收入的比重（%）	0.15	0.34	0.62
营业成本（万元）	7 944 903.59	10 841 875.53	9 023 358.50
经常性关联采购支出（万元）	132 108.01	258 943.62	535 392.79
经常性关联采购支出占营业收入的比重（%）	1.66	2.39	5.93

第二，关联资金拆借。

表 5-9 列示了 2010—2012 年美的集团关联资金拆借情况。2010—2012 年，美的集团与佛山威尚科技、盈峰投资控股发生过拆借资金的交易。与相应同时期的 6 个月至 1 年的商业贷款利率相比，没有较大差距。从金额来看，除了 2012 年，美的集团因资金需要向佛山威尚科技借入约 26 亿元的金额较大外，其余拆借金额均不大，且借出的资金均在 2011 年年底已经结清。

表 5-9　　2010—2012 年美的集团关联资金拆借情况

年份	关联方	资金占用利息（万元）	当年资金占用的年平均利率（%）	全年平均余额（万元）	备注
2010	佛山威尚科技	3 246.86	5.38	62 856.45	本公司收取利息
	盈峰投资控股	0.56	5.38	10.30	本公司收取利息
2011	佛山威尚科技	755.82	6.31	11 806.33	本公司收取利息
	盈峰投资控股	2.06	6.31	32.24	本公司收取利息
2012	佛山威尚科技	16 186.49	6.11	261 221.05	本公司支付利息

第三，关联方往来款。

表 5-10 列示了 2010—2012 年美的集团关联方往来款情况。应收账款和应付账款大多由往来购销产生，且其占比很小，对相关科目无重大影响。2012 年大额的预付款项是给佛山市美的房地产发展有限公司的款项，为了受让佛山市美的房地产发展有限公司开发建设的保障性住房项目的第一期款项。其他往来款则来自于关联方之间的资金拆借。因此，在美的集团的关联往来款中，经常性的往来款金额较少，占比较小。

表 5-10　　2010—2012 年美的集团关联方往来款情况

项目	2012 年期末数		2011 年期末数		2010 年期末数	
	金额（万元）	占比（%）	金额（万元）	占比（%）	金额（万元）	占比（%）
预付账款	28 400.00	15.76	2 502.88	0.81	—	—
应收账款	6 651.08	0.67	9 070.28	0.90	—	—
其他应收款	—	—	65 219.07	25.90	111 544.82	31.81
应付账款	16 204.75	1.03	5 237.62	0.30	17 508.43	0.99
其他应付款	99 600.00	40.34	—	—	—	—

综上所述，美的集团和美的电器在此次交易前均存在不同程度的关联交易。除了偶发性的关联交易之外，经常性的关联交易对于美的集团的经营业绩影响较小。但是，在美的电器日常购销关联交易中，美的集团所占比重较大。

（3）换股吸收合并后关联交易情况。

①美的电器。

因为本次交易为美的电器被美的母公司吸收合并，故交易完成后，美的集团承接美的电器的一切资产、负债和业务，美的电器将被注销。因此，所有与美的电器直接相关的关联交易都将不存在。在一定意义上，此次交易彻底将美的电器的关联交易内部化了，形成了美的集团的内部市场。

②美的集团。

第　，日常购销关联交易。

表 5-11 列示了 2013 年度美的集团的关联采购情况。2013 年度美的集团的关联采购仅占同类交易金额的 1.32%，占比较小。同时，与上年同期相比，虽然采购金额的绝对数值略有增加，但是占比从 2012 年的 1.69% 降至 1.32%。因此可以发现，整体上市后，美的集团的关联采购情况相对有所减少。

表 5-11　　2013 年度美的集团的关联采购情况

关联方	交易内容	2013 年度		2012 年度	
		金额（千元）	占同类交易金额比例（%）	金额（千元）	占同类交易金额比例（%）
佛山市美的家用电器有限公司	购货	—	—	20 381.05	0.03
合肥会通新材料有限公司	购货	—	—	127 389.83	0.16

续表

关联方	交易内容	2013 年度		2012 年度	
		金额（千元）	占同类交易金额比例（%）	金额（千元）	占同类交易金额比例（%）
合肥市百年塑模科技有限公司	购货	65 778.12	0.06	102 559.47	0.13
广东威奇电工材料有限公司	购货	868 092.57	0.84	761 845.84	0.98
佛山市麦克罗美的滤芯设备制造有限公司	购货	66 449.44	0.06	37 461.56	0.05
山西华翔同创铸造有限公司	购货	45 086.99	0.04	95 080.11	0.12
山西华翔集团有限公司	购货	195 695.64	0.19	46 427.19	0.06
佛山市顺德区圆融新材料有限公司	购货	—	—	124 579.84	0.15
广东盈科电子有限公司	购货	61 332.82	0.06	5 355.16	0.01
安徽威奇电工材料有限公司	购货	69 346.69	0.07	—	—
合计		1 371 782.27	1.32	1 321 080.05	1.69

表 5-12 列示了 2013 年度美的集团的关联销售情况。2013 年度美的集团的关联销售相当少，仅占同类交易的 0.10%。与此同时，与上一年度相比，同类占比也由 0.16% 降至 0.10%。因此，整体上市后美的集团的关联销售比例进一步降低。

表 5-12 **2013 年度美的集团的关联销售情况**

关联方	交易内容	本期数		上年同期数	
		金额（千元）	占比（%）	金额（千元）	占比（%）
佛山市美的家用电器有限公司	销货	—	—	48 153.65	0.05
合肥会通新材料有限公司	销货	—	—	23 123.51	0.02
合肥市百年塑模科技有限公司	销货	24 636.42	0.02	70 942.38	0.07

续表

关联方	交易内容	本期数		上年同期数	
		金额（千元）	占比（%）	金额（千元）	占比（%）
PT. MIDEA PLANET INDONESIA	销货	55 462. 07	0. 05	16 077. 30	0. 02
安徽威奇电工材料有限公司	销货	3 355. 99	0. 00	—	—
广东威奇电工材料有限公司	销货	17 704. 75	0. 01	—	—
广东盈科电子有限公司	销货	23 559. 63	0. 02	—	—
山西华翔集团有限公司	销货	539. 10	0. 00	—	—
山西华翔同创铸造有限公司	销货	34. 09	0. 00	—	—
合计		125 292. 05	0. 10	158 296. 84	0. 16

第二，关联方应收及应付款项。

表 5-13 列示了 2013 年度美的集团关联方应收及应付款项情况。可以发现，在整体上市后，美的集团的关联应收账款出现了大幅减少，降幅达到 96. 23%，说明整体上市在一定程度上减少了美的集团的关联应收账款。而关联方应付账款出现增加，主要是由于 2013 年度对于个别关联方的采购增加所导致的。

表 5-13 2013 年度美的集团关联方应收及应付款项情况

关联方	2013 年期末数		2013 年期初数
应收账款	账面余额（千元）	较上一年变化（%）	账面余额（千元）
佛山市美的家用电器有限公司	—	-100	57 348. 13
PT. MIDEA PLANET INDONESIA	2 507. 86	-72. 63	9 162. 68
合计	2 507. 86	-96. 23	66 510. 81
应付账款	账面余额（千元）		账面余额（千元）
	242 855. 09		162 047. 45

除了上述关联方购销款项和关联方应收及应付款项外，美的集团还存在一些金额较小的关联方租赁等交易，未达到重要性。相较于此次交易之前，各类型关联交易的金额及占比大多出现了下降。交易前存在的关联方资金拆借情况也已消失。

综上所述，对比整体上市交易前后，美的电器的关联交易情况完全解决，而美的集团自身虽然依旧有部分关联交易存在，但受美的电器注销和相关监管政策约束的影响，较上市前关联交易情况得到了改善。

5. 根据案例资料，你认为美的集团整体上市是否改善了同业竞争状况？

➢ 参考答案：

一般而言，企业间的竞争是促进和推动企业和市场发展的动力。但是，上市企业的同业竞争并不是这种一般意义上的竞争。股票市场里的同业竞争是指上市公司的控股股东（包括绝对控股股东与相对控股股东）所从事的业务同该上市公司业务构成或可能构成的直接或间接的竞争关系[①]。

对于大部分原先为了满足上市的质量要求以及受审批制下发行规模的约束，而采用分拆业务的方式进行上市的企业来讲，往往遗留上市公司与未上市母公司部分经营业务相同或类似的情况，由此可能会导致上市公司的独立性和母公司的整体性受到影响，存在上市公司依赖原母公司的现象。更严重的情况将是上市公司大股东的目标和中小股东的目标不一致，造成中小股东的权益可能受损。同时，上市公司的同业竞争也会扰乱正常的商业秩序，损害资本市场的公平性和有效性，催生股票市场中的投机风气，并影响国家利益。

解决同业竞争的方法主要有托管和租赁、监督和承诺、整体上市、资产重组等。在这些方法中，整体上市是最有效的。而且，在整体上市的三种常用方式（定向增发、换股 IPO 和换股合并）中，此次交易所属的换股 IPO 对于消除同业竞争的效果是最好的。

以下两个问题值得关注：

（1）美的电器与美的集团在交易前后是否存在同业竞争的关系？

（2）若存在同业竞争的关系，通过整体上市是否解决了这一问题？

第一，交易前同业竞争情况分析。

图 5-1 为交易前美的集团的业务分布以及主要控股子公司的情况。通过观察这张业务分布图可以发现，美的集团的主要经营业务大体分为以下几个部分：大家电、小家电、电机、物流和其他。大家电部分的主要业务是空调及零部件、冰箱及零部件、洗衣机及零部件的开发、设计、制造和销售。美的集团除了持有美的电器 41.17% 的股份以外，没有具体从事和经营空调、冰箱、洗衣机和压缩机的业务，也未控制或参与投资与美的电器有竞争关系或可能有竞争关系的企业。

表 5-14 显示了 2010—2012 年美的电器主营业务收入的构成情况。通过观察可以发现，美的电器的主要收入均来自大家电业务，即空调、冰箱和洗衣机。美的电器的主营业务范围也未涉及美的集团非大家电部分的业务。因此，在此次交易完成前，美的电器和美的集团之间不存在同业竞争的关系。当然，判定是否存在同业竞

---

① 汤树梅．试论上市公司同业竞争与关联交易问题［J］．河南社会科学，2004（1）：106-109.

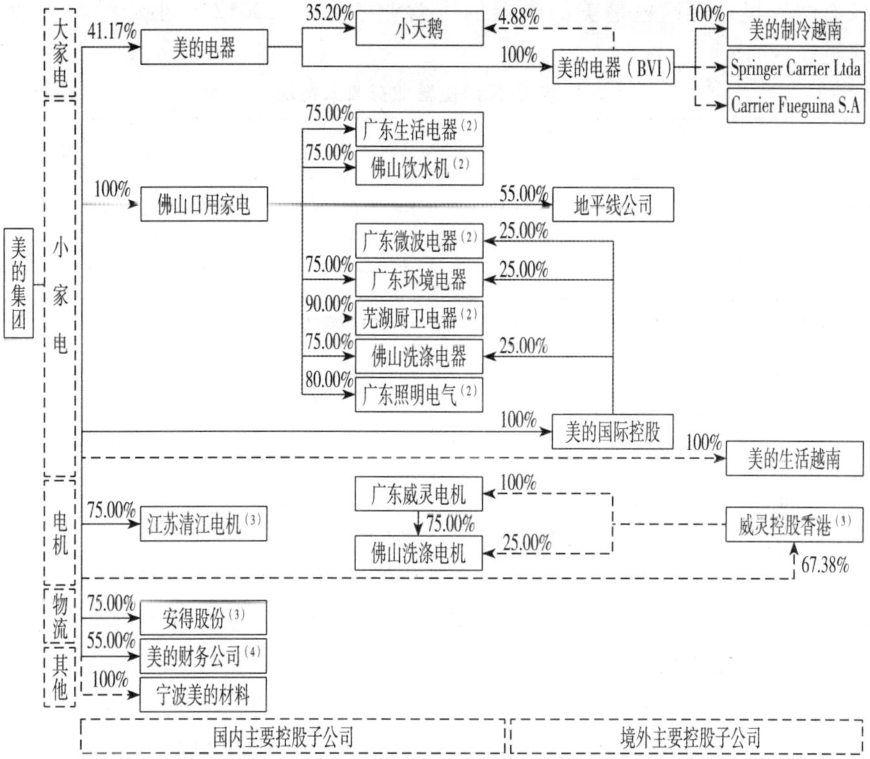

图 5-1　交易前美的集团的业务分布以及主要控股子公司的情况

争，不仅要对现存竞争进行分析，还要对或有竞争和潜在竞争进行考察和判定。考虑到美的集团和美的电器同属于电器制造这个大类行业，所以两者在未来存在同业竞争的可能性。

表 5-14　　2010—2012 年美的电器主营业务收入的构成情况

美的电器主营业务构成情况						
主营业务	2012 年		2011 年		2010 年	
	金额（万元）	构成比例（%）	金额（万元）	构成比例（%）	金额（万元）	构成比例（%）
空调	5 146 409	80.9	6 379 099	75.1	4 825 928	71.0
冰箱	595 063	9.3	1 140 578	13.4	993 928	14.7
洗衣机	621 427	9.8	975 981	11.5	972 924	14.3
合计	6 362 899	100	8 495 658	100	6 792 780	100

同时，根据小天鹅 A（股票代码：000418）2012 年年报披露，美的电器直接持有小天鹅 A35.2%的股份，是小天鹅 A 的控股股东。小天鹅的主营业务是单一

的，只有洗衣机，而这也是美的电器的主营业务之一。2012 年小天鹅主营业务收入情况见表 5-15。

表 5-15　　2012 年小天鹅主营业务收入情况

项目	营业收入（元）	营业成本（元）
主营业务收入	4 074 944 500.64	3 012 031 852.16
主营项目：洗衣机（唯一）	4 074 944 500.64	3 012 031 852.16

由于美的电器在 2012 年的年报中未披露前五大客户的具体名称，因此无法直接判断双方在客户方面是否存在竞争的情况。虽然美的电器及其实际控制人何享健已就同业竞争签署了承诺协议，但是同业竞争的可能性依然存在。

第二，交易后同业竞争情况分析。

此次换股吸收合并完成后，美的电器予以注销，其资产、负债、人员将全部由美的集团承接。因此，美的集团与美的电器之间不会出现同业竞争的关系。同时，美的集团的控股股东（美的控股）的主要功能为投资管理。不仅如此，为防范未来可能出现的同业竞争，美的集团实际控制人何享健就同业竞争问题向美的集团作出了承诺。美的控股也作出了同样的承诺。

交易后，美的电器原本对于小天鹅的持股由美的集团完全接受，即美的集团直接持有小天鹅 35.2% 的股份，成为控股股东。2013 年度小天鹅主营业务收入情况见表 5-16，公司依旧保持了洗衣机作为自己的单一主营产品。

表 5-16　　2013 年度小天鹅主营业务收入情况

项目		营业收入（万元）	收入比例（%）	营业成本（万元）	成本比例（%）
主营业务收入		799 453.01	100	588 897.62	100
按产品	洗衣机	799 453.01	100	588 897.62	100
按地区	本国	632 262.78	79.09	434 349.86	73.76
	其他国家	167 190.22	20.81	154 547.76	26.24

由于美的集团在 2013 年的年报中未披露前五大客户的具体名称，因此无法直接判断双方在客户方面是否存在竞争的情况。

2013 年小天鹅前五大客户见表 5-17。小天鹅与美的集团下属子公司存在关联交易。前五大客户中第一大客户是关联方，销售额占比达到 12.75%。因此，小天鹅未来将不会与美的电器存在同业竞争的可能性，但产生了与美的集团在未来就洗衣机业务形成同业竞争的可能性，并有着关联交易。

表 5-17　　　　　　**2013 年小天鹅前五大客户**

客户名称	销售额（元）	占年度销售总额比例（%）
美的电器（新加坡）贸易	1 112 577 742.13	12.75
苏宁云商集团	795 381 723.31	9.11
贵州美的制冷	162 915 012.10	1.87
北京京东世纪	118 037 791.26	1.35
昆明美的制冷	117 282 652.76	1.34
合计	2 306 194 921.56	26.42

综上所述，美的集团与美的电器在此次换股吸收合并前并不存在同业竞争的关系。在此次交易结束后，美的电器法人资格注销，主营业务全部进入美的集团。因此，两家公司合二为一，也杜绝了存在同业竞争的可能性。除了吸收合并带来了规避同业竞争的可能性，何享健也向美的集团出具了规避同业竞争的承诺函。这一举措将有效降低未来出现同业竞争的可能性，也增强了上市公司主体的独立性。但是，未来与原美的电器子公司小天鹅的同业竞争的可能性未完全消除。因此，此次交易对于同业竞争有极大改善，但依然没有消除与小天鹅形成同业竞争的潜在可能性。

6. 请评价美的集团整体上市后绩效是否有所改善？试用并购动因理论来解释整体上市后的绩效变化。

➢ 参考答案：

美的集团整体上市前后杜邦分析对比见表 5-18。

表 5-18　　　　　　**美的集团整体上市前后杜邦分析对比**[①]

杜邦分析	美的集团			
	财务指标	2013 年	2012 年	变化
	ROE（%）	22.29	18.25	4.04
盈利能力分析	销售净利率（%）	6.86	5.99	0.87
	毛利率（%）	23.27	22.56	0.71
	费用比率（%）	16.27	15.70	0.57
	销售费用率（%）	10.25	9.14	1.11
	管理费用率（%）	5.55	5.77	-0.22
	财务费用率（%）	0.47	0.79	-0.32
运营效率分析	总资产周转率（次）	1.31	1.15	0.16
	应收账款周转率（次）	13.6	10.38	3.22
	存货周转率（次）	6.5	5.35	1.15
	固定资产周转率（次）	6.09	5.44	0.65
财务风险分析	权益乘数	2.48	2.65	-0.17
	流动比率	1.15	1.09	0.06
	速动比率	0.88	0.83	0.05
	资产负债率（%）	59.69	62.20	-2.51

① 资料来源：WIND 资讯数据库．

通过运用杜邦分析法对比分析美的集团2012年和2013年的财务指标可以发现，美的集团的大部分财务指标均有正向的变化。首先，核心指标ROE较2012年绝对值提高了4.04%。通过拆解ROE分析盈利能力、运营效率和财务风险三个方面。在盈利能力方面，美的集团的销售净利率和毛利率均较2012年出现小幅增长，这主要得益于第四季度整合带来的规模效应；费用比率总体波动不大，主要是因为整合销售渠道导致销售费用短期增加。运营效率总体提高，应收账款、存货和固定资产这三者的周转率均有显著提高。在财务风险方面，因本年度担保借款大幅减少，所以资产负债率较期初下降了2.51%；短期偿债能力的提高也降低了集团总体的财务风险。

美的集团财务指标的横向对比见表5-19。

表5-19 **美的集团财务指标的横向对比**

杜邦分析	报告期	2013年Q3			2012年Q3		
	公司	美的集团	格力电器	青岛海尔	美的集团	格力电器	青岛海尔
	ROE（%）	18.72	26.23	25.99	16.08	23.90	26.32
盈利能力分析	销售净利率（%）	7.21	8.70	6.65	6.10	7.03	5.95
	毛利率（%）	23.28	29.61	25.20	21.94	24.81	25.39
	费用比率（%）	15.51	20.44	17.65	14.64	17.32	18.68
	销售费用率（%）	9.76	16.70	11.14	9.29	14.38	12.63
	管理费用率（%）	5.08	3.89	6.52	4.50	3.34	6.08
	财务费用率（%）	0.67	-0.15	-0.01	0.85	-0.40	-0.03
运营效率分析	总资产周转率（次）	1.01	0.75	1.21	0.87	0.80	1.40
	应收账款周转率（次）	9.13	49.33	12.76	6.75	50.23	17.19
	存货周转率（次）	6.22	4.64	8.08	4.72	3.90	8.03
	固定资产周转率（次）	4.75	6.73	12.42	4.44	7.90	12.69
财务风险分析	权益乘数	2.57	4.02	3.23	3.03	4.25	3.16
	流动比率	1.12	1.05	1.27	1.10	1.07	1.27
	速动比率	0.95	0.95	1.14	0.92	0.93	1.09
	资产负债率（%）	61.07	75.15	69.05	67.04	76.45	68.40

在整体上市前后，美的集团的ROE均低于青岛海尔和格力电器，但是与两者之间的差距在缩小。通过拆解ROE可以发现，ROE的上涨主要源于销售净利率和总资产周转率的提高。在费用比率基本保持稳定的情况下，美的电器的大家电业务注入美的集团略微提高了整体的毛利率水平。青岛海尔和格力电器的总资产周转率在2013年第三季度均出现了下降，而美的集团的总资产周转率却由0.87次提高到

1.01 次，说明美的集团吸收合并美的电器后，运营效率有所提高。在财务风险方面，2012 年第三季度，三家公司的财务风险都保持在较高水平，格力电器的资产负债率甚至达到了 76.45%，但是，美的集团的资产负债率一直是三家公司中最低的。与此同时，根据 2013 年第三季度的数据，美的集团在整体上市后，资产负债率降至 61.07%，财务风险进一步降低，但格力电器和青岛海尔依旧保持在上年同期水平。

综合上述两个维度的比较，美的集团整体上市后短期内的财务指标有所提升，但幅度不是特别显著，主要体现在毛利率和运营效率的略微提升，以及财务风险的降低。

美的电器自 2012 年 8 月 27 日起停牌，至 2013 年 4 月 1 日宣布整体上市方案复牌。

以美的电器复牌日 2013 年 4 月 1 日为 T=0，观察美的电器股价变化（见表 5-20）。复牌前 5 个交易日的股价均在 9.18 元/股至 9.28 元/股之间窄幅变动。当美的电器复牌后，股价受整体上市利好的刺激，连续 4 天涨停，股价从 9.18 元/股上涨至 13.44 元/股，累计涨幅达 38.81%。股价的暴涨说明二级市场投资者对于美的集团整体上市一致看好。

表 5-20　**美的电器整体上市事件复牌前后 5 个交易日股价变动表**①

T	-5	-4	-3	-2	-1	0	+1	+2	+3	+4	+5
股价（元）	9.23	9.28	9.23	9.26	9.18	10.10	11.11	12.22	13.44	13.52	13.43
单日涨幅（%）	-0.65	+0.54	-0.54	+0.33	-0.86	+10.02	+10.0	+9.99	+9.98	+0.60	-0.67
累计涨幅（%）	-0.65	-0.11	-0.65	-0.32	-1.18	+8.84	+18.84	+28.83	+38.81	+39.41	+38.74

将美的电器股价 20 个交易日内的累计涨幅与其所属的深证成指进行对比（图 5-2），两者波动幅度差异十分明显。美的电器股价累计涨幅大部分时间均超过 30%，且最高时将近 50%；而深证成指的变化范围主要在 0% 附近。复牌后的 20 个交易日内，美的电器股价表现显著强于深证成指。

通过对美的集团短期财务指标纵向和横向的分析，以及观察二级市场反应，可以得出以下结论：整体上市总体上提高了美的集团短期内的财务绩效，其中市场反应十分强烈，表现出乐观情绪；财务指标表现并不显著，主要原因可能是目前美的集团整体上市时间较短，后续整合还在进行中，未能在短期内体现在财务指标上。

上述美的集团整体上市的财务绩效与市场绩效的表现比较符合企业并购动因理论中协同效应理论的预测，注意到美的集团整体上市对于关联交易、同业竞争的有利影响，良好的市场绩效可能反映了公司透明度的提高与公司治理的改善。

---

① 资料来源：WIND 资讯数据库.

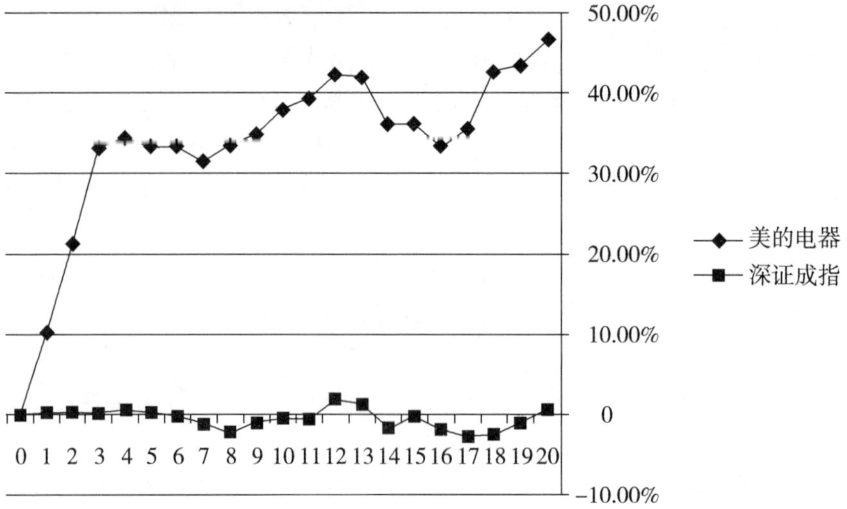

图 5-2 美的电器与深证成指 20 个交易日累计涨幅对比（以复牌日为基准，即 T=0）

六、课程中可讨论的其他问题

7.（可选）截至 2012 年 12 月 31 日，美的电器商誉余额为 25.1 亿元，主要系美的电器收购小天鹅和美的开利拉美公司所致。美的集团吸收合并美的电器，应如何处理这些商誉。

➢ 参考答案：

由于美的集团吸收合并美的电器的会计处理具有三种可能的选择，因此对于这些合并商誉也有相应的两种处理方法：

第一种方法是对美的电器的商誉或长期股权投资进行重估，把长期股权投资账面价值与公允价值之间的差额计入当期损益，如商誉出现减值，应计提相应损失。

第二种方法是把美的电器的商誉或长期股权投资按照账面价值下推到美的集团的账上。

企业对商誉的会计处理原则应与其所取得的其他资产与负债的会计处理原则一致。

案例 6

广药集团整体上市：谁是主并方

一、案例概览

2011 年 11 月 7 日至 2013 年 5 月 23 日期间，广州药业向白云山的股东定向增发 A 股股份 445 601 005 股，以此为对价换股吸收合并白云山，换股价格以 2011 年 11 月 7 日（定价基准日）前 20 个交易日的 A 股交易均价为基础，再经过除权除息的调整，确定广州药业为每股 12.10 元，白云山为每股 11.50 元。因此，换股比例为 1:0.95，即每股白云山之股份换 0.95 股广州药业的 A 股股份。

与此同时，广州药业向广药集团定向增发 34 839 645 股 A 股股份，以此为对价购买广药集团的四部分资产：房屋建筑物、商标、保联拓展 100% 的股权以及白特医疗 12.50% 的股权。广药集团与广州药业签订《净收益补偿协议》，约定在本次重组完成后，若 2012 年、2013 年和 2014 年任一年度标的资产实现的实际净收益低于其采用收益法评估时依据的预测净收益，则广药集团就不足部分以相应资产所认购的股份进行补偿。

会计师事务所合伙人郑老师在组织学员对并购会计业务的学习过程中，学员小张、小陈、小王对本次并购业务的会计处理进行了讨论，在会计并购的类型、谁是主并方、如何进行会计处理方面产生了巨大的分歧。

二、教学目标

通过本案例的讨论与分析，拟实现以下教学目标：

1. 识别换股吸收合并的主并方及其会计类型；

2. 掌握换股吸收合并的合并日如何确定；

3. 识别同一控制下的企业合并与非同一控制下的企业合并之间的差异、会计处理及其财务影响；

4. 掌握合并中涉及业绩补偿安排的或有对价支付的会计处理原则及其实务应用。

三、教学建议

案例 6 的教学建议见表 6-1。

表 6-1 案例 6 的教学建议

内容	主角	组织与要求	时间
阅读案例资料	学生	熟悉案例资料，补充并收集相关资料	课前
案例讨论	学生	每个案例小组围绕着思考分析题，分析讨论案例会计类型认定及其影响	课前
演讲	学生	每个案例小组推荐 1 名学生阐述其讨论的情况及其达成的共识、产生的分歧	35～45 分钟
点评	老师	点评案例小组讨论情况并引导其对问题的正确理解和深入分析	30～40 分钟

本案例以企业合并与合并报表会计理论及其实务为基础，参考以下文献：

1. 中华人民共和国财政部．企业会计准则第 2 号——长期股权投资．2014.

2. 中华人民共和国财政部．企业会计准则第 20 号——企业合并．2006.

3. 中华人民共和国财政部．企业会计准则第 33 号——合并财务报表．2014.

4. 中华人民共和国财政部．企业会计准则应用指南［M］．北京：中国时代经济出版社，2007.

5. 财政部会计司编写组．企业会计准则讲解 2010［M］．北京：人民出版社，2010.

6. 中华人民共和国财政部．财政部关于做好执行会计准则企业 2008 年年报工作的通知．财会函〔2008〕60 号．

7. 中华人民共和国财政部．关于执行会计准则的上市公司和非上市企业做好 2009 年年报工作的通知．财会〔2009〕16 号．

8. 中华人民共和国财政部．关于非上市公司购买上市公司股权实现间接上市会计处理的复函．财会便〔2009〕17 号．

9. 中国证监会会计部．上市公司执行企业会计准则案例解析［M］．北京：中国财政经济出版社，2012.

四、建议使用的教学资源

1. 广州药业股份有限公司换股吸收合并广州白云山制药股份有限公司、发行股份购买资产暨关联交易报告书，2012 年 12 月．

2. 广州药业股份有限公司换股吸收合并、发行股份购买资产暨关联交易之实施情况报告书，2013 年 8 月 26 日．

3. 白云山 2011 年年度报告．

4. 白云山 2012 年年度报告．

5. 白云山 2013 年年度报告．

6. 广州药业 2011 年年度报告.
7. 广州药业 2012 年年度报告.
8. 张奇峰，冯琪，杨龙，等．企业整体上市会计问题研究——以广药集团为例［J］．会计与经济研究，2014（4）：46-57.

五、案例分析参考

1. 对于广州药业吸收合并白云山，谁是主并方？并购的会计类型是什么？请评述学员小张、小陈与小王观点的正确与不当之处，并说明你的意见与理由。

➢ 参考答案：

小张、小陈与小王关于主并方与会计类型的观点对比见表 6-2。

表 6-2　**小张、小陈与小王关于主并方与会计类型的观点对比**

学员	小张	小陈	小王
主并方	广州药业	白云山	广州药业
会计类型	非同一控制下的企业合并	反向购买	同一控制下的企业合并
理由	在合并日前，广药集团持有广州药业和白云山的股份分别是 48.20% 和 35.58%，都未达到 50% 以上。交易完成后，广药集团对存续的广州药业持股 45.24%，仍未达到 50%。因此，无论在并购前还是并购后，广药集团对广州药业与白云山均不构成控制关系	广州药业吸收合并白云山后，其公司名称改为“广州白云山医药集团股份有限公司”；原白云山总经理陈矛担任存续公司的总经理，财务负责人由原白云山的财务部部长姚智志女士接任，这意味着合并后广州药业的经营政策与财务政策由白云山决定	广药集团能任免广州药业与白云山的大多数非独立执行董事会成员而拥有超过半数的表决权，从而控制了广州药业与白云山

➢ 评价与分析：

尽管小张从大股东绝对持股的角度识别了公司并购前后的控制状况，但是未综合考虑公司治理结构（尤其是董事会成员的任免）、交易的目的以及大股东相对表决权的情况，从而其看法是不全面的，其结论是不正确的。

尽管小陈从并购前后的高管变更情况与公司名称的角度进一步区分了公司并购前后实际控制权的变更情况，注意到了原白云山的董事长、总经理以及财务负责人成为并购后存续公司的董事长、总经理与财务负责人，但是未找到这些人员能够留任的原因在于他们都来自于广药集团的指派，他们都在广药集团任职。一般而言，反向购买中购买方的资产、所有者权益与收入的规模都远大于被收购方，而本案例中广州药业的资产、所有者权益以及收入规模都远大于原白云山，因此第二种观点的看法是错误的。

小王从并购双方董事会成员的构成情况来判断大股东与并购双方之间的控制关系，仍然不够全面，应综合考虑并购双方的公司治理结构、交易目的以及大股东的相对表决权情况来判断广药集团在并购前后对广州药业与白云山是否具有控制关系，以及这次并购交易是否属于同一控制下的企业合并。

（1）从公司治理结构看控制关系。

《企业会计准则第33号——合并财务报表》规定，控制是指一个企业能够决定另一个企业的财务和经营政策，并能据以从另一个企业的经营活动中获取利益的权力。除了“母公司直接或通过子公司间接拥有被投资单位半数以上的表决权”外，母公司拥有被投资单位半数或以下的表决权，满足下列条件之一的，视为母公司能够控制被投资单位，应当将该被投资单位认定为子公司，纳入合并财务报表的合并范围。但是，有证据表明母公司不能控制被投资单位的除外：①通过与被投资单位其他投资者之间的协议，拥有被投资单位半数以上的表决权。②根据公司章程或协议，有权决定被投资单位的财务和经营政策。③有权任免被投资单位的董事会或类似机构的多数成员。④在被投资单位的董事会或类似机构占多数表决权。

《企业会计准则讲解2010》指出，在具体应用控制标准确定合并财务报表的合并范围时，更应当着重强调实质重于形式的要求，综合考虑所有相关因素进行职业判断，如被投资单位各个投资者的持股情况、投资者之间的相互关系、公司治理结构、潜在表决权、日常经营管理特点等因素。

因此，仅考虑并购前后公司的股权结构来判断控制关系是不全面的，有必要结合公司治理结构，尤其是董事会成员情况来判断其是否具有实质的控制关系。

翻阅并购前后广州药业的年报所披露的董事会构成情况可知，并购前广州药业的董事会9人中有4位执行董事，其中包括董事长与总经理有3位在广药集团任职，另外5人为独立非执行董事。

类似的，并购前白云山的董事人员共计9名，包括董事长与总经理在内的6名执行董事会成员有4名在广药集团任职，另外3人为独立非执行董事。

并购后白云山的董事会共11名成员（见表6-3），其中执行董事7人，包括董事长与总经理在内的5位执行董事在广药集团任职，另外4人为独立非执行董事。

表6-3 2013年年底并购后白云山董事会成员在广药集团的任职情况

姓 名	在新白云山的职务	在广药集团的职务	并购前职务
李楚源	董事长	广药集团董事长	原白云山董事长
陈矛	副董事长	广药集团总经理	原白云山总经理
程宁	执行董事	财务总监兼财务部部长、副总经理	原白云山财务部部长

续表

姓 名	在新白云山的职务	在广药集团的职务	并购前职务
倪依东	执行董事	广药集团副总经理	
吴长海	执行董事、总经理		原广州药业董事
王文楚	执行董事、总经理		原白云山经理
刘菊妍	执行董事、技术总监	广药集团总工程师	
储小平、房书亭、黄龙德、邱鸿钟	独立非执行董事		

根据白云山公司董事会议事规则，独立非执行董事由现任执行董事提名，而并购前后无论主并方还是被并方的现任执行董事基本上都在广药集团任职，由广药集团委任，且未来的董事产生由现任董事提名、股东大会通过。因此从公司治理结构来看，广药集团实际上有权任免被投资单位的董事会的多数成员，广药集团决定着并购前后白云山与广州药业的经营政策与财务政策，具有控制关系。

（2）从交易目的看控制关系。

2014 年 2 月，财政部发布了修订的《企业会计准则第 33 号——合并财务报表》，尽管该准则发布在该并购交易之后，不能作为是否控制判定的直接依据，但是该准则的修订并没有直接否定旧准则，而是更强调其经济实质，可以为我们判断是否构成控制关系提供更多的指南。

根据《企业会计准则第 33 号——合并财务报表》（2014），控制是指投资方拥有对被投资方的权力，通过参与被投资方的相关活动而享有可变回报，并且有能力运用对被投资方的权力影响其回报金额。投资方应当在综合考虑所有相关事实和情况的基础上对是否控制被投资方进行判断。一旦相关事实和情况的变化导致对控制定义所涉及的相关要素发生变化的，投资方应当进行重新评估。相关事实和情况主要包括：①被投资方的设立目的。②被投资方的相关活动以及如何对相关活动作出决策。③投资方享有的权利是否使其目前有能力主导被投资方的相关活动。④投资方是否通过参与被投资方的相关活动而享有可变回报。⑤投资方是否有能力运用对被投资方的权力影响其回报金额。⑥投资方与其他方的关系。

《企业会计准则第 33 号——合并财务报表》（2014）把控制关系定义为投资方主导被投资方相关商业活动的权力，强调了被投资方设立的目的。

本次交易中，广州药业发行 A 股吸收合并白云山，与购买广药集团相关资产的两笔交易互为条件，其目的在于实现广药集团医药产业的整体上市，存续公司将成为广药集团医药资产和业务的单一上市平台。在并购前，广药集团拥有对广州药业与白云山均超过35%的表决权、多数董事会成员的任免权、关键资产（包括医药研发与房地产）与商标品牌的支配权，从而拥有对被投资公司原广州药业与白云山相关活动的决策权与收益权；在并购后，广药集团通过相关资产的注入，仍保持着对广州药业（新白云山）超过40%的表决权以及多数（执行）董事会成员的任免权，从而拥有对并购后存续公司白云山公司相关活动的决策权与收益权。因此无论并购前后，广药集团对白云山与广州药业都具有控制关系。

（3）从表决权情况看控制关系。

根据《企业会计准则第33号——合并财务报表》（2014），投资方持有被投资方半数或以下的表决权，但综合考虑下列事实和情况后，判断投资方持有的表决权足以使其目前有能力主导被投资方相关活动的，视为投资方对被投资方拥有权力：①投资方持有的表决权相对于其他投资方持有的表决权份额的大小，以及其他投资方持有表决权的分散程度。②投资方和其他投资方持有的被投资方的潜在表决权，如可转换公司债券、可执行认股权证等。③其他合同安排产生的权利。④被投资方以往的表决权行使情况等其他相关事实和情况。

与以往不同的是，《企业会计准则第33号——合并财务报表》（2014）更强调控股股东对被投资单位所享有的实际表决权与相对控制力，而不仅仅是绝对持股比例。在判断是否具有控制关系时，应该考虑投资方相对于其他投资方的表决权以及以往表决权的行使情况。

查阅并购前后广州药业与白云山公司前5大股东的持股情况后得知，第一大股东广药集团分别持股48.2%与35.58%，而第二大股东的持股均不超过2%，第一大股东的表决权远超过其他股东，其他股东的表决权非常分散。在并购后，第一大股东广药集团的平均表决权有所提升，而其他股东的表决权更加分散，因此广药集团的相对控制力进一步增强。

通过翻阅并购前后广州药业与白云山公司股东大会与董事会的表决情况，我们发现公司在并购前后均不存在大股东、董事长以及总经理提出的议案被否决的情况。

综上所述，可以推断广药集团在并购交易前后均对广州药业以及白云山具有控制关系。参与合并的企业在合并前后均受同一方或相同的多方最终控制且该控制并不是暂时性的，为同一控制下的企业合并。因此，该并购重组交易可以认定为同一控制下的企业合并。主并方为广州药业，被吸并方为白云山，他们同属于广药集团的控制之下。

2. 对于广州药业吸收合并白云山，合并日应如何确定？请评述学员小张与小陈观点的正确与不当之处，并说明你的意见与理由。

➢ 参考答案：

小张与小陈关于合并日的观点对比见表6-4。

表 6-4　　小张与小陈关于合并日的观点对比

学员	小张	小陈
合并日	2012 年 12 月 21 日	2013 年 8 月 27 日
理由	广药集团的并购重组获得证监会核准批文	广药集团与白云山已办理完成拟购买房屋建筑物的过户手续及拟购买股权的工商变更登记手续

➢ 评价与分析：

《企业会计准则第 20 号——企业合并》第五条规定，合并日是指合并方实际取得对被合并方控制权的日期。

《企业会计准则讲解 2010》指出，企业合并日的确定，即控制权的转移必须同时满足以下五个条件：第一，合并事项获得股东大会通过；第二，国家有关主管部门批准合并事项；第三，财产权的转移手续办理完成；第四，合并方已支付 50% 以上的合并价款；第五，合并方已控制被合并方财务和经营政策，并享有和承担相应的利益和风险。

从并购事件的经过可以看出，2012 年 9 月 19 日，广药集团的重组方案得到广州药业 2012 年第一次临时股东大会暨 A 股、H 股类别股东大会以及白云山 2012 年第二次临时股东大会双方的通过，满足了第一个条件；2012 年 12 月 21 日，广药集团的此次重组交易已经得到了证监会的核准，满足了第二个条件；2013 年 5 月 16 日，广州药业换股吸收白云山的新增 A 股股份的登记手续已于当日在中登公司上海分公司办理完成，满足了第四个条件和第五个条件；2013 年 5 月 31 日，广州药业与白云山签署了《资产交割确认书》，完成了财产权的转移，满足了第三个条件。

因此合并日为 2013 年 5 月 31 日。

3. 对于广州药业吸收合并白云山，请根据学员小张、小陈与小王的观点，写出其各自的会计处理及其对财务报表的影响，并说明你的观点与理由。

➢ 参考答案：

不同企业并购类型的认定对企业的财务影响见表 6-5。

表 6-5　　不同企业并购类型的认定对企业的财务影响

学员	小张	小陈	小王
会计类型	非同一控制下的企业合并	反向购买	同一控制下的企业合并
会计主体（主并方）	广州药业	白云山	广州药业
取得资产与承担负债计量	公允价值	公允价值	账面价值（历史成本）
发行股票（支付对价）的计量	公允价值	公允价值	股本账面价值
合并价差	商誉	商誉	计入资本公积
前期比较报表	广州药业	白云山	广州药业

小张与小陈虽然采用了相同的计量属性——公允价值，并把合并价差都计入了商誉；但是其会计主体（主并方）与前期比较报表的主体并不相同；小张与小王在会计主体与前期比较报表的主体相同，但是在取得资产与承担负债的计量属性、支付对价的计量属性以及合并价差的性质方面都有显著差异。

根据前述分析，小王的会计处理更为合理。

4. 对于广州药业购买广药集团的相关资产的会计核算，请评述学员小张与小王观点的正确与不当之处，并说明你的观点与理由。

➢ 参考答案：

小张与小王关于问题 4 的观点分歧见表 6-6。

表 6-6 **小张与小王关于问题 4 的观点分歧**

学员	小张	小王
会计类型	非同一控制下的企业合并	同一控制下的企业合并
资产入账价值	公允价值	账面价值
支付对价	发行股票的公允价值	发行股票的账面价值
差额处理	商誉	资本公积

➢ 评价与分析：

小张与小王注意到广州药业与大股东广药集团之间的交易标的资产具有一定的关联性，但是没有考虑到不同资产的特性，因此其观点是不全面的、不正确的。

对于广州药业增发股份购买母公司广药集团的房屋建筑物、商标、保联拓展 100% 的股权以及百特医疗 12.50% 的股权这一交易应如何核算，取决于其是否属于业务合并。如属于业务合并，则类似于同一控制下的企业合并的会计处理，即按照取得资产的账面价值计量，并把取得资产的金额与支付对价的账面价值之间的差额计入资本公积；如不属于业务合并，则应采用取得资产的公允价值计量。

根据《企业会计准则讲解 2010》，业务是指企业内部某些生产经营活动或资产负债的组合，该组合具有投入、加工处理和产出能力，能够独立计算其成本费用或所产生的收入。有关资产、负债的组合要形成一项业务，通常应具备以下要素：①投入，指原材料、人工、必要的生产技术等无形资产以及构成生产能力的机器设备等其他长期资产的投入；②加工处理过程，指具有一定的管理能力、运营过程，能够组织投入形成产出；③产出，如生产出产成品，或是通过为其他部门提供服务来降低企业整体的运行成本等其他带来经济利益的方式，该组合能够独立计算其成本费用或所产生的收入，直接为投资者等提供股利、更低的成本或其他经济利益等形式的回报。有关资产或资产、负债的组合要构成一项业务，不一定要同时具备上述三个要素，具备投入和加工处理过程两个要素即可认为构成一项业务。有关资产或资产、负债的组合是否构成一项业务，应结合所取得资产、负债的内在联系及加工处理过程等进行综合判断。

下面，我们依次分析广州药业购买的这四部分资产的会计核算。

（1）21 项房屋建筑物与 388 项商标。21 项房屋建筑物与 388 项商标既没有投入，也没有加工处理过程，不应视为一项业务。因此，广州药业应把这些资产按照公允价值计量，借记“固定资产”与“无形资产”。

（2）百特医疗 12.50% 的股权。百特医疗于 1993 年成立，注册资本为 10 000 000美元，其主营业务为生产各种腹膜透析治疗用的洗肾液。截止到重组前，广药集团持有其 12.5% 的股权，另外 87.5% 的股权由百特（中国）投资有限公司持有。由于广州药业取得百特医疗 12.5% 的股权没有达到控制标准，且该资产无需投入与加工的过程，不属于业务合并，所以应采用公允价值计量，借记“长期股权投资”。

（3）保联拓展 100% 的股权。保联拓展成立于 1988 年，注册资本为 1 000 000 港元。当时是由广药集团出资设立的全资香港子公司，其主营业务是为广州药业及其子公司提供进出口贸易。截止到重组前，保联拓展的 100% 股权依然被广药集团所持有。由于广州药业与保联拓展在并购前都属于广药集团的子公司，且该控制并不是暂时的，因此广州药业取得保联拓展股权的交易属于同一控制下的企业合并，应采用保联拓展的净资产的账面价值计量，借记“长期股权投资”。

5. 对于本交易中涉及业绩补偿安排的或有对价支付的会计核算，请写出学员小张与小陈的会计处理，并评述其正确与不当之处。你认为该如何会计处理？

➢ 参考答案：

小张与小陈关于问题 5 的观点分歧见表 6-7。

表 6-7　**小张与小陈关于问题 5 的观点分歧**

学员	小张	小陈
涉及业绩补偿安排的或有对价支付的会计核算	属于合并成本的减少，应冲减合并成本，调减合并成本（支付对价的公允价值）与购入资产或负债的公允价值之间的差额，即减少商誉	属于并购后或有事项的支付，因此这三笔交易应单独做账，与合并没有关系
会计处理	借：银行存款 1 351 685.03 　　股本　　261 400 　贷：商誉　　1 613 084.03 　　　银行存款　　1	借：银行存款　1 342 300 　　银行存款　9 385.03 　　股本　261 400 　贷：资本公积　1 613 084.03 　　　银行存款　1

➢ 评价与分析：

小张与小陈对这些款项的性质的判断过于笼统，需要一一细致分析。

《企业会计准则讲解 2010》规定，某些情况下，合并各方可能在合并协议中约定，根据未来一项或多项或有事项的发生，购买方通过发行额外证券、支付额外现金或其他资产等方式追加合并对价，或者要求返还之前已经支付的对价。购买方应当将合并协议约定的或有对价作为企业合并转移对价的一部分，按照其在购买日的公允价值计入企业合并成本。购买日后12个月内出现对购买日已存在情况的新的或者进一步证据而需要调整或有对价的，应当予以确认并计入商誉的金额进行调整。其他情况下发生的或有对价变化或调整，应当区分以下情况进行会计处理：或有对价为权益性质的，不进行会计处理；或有对价为资产或负债性质的，按照企业会计准则的有关规定处理。如果属于《企业会计准则第22号——金融工具确认和计量》中的金融工具，应采用公允价值计量，公允价值变化产生的利得和损失应按该准则规定计入当期损益或计入资本公积；如果不属于《企业会计准则第22号——金融工具确认和计量》中的金融工具，应按照《企业会计准则第13号——或有事项》或其他相应的准则处理。

广州药业收到以下三笔涉及业绩补偿安排的支付：

(1) 2013年6月底，广州药业收到广药集团补足有关房地产部分的差额1 342 300元。

(2) 2013年，广药白云山收到广药集团补足有关商标部分的现金补偿9 385.03元。

(3) 由于商标权所带来的盈利未达到承诺的盈利预测，广药白云山以总价1元的价格定向回购广药集团持有的261 400股A股股份并予以注销。

对于这三笔交易，广州药业收到广药集团的现金或股权，首先需要识别其交易的性质：究竟属于其资产初始价值的调整，还是合并对价的减少，抑或是并购后或有事项的支付。对于第一种情形，应调整资产的初始入账价值；对于第二种情形，应调整合并成本；对于第三种情形，如采用权益作为结算工具，不应调整合并成本。

因此，对于第一笔交易，广州药业收到的款项属于购入的房地产的价值补偿款，属于房地产初始价值的调整，广州药业公司应借记“银行存款”，贷记“固定资产”；对于第二笔交易，广州药业收到的款项属于购入的商标权的补偿款，属于购入商标权的初始价值的调整，广州药业公司应借记“银行存款”，贷记“无形资产”；对于第三笔交易，广州药业收到的股份属于并购后的或有事项，不需要调整合并成本，广州药业应借记“股本”，贷记“银行存款”，差额列入“资本公积”。

案例7

达盛股份增发取得股权：合并成本如何计量

一、案例概览

2011 年 4 月 11 日，达盛股份召开董事会，审议通过了交易的相关议案，并与兴建集团、昌盛集团及昌平投资签订了《发行股份购买资产协议》。该协议交易目标资产的交易价格为，财瑞评估出具的评估值，即 636 910.51 万元，定向增发股票价格为 11.27 元/股（除息后），达盛股份以 56 513.80 万股股份作为购买标的资产的对价，其中向兴建集团发行 41 292.28 万股，向昌盛集团发行 11 912.50 万股，向昌平投资发行 3 309.03 万股，购买兴建集团持有的市政公司 100% 股权、场道公司 100% 股权、第一管线 100% 股权、第二管线 100% 股权、投资公司 100% 股权、地下设计 100% 股权、基建公司 54% 股权、燃气设计 30% 股权，以及昌盛集团、昌平投资分别持有的基建公司 36% 股权和 10% 股权①。

立信会计师事务所审计业务三部审计项目组负责人王武、注册会计师刘英在与被审计单位进行审计前的业务沟通时，与达盛股份财务经理马萍对达盛股份定向增发购买兴建集团、昌盛集团及昌平投资持有的 8 家子公司股权交易中的有关会计问题展开了讨论。

二、教学目标

通过本案例的讨论与分析，拟实现以下教学目标：

1. 了解企业股权收购下股权的定价方法；

2. 掌握同一控制与非同一控制企业合并的差异与判别标准及其在实务中的应用；

3. 掌握以股换股的会计核算方法；

4. 掌握以股换股的税务处理及其涉税会计核算方法；

---

① 出于客户保密的需要，本案例的公司名称与相关资料进行了化名处理。

5. 了解我国目前有关企业合并会计准则的缺陷与局限性。

三、教学建议

案例 7 的教学建议见表 7-1。

表 7-1 **案例 7 的教学建议**

内容	主角	组织与要求	时间
阅读案例资料	学生	熟悉案例资料，补充并收集相关资料	课前
案例讨论	学生	每个案例小组围绕着思考分析题，分析讨论案例会计类型认定及其影响	课前
演讲	学生	每个案例小组推荐 1 名学生对该小组讨论的情况及其达成的共识、产生的分歧进行演讲	30～40 分钟
点评	老师	点评案例小组讨论情况并引导其对问题的正确理解和深入分析	20～30 分钟

本案例以企业合并与合并报表会计理论及其实务为基础，参考以下文献：

1. 中华人民共和国财政部．企业会计准则第 2 号——长期股权投资．2014.

2. 中华人民共和国财政部．企业会计准则第 7 号——非货币性资产交换．2006.

3. 中华人民共和国财政部．企业会计准则第 20 号——企业合并．2006.

4. 中华人民共和国财政部．企业会计准则第 33 号——合并财务报表．2014.

5. 中华人民共和国财政部．企业会计准则——应用指南［M］．北京：中国财政经济出版社，2006.

6. 财政部会计司编写组．企业会计准则讲解 2010［M］．北京：人民出版社，2010.

7. 中华人民共和国财政部．企业会计准则解释第 2 号．财会〔2008〕11 号．

8. 中华人民共和国财政部，税务总局．关于企业重组业务企业所得税处理若干问题的通知．财税〔2009〕59 号．

四、案例分析参考

1. 如果你是立信会计师事务所审计业务三部经理，请对本次交易价格和新增股票价格是否公允合理，发表你的倾向性意见并说明理由。

➢ 参考答案：

与会人员对问题 1 的意见分歧见表 7-2。

表7-2　与会人员对问题1的意见分歧

人员	王武	刘英
观点	本次交易价格和新增股票价格是公允合理的	本次交易价格和新增股票价格是不合理的
主要理由及依据	以专业的评估机构出具的评估值为交易价格，体现了标的资产的真正价值；达盛股份发行股份的价格是董事会决议公告日前20个交易日公司股票的均价进行除息调整，符合法律规定，并经董事会和股东大会审议一致通过（控股股东回避表决），说明全体股东都是同意的，包括中小股东	本次标的资产评估价格与账面价值差异较大，评估增值高达187 778.88万元，评估增值率高达41.81%，大股东可能利用不适当的评估增值增加折股数量，损害中小股东利益。面对大股东对上市公司的控制权，中小股东难以限制大股东行为

➢ 评价与分析：

达盛股份定向增发股份56 513.80万股作为取得8家子公司控股权的代价，系根据标的资产评估总额636 910.51万元和增发股票价格11.27元/股（除息后）计算所得。因此，增发股票数量的影响因素包括作为交易总价的标的资产评估价值和增发股票价格。

（1）案例公司本次交易标的资产价格的公允性及合理性分析

本次交易标的资产定价依据是财瑞评估出具的资产评估报告。以2011年3月31日为评估基准日，分别采取资产基础法和收益现值法两种方法进行评估，根据评估对象、资料收集等相关条件，最终确定标的资产定价以评估结果受未来不确定性因素影响较小的资产基础法的评估价值为准，即为636 910.51万元。交易标的资产评估价值较原账面价值存在一定的评估增值率，体现了被合并方8家公司资产、负债因内外部环境变化而产生的价值变动，较为公允地反映了交易标的资产的市场价值。交易价格采用专业的评估机构出具的标的资产公允价值，并据此计算折股数量，体现了本次交易价格的公允性。

本次交易标的资产定价略低于同行业可比上市公司的市场定价。根据立信会计事务所（特殊普通合伙）审计，本次交易完成后2010年标的资产汇总模拟利润表归属于达盛股份的净利润为44 748.61万元，汇总模拟资产负债表中归属于达盛股份的净资产为452 899.06万元。标的资产市盈率和市净率分别为14.23倍和1.41倍，同行业可比上市公司市盈率和市净率的平均值分别为17.18倍和1.95倍。从市盈率和市净率两个角度分析，与同行业可比上市公司相比相关财务指标不宜过高或过低。市盈率、市净率过高，说明本次交易价格偏高，达盛股份因购买标的资产每1元净利润和每1元净资产所付出的价格过高，损害了达盛股份中小股东的利益；市盈率、市净率过低，说明本次交易价格偏低，达盛股份因购买标的资产每1

元净利润和每1元净资产所付出的价格过低，损害了标的资产原股东的权益。因此，同行业可比上市公司的市场定价均略高于标的资产定价，既保护了中小股东的利益，又平衡了包括标的资产原股东在内的各方利益，此次标的资产的定价是合理的。

（2）案例公司增发股票定价的合规性及合理性分析

本次增发股票的定价符合有关法律规定。根据证监会2008年《上市公司重大资产重组管理办法》规定，上市公司非公开发行股份的价格不得低于本次发行股份购买资产的董事会决议公告日前20个交易日公司股票的均价的90%，认购价格或者定价原则应当由上市公司董事会的非公开发行股票决议确定，并经股东大会批准。达盛股份在确定股票发行价格时严格按照我国法律法规进行处理，发行价格11.27元/股是董事会决议公告日前20个交易日公司股票均价的100%进行除息调整，并经董事会和股东大会审议一致通过（控股股东回避表决）所确定的。

本次股票增发价格与前期历史交易价格无较大差异。达盛股份股票发行价格是董事会决议公告日前20个交易日公司股票的均价11.47元/股（除息前），本次增发股票价格与达盛股份停牌前最后一个交易日收盘价、前5、10、20、60、80、120、160、180个交易日均价比较，本次增发股票的交易价格较历史交易价格溢价和折价区间大致在-3.86%到8.11%之间，股票增发价格与前期历史交易价格相比无较大差异，反映股票增发价格非历史交易最低点或最高点，股票增发价格较为合理。

在本次交易中，达盛股份除向兴建集团定向增发股票41 292.28万股以外，还分别向昌盛集团发行11 912.50万股、昌平投资发行3 309.03万股购买昌盛集团、昌平投资分别持有的基建公司36%股权和10%股权。昌盛集团的实际控制人为上海市国资委，与兴建集团和达盛股份属于关联方，但昌平投资的实际控制人为上海市慈善基金会，与达盛股份属于非关联方。昌平投资作为交易一方，股权转让价格、购买增发股票价格都与兴建集团交易方案的定价原则保持一致，从侧面反映出本次交易虽然存在关联交易，但交易定价是相对公允的。

通过以上分析可知，本次交易以根据专业评估机构在合理的假设前提下选用适当的评估方法确定的评估值作为定价依据，虽然存在较大的评估增值，但本次评估价值是根据企业现处的内、外部环境而确定的，定价公允合理，权衡了各方经济利益，尤其是保护了中小股东的利益。

2. 如果你是立信会计师事务所审计业务三部经理，请对本次交易是否属于同一控制下企业合并，发表你的倾向性意见并说明理由。

➢ 参考答案：

与会人员对问题2的意见分歧见表7-3。

表 7-3　　　　　　　　　　**与会人员对问题 2 的意见分歧**

人员	刘英	马萍
观点	本次交易性质为同一控制下企业合并（包括购买燃气设计 30% 股权）	本次交易应拆分为同一控制下企业合并和非企业合并，分开进行会计处理
主要理由及依据	本次交易的主要两方存在控制与被控制关系。兴建集团持有达盛股份表决权比例达 36.85%，是其第一大股东且与其他股东股权比例相差悬殊，因此在股东大会上的投票表决权，兴建集团拥有绝对的控制权 兴建集团虽然没有持有燃气设计半数以上表决权，但兴建集团为燃气设计单一最大股东，对燃气设计关键管理层拥有任免权，且与合计持有燃气设计 30% 股权的 12 位自然人签订了一致行动协议，对燃气设计的日常经营、重大决策等具有控制权，有权决定其财务和经营政策，根据《企业会计准则》相关规定，本次交易性质应为同一控制下企业合并	本次交易前，兴建集团持有燃气设计股权只有 30%，并未超过 50%，如若其他股东联合投票，表决权将超过兴建集团的，不能单方面决定燃气设计的经营和财务政策，未达到控制，为一般投资行为，非企业合并

➤ 评价与分析：

笔者倾向于本次交易性质为同一控制下企业合并的观点。

同一控制下企业合并是指参与合并的企业在合并前后均受同一方或相同的多方最终控制且控制并非是暂时性的企业合并。

其一，兴建集团持有的市政公司 100% 股权、场道公司 100% 股权、第一管线 100% 股权、第二管线 100% 股权、投资公司 100% 股权、地下设计 100% 股权、基建公司 54% 股权，对于达盛股份和这 7 家交易标的的交易性质不存在疑问，均为同一控制下企业合并。

其二，兴建集团虽然没有持有燃气设计半数以上表决权，但兴建集团为燃气设计单一最大股东，且对燃气设计关键管理层拥有任免权，对燃气设计的财务和经营政策等具有较强的控制力。同时，兴建集团与合计持有燃气设计 30% 股权的 12 位自然人签订了一致行动协议，双方约定在需要燃气设计股东会作出决议的特定事项上（协议约定包括决定公司的经营方针和投资计划，对公司合并、分立、解散、清算或者变更公司形式作出决议等事项）与兴建集团保持一致，根据兴建集团的要求行使其股东权。协议同时约定在兴建集团将燃气设计 30% 股权转让给达盛股份后，12 名自然人与达盛股份保持一致行动。至此，兴建集团通过与被投资单位其他投资协议，达到60%表决权，有权决定其财务和经营政策。根据《企业会计准则》等的相关规定，兴建集团在本次交易前后的较长时间内，对燃气设计实时控制，应当将燃气设计纳入合并报表范围，因此本次交易性质应为同一控制下企业合并。

3. 如果你是立信会计师事务所审计业务三部经理，请对合并8家公司的成本如何计量，发表你的倾向性意见并说明理由。

➢ 参考答案：

与会人员对问题3的意见分歧见表7-4。

表7-4 **与会人员对问题3的意见分歧**

人员	刘英	王武	马萍
观点	长期股权入账价值应按原账面价值入账	长期股权入账价值应按经评估确定的公允价值入账	长期股权入账价值应分别情况入账，其中属于同一控制下企业合并的应按账面价值入账，对于燃气设计的投资应按公允价值入账
主要理由及依据	同一控制下的企业合并看作是合并企业资源和权益的重新组合，不具有商业实质，按账面价值入账符合现行会计准则的规定；若以评估价值作为入账价值，存在未实现收益预测折现不确定性和准确度的风险。并且同一控制企业合并主要是在最终控制方的主持下完成的，长期股权投资若以支付对价的公允价值入账，容易造成虚增资产，变成大股东操纵利润、盈余调控的手段	账面价值大多数以历史成本为计量属性，随着时间迁移，存在一定的失真，无法确切反映合并方在被合并方所占的权益份额，往往不能代表公司的盈利能力、发展能力，通过权威机构对企业的各方面综合考虑确定的评估价值，才能揭示公司的真正价值；达盛股份该项同一控制下控股合并的交易价格确定，经过了审计评估、董事会审议、国资委批复、股东大会审议、证监会审核等程序，权衡了有关各方的利益，对于达盛股份的中小股东而言，相对较为公允	同一控制下的企业合并按账面价值入账符合现行会计准则的规定；对于燃气设计的投资，达盛股份持有燃气设计股权只有30%，并未超过50%，如若其他股东联合投票，表决权将超过达盛股份的，达盛股份不能决定燃气设计的财务和经营政策，未达到控制，为一般投资行为，非同一控制下企业合并，长期股权入账价值应按公允价值入账

➢ 评价与分析：

合并方的合并成本该如何计量，即合并方确认的长期股权投资是按照所持有的被合并方净资产账面价值的份额还是支付对价的公允价值入账？笔者认为可以从以下几个角度考虑：

（1）同一控制下企业合并是否为购买交易

普遍认为最终控制方在合并前后都要承担参与被合并企业的风险并享受收益，且控制着被合并企业的资源，被合并企业的最终控制权没有发生实质性的变化，不具有商业实质，但是这种观点是存在片面性。虽然同一控制下企业合并同处于一个集团内部，但在合并前合并各方都是独立的会计主体，为外部交易，合并方取得被合并方的净资产，有直接的使用权，可以直接控制被合并方，决定其财务和经营政策，合并方直接控制的资源产生了变化。被合并方控股股东发生了变化，合并后各方承担的风险和收益也产生变化。因此，同一控制下企业合并也为购买交易。本案例中达盛股份和交易标的资产都为兴建集团的子公司，受兴建集团控制，但达盛股份与交易标的资产的关系在合并前后发生了质的变化。在合并之前，达盛股份无法影响 8 家公司的财务和经营政策，也无法直接控制和使用其资源，在合并后，达盛股份直接控制 8 家公司的资源，决定其财务和经营政策，本次交易属于购买交易。

（2）同一控制下企业合并的交易价格是否公允

我国企业会计准则规定采用权益结合法的另一依据为由于受相同一方或多方控制，缺乏讨价还价的竞价机制，不能按公允价值进行交易。但现实中，随着我国资本市场的发展和与国际市场的接轨，我国上市公司发生的一些同一控制下的企业合并通过资本市场运作，是可以并且容易获得公允价值的。这种交易（包括交易价格）聘请专业的评估机构、审计机构等中介机构全程参与，出具权威性意见，并且经过董事会及股东大会审议和表决通过（控股股东回避表决），并经有关监管部门审核，具有一定的公允性。达盛股份的交易价格是聘请财瑞评估进行专业的估值确定的，同时经过董事会和股东大会的审议，还有上海国资委和上海证监会的监督，结果具有公允性。

（3）采用权益结合法是否符合会计信息质量要求

本案例虽属同一控制下企业合并但经上述分析认为属于价格公允的购买交易，对于这样的交易若采用权益结合法进行会计处理，所披露的会计信息会导致以下不足：

① 降低可靠性

采用合并前主体的账面价值记录资产和负债，以历史成本为计量属性，随着时间迁移，存在一定的失真，无法确切反映合并方在被合并方所占的权益份额。

② 降低相关性

账面价值往往不能代表公司的盈利能力、发展能力，公允价值更能反映与取得的资产和承担的负债有关的未来现金流量，才能揭示公司的真正价值。

③ 降低可比性

对同一控制下企业合并和非同一控制下企业合并采用不同的会计方法，产生明显不同的财务结果，会降低会计信息的可比性。

结合以上分析，达盛股份在本次交易中通过资本市场运作，聘请专业的中介机构参与企业合并全过程，交易价格公允合理，为保证会计信息的质量要求应按交易标的资产的公允价值确定合并成本，即 636 910.51 万元，以真实反映交易的实际情况及其经济后果。但在实务中达盛股份选择了按交易标的资产的账面价值确定合并成本，其原因可能为以下几点：其一，符合我国现行会计准则的相关规定；其二，基于企业自身利益考虑，避免因长期股权投资采用被合并方净资产的公允价值入账带来的经济后果，包括产生过高资本公积以及长期股权投资因减值测试和投资收回等对达盛股份日后损益的影响过大。

4. 如果你是立信会计师事务所审计业务三部经理，请结合中华人民共和国财政部、税务总局《关于企业重组业务企业所得税处理若干问题的通知》（财税〔2009〕59 号），对本次交易是否符合特殊性税务处理的条件，发表你的倾向性意见并说明理由。

➢ 参考答案：

与会人员对问题 4 的意见分歧见表 7-5。

表 7-5 与会人员对问题 4 的意见分歧

人员	刘英	马萍
观点	本次交易取得的 8 家公司均满足特殊性税务处理的条件	燃气设计不符合特殊性税务处理条件，其他交易标的符合特殊性税务处理的条件
理由及依据	作为一揽子交易，将被合并方 8 家公司作为一个会计主体，只要转让股权比例的加权平均数达到 75% 即可	被合并方 8 家公司应作为单独的会计主体，每家子公司出售的股权比例均应大于或等于 75%，因此基建公司等 7 家子公司满足特殊性税务处理的条件，但是收购燃气设计的股权比例仅为 30%，应采用一般性税务处理，即达盛股份对其他 7 家子公司的计税基础为账面价值，燃气设计的计税基础为公允价值

➢ 评价与分析：

企业采用特殊性税务处理，税务上暂不确认转让资产的利得和损失，会计上确认递延所得税资产或负债，延迟企业纳税义务履行时间，减少重组的阻力，有利于企业利用重组实现资源的优化配置。但能否按照特殊性税务处理应当看是否符合《关于企业重组业务企业所得税处理若干问题的通知》（财税〔2009〕59 号）所规定的条件。

根据本次交易的背景、目的、支付方式和合同条款中限售期约定可知，本次交易基本满足特殊性税务处理的条件，但就“被收购、合并或分立部分的资产或股权比例符合规定比例，收购企业购买的股权不低于被收购企业全部股权比例的 75%”存在争议。我国在法律条文中并未明确规定存在多个合并同时进行时股权比例 75% 是指被合并企业转让股权比例的加权平均数还是每个被合并企业均需满足。针对燃气设计转让股权比例为 30% 是否符合特殊性税务处理的条件，应按一揽子交易的原则考虑问题。本次交易中达盛股份一次性从兴建集团、昌盛集团、昌平投资取得 8 家公司，并以股份支付的方式支付对价，符合一揽子交易原则——各交易步骤是作为一个整体一并筹划和确定下来的，旨在实现同一交易目的、互为前提和条件。因此，保持会计口径和会计处理方法的一致性，倾向于选择将 8 家公司作为一个会计主体，即只要加权平均转让股权比例达到 75% 即可，本次交易加权平均转让股权比例高达 99.83%，符合特殊性税务处理的条件。

达盛股份在实务中对交易标的资产的长期股权投资按其账面价值入账，故未产生递延所得税。若按公允价值确认 8 家公司的长期股权投资，而税收上符合特殊性税务处理的条件，企业选择了以原账面价值作为计税基础，则可能产生暂时性差异，对于本案例中长期股权投资的公允价值高于账面价值的差额，按适用税率确认递延所得税负债。

五、课程中可讨论的其他问题

5. （可选）如果你是立信会计师事务所审计业务三部经理，在编制合并财务报表和最终控制方合并财务报表时，请谈谈你对同一控制下企业合并有关会计处理如何进一步改进的看法，并在此基础上说明你的观点或意见。

➢ 参考答案：

与会人员对问题 5 的意见分歧见表 7-6。

表 7-6 与会人员对问题 5 的意见分歧

人员	马萍	王武
观点	针对同一控制下企业合并的计量基础，企业会计准则不应采取“一刀切”的处理方法，应当根据交易价格是否公允来决定会计处理方法	同一控制下企业合并，以账面价值为计量基础，即按账面价值确认长期股权投资，并在合并财务报表中按账面价值计量被合并方的各项资产、负债

续表

人员	马萍	王武
主要理由及依据	达盛股份与交易标的资产的关系在合并前后发生了质的变化，本次交易属于购买交易。达盛股份的交易价格是聘请财瑞评估进行专业的估值确定的，同时经过董事会和股东大会的审议，还有上海国资委和上海证监会的监督，结果具有公允性。采用权益结合法进行会计处理，所披露的会计信息会导致某些不足	符合现行会计准则的规定；避免因长期股权投资采用被合并方净资产的公允价值入账带来的经济后果，包括产生过高资本公积以及长期股权投资因减值测试和投资收回等对达盛股份日后损益的影响过大

➢ 评价与分析：

根据问题 3 的分析，达盛股份在本次交易中通过资本市场运作，聘请专业的中介机构参与企业合并全过程，交易价格公允合理，为保证会计信息的质量要求应按交易标的资产的公允价值确定合并成本，即 636 910.51 万元，以真实反映交易的实际情况及其经济后果。

但针对同一控制下企业合并的计量基础，企业会计准则不应采取“一刀切”的处理方法，应当根据交易价格是否公允来决定会计处理方法。对于缺乏竞价机制、无法取得可靠的公允价值的同一控制下企业合并，以账面价值为计量基础，即按账面价值确认长期股权投资，并在合并财务报表中按账面价值计量被合并方的各项资产、负债；对于通过资本市场运作、能够取得可靠的公允价值的同一控制下企业合并，则以公允价值为计量基础，即按公允价值确认长期股权投资，并在合并财务报表中按合并日公允价值计量被合并方的各项资产、负债，以真实反映企业合并的实际情况及其经济后果。值得注意的是，无论是公允还是非公允的同一控制下企业合并在最终控制方编制合并财务报表时，由于其所控制的范围未发生变化，不应当改变计量基础，应按原账面价值计量被合并方的各项资产和负债，对于子公司合并财务报表中确认的公允价值与账面价值之差异要如同内部交易予以抵销。

案例 8

兴建集团以股换股：取得少数股权如何计量

一、案例概览

2012 年，上海兴建集团公司（以下简称兴建集团）以持有的 8 家公司股权等，换取上海达盛工程股份有限公司（以下简称达盛股份）发行的股份，兴建集团原持有达盛股份 36.85% 的股份，通过本次交易又获得了达盛股份 15.76% 的股份，合计最终持股比例为 52.61%[①]。

立信会计师事务所审计业务三十三部为兴建集团提供 2012 年度财务报告审计服务，审计项目组负责人海涛、注册会计师高峰和兴建集团财务经理林岭对兴建集团以 8 家子公司股权交换达盛股份少数股权交易中的有关会计问题展开了讨论，各方未达成一致意见。

二、教学目标

通过本案例的讨论与分析，拟实现以下教学目标：

1. 识别以股换股交易购买少数股权所面临的关键会计问题；
2. 掌握非货币性资产交换中商业实质的判断标准及其实务应用；
3. 掌握以股换股购买少数股权的会计核算方法；
4. 掌握购买少数股权后合并商誉的计算以及比较报表的编制原则；
5. 掌握合并中计提职工安置费用的会计核算方法；
6. 了解以股换股交易的税务处理及其相关会计核算。

三、教学建议

案例 8 的教学建议见表 8-1。

---

① 为了客户保密的需要，本案例的公司名称与相关资料进行了化名处理。

表 8-1　　案例 8 的教学建议

内容	主角	组织与要求	时间
阅读案例资料	学生	熟悉案例资料，补充并收集相关资料	课前
案例讨论	学生	每个案例小组围绕着思考分析题，分析讨论案例会计类型认定及其影响	课前
演讲	学生	每个案例小组推荐 1 名学生对该小组讨论的情况及其达成的共识、产生的分歧进行演讲	25～35 分钟
点评	老师	点评案例小组讨论情况并引导其对问题的正确理解和深入分析	20～30 分钟

本案例以企业合并与合并报表会计理论及其实务为基础，参考以下文献：

1. 中华人民共和国财政部 . 企业会计准则第 2 号——长期股权投资 . 2014.

2. 中华人民共和国财政部 . 企业会计准则第 7 号——非货币性资产交换 . 2006.

3. 中华人民共和国财政部 . 企业会计准则第 20 号——企业合并 . 2006.

4. 中华人民共和国财政部 . 企业会计准则第 33 号——合并财务报表 . 2014.

5. 中华人民共和国财政部 . 企业会计准则——应用指南［M］. 北京：中国财政经济出版社，2006.

6. 财政部会计司编写组 . 企业会计准则讲解 2010［M］. 北京：人民出版社，2010.

7. 中华人民共和国财政部 . 企业会计准则解释第 2 号 . 财会〔2008〕11 号 .

8. 中华人民共和国财政部 . 财政部关于企业重组有关职工安置费用财务管理问题的通知 . 财企〔2009〕117 号 .

四、案例分析参考

1. 如果你是立信会计师事务所审计业务三十三部经理，请对本次交易是否具有商业实质，发表你的倾向性意见并说明理由。

➢ 参考答案：

与会人员对问题 1 的意见分歧见表 8-2。

表 8-2　　与会人员对问题 1 的意见分歧

人员	林岭	海涛
观点	此次交易不具有商业实质	此次交易具有商业实质
主要理由及依据	本次交易换入与换出的资产形态均为长期股权投资，属于同类资产交换，持股期间未来现金流入的来源均为股利的分派；换入股权与换出股权均受兴建集团控制，本次交易属于关联方交易，交易定价易受实际控制人的影响	从未来现金流量分析，换入股权涉及的达盛股份与换出股权涉及的 8 家公司相比，无论经营范围、规模风险还是股利分配政策均有很大差异，两者未来现金流量的风险、时间、金额显著不同；从交易价格的公允性分析，本次交易的定价是根据对 8 家公司的资产评估值确定的，因此此次交易类似于公允市场交易，并不单纯是兴建集团内部的产业调整和战略规划

➢ 评价与分析：

非货币性资产交换是否具有商业实质，关系到换入资产的计量基础如何确定，是否确认交易损益，也关系到是否确认递延所得税资产或负债。

对是否具有“商业实质”的判断，有以下标准：换入资产的未来现金流量在风险、时间、金额方面与换出资产明显不同；换出资产与换入资产预计未来现金流量现值不同，且两者差额与交换标的公允价值相比是重大的。

本文更倾向于本次股权交易是具有商业实质的观点。

其一，从交易双方的动机分析，作为交易双方的兴建集团和达盛股份都有意通过此次互换实现相关资产、业务的重组整合，本次交易是为了实现特定的目的而进行的交易，比如进一步增强达盛股份的市场竞争力，同时避免兴建集团与上市子公司的同业竞争。本次交易对兴建集团和达盛股份具有互惠共赢的性质。

其二，从股权交易价格的公允性分析，本次非货币性资产交易体现了市场价值的公允性。本次交易所涉及的资产定价公允，根据财瑞评估的评估结果，标的资产的评估值共计 636 910.51 万元，标的公司按交易对象的持股比例计算的账面净资产共计 449 131.63 万元，评估增值 187 778.88 万元，评估增值率为 41.81%，发行股份数 56 513.80 万股（其中向兴建集团发行 41 292.28 万股，向昌盛集团发行 11 912.50万股，向昌平投资发行 3 309.02 万股）和发行价格 11.27 元/股（除息后）都依据标的资产的评估值确定，而非依据标的资产的账面价值确定。

其三，从换入股权与换出股权相比较进行分析，达盛股份是上市公司，其融投资和利润分配受到证券法规的约束和限制，换出 8 家子公司均为非上市公司，两者的运作模式、经营规模及其成果也有很大差异，从而会导致两者未来现金流量在风险、时间、金额方面有显著不同。

2. 如果你是立信会计师事务所审计业务三十三部经理，请对换入达盛股份股权的价值如何计量，发表你的倾向性意见并说明理由。

➢ 参考答案：

与会人员对问题 2 的意见分歧见表 8-3。

表 8-3 与会人员对问题 2 的意见分歧

人员	林岭	海涛	高峰
观点	换入达盛股份的股权按换出 8 家子公司的股权账面价值计量	换入达盛股份的股权按公允价值计量	换入达盛股份的股权按换出 8 家子公司的股权账面价值计量
理由及依据	此次交易不具有商业实质，换入达盛股份的股权根据《企业会计准则第 7 号——非货币性资产交换》有关规定，应该用换出 8 家子公司的股权账面价值计量	基于该项交易具有商业实质且换入换出资产的公允价值能够可靠计量，应以换出资产的公允价值确定换入达盛股份股权的入账价值，即以达盛股份向兴建集团定向增发的股份总价计量。本次交易还涉及昌盛集团和昌平投资，达盛股份与昌盛集团属于关联方关系，与昌平投资属于非关联方关系，但达盛股份定向增发股份时统一定价，没有因是否是关联方关系而区别定价	在本案例中，换入股权与换出股权的实体都是兴建集团的子公司，若按照市场价格计量，确认交易损益，有可能利用关联方交易来虚增资产和利润

➢ 评价与分析：

换入达盛股份股权的计量基础选择是基于对本次交易商业实质的判断，根据我国企业会计准则的规定，如果该项交易具有商业实质且换入换出资产的公允价值能够可靠计量，则应当以换出资产的公允价值作为确定换入资产的计量基础；如果该项交易不具有商业实质或者换入换出资产的公允价值不能可靠计量，应当以换出资产的账面价值和应支付的相关税费作为换出资产的成本，且不确认损益。

根据上一个问题对本次交易是否具有商业实质的分析，得出结论：本次交易具有商业实质。因此，兴建集团应该以换出 8 家子公司股权的评估价值也即达盛股份为交换而发行股份的价格 465 363.95 万元（41 292.28 万股×每股发行价格 11.27 元/股），作为换入达盛股份少数股权的入账价值。虽然此项非货币性资产交换属于关联方交易，但该项交易在资本市场运行机制下确定交易价格，而且在同一项交易中，达盛股份与非关联方昌平投资的非货币性资产交换，也按照相同的交易价格进行，没有因是否是关联方关系而分别确定交易价格，因此兴建集团也应该按照与昌盛集团、昌平投资相同的每股股份发行价格来对换入达盛股份的股权进行计量，即对换入的达盛股份少数股权按公允价值计量，同时还应确认一项利得。若以账面价值结转，就不能很好地体现标的资产的实际价值，从而也不能如实反映换入达盛股份少数股权所付出的代价。

3. 如果你是立信会计师事务所审计业务三十三部经理，请对我国企业会计准则关于合并商誉及少数股权的计量采纳了母公司理论还是经济实体理论，评价各方的观点；并对购买少数股权是否需要调整合并商誉，说明你的观点及其理由。

➢ 参考答案：

与会人员对问题 3 的意见分歧见表 8-4。

表 8-4　　与会人员对问题 3 的意见分歧

人员	高峰	林岭	海涛
观点	购买少数股权不存在调整合并商誉的问题	购买少数股权后应按追加的持股比例相应调整合并商誉	合并日一次确认商誉后不再调整
主要理由及依据	基于经济实体理论，本次交易之前，兴建集团合并财务报表中列报的商誉已经包含了与达盛股份的有关的全部商誉	基于母公司理论编制的合并财务报表，应按母公司持有子公司的股权比例列报子公司商誉中母公司享有的份额。如果购买少数股权后母公司持有子公司 100% 股权，则合并财务报表中列报的商誉包含该子公司的全部商誉	取得控制权是会计上进行确认和计量的重要分界线，购买少数股权是企业完成合并之后的行为，不需要对有关子公司的净资产重新计量，故也不存在因购买少数股权而调整合并商誉的问题

➢ 评价与分析：

关于企业会计准则对合并商誉和少数股权计量的理论依据：

我国企业会计准则和国际财务报告准则，对合并财务报表的会计规范均基本采纳了经济实体理论，但均未完全采纳该理论。

按照经济实体理论，合并商誉由全体股东共享，合并商誉按购买方合并成本推算的子公司整体价值与子公司可辨认净资产公允价值的差额计量，即采用全部商誉法。而商誉的计量方法又直接关系到少数股权的计量，采纳经济实体理论，少数股权按在子公司可辨认净资产公允价值及合并商誉中享有的份额计量。

按照母公司理论，合并商誉属于母公司享有，合并商誉按购买方合并成本与子公司可辨认净资产公允价值份额的差额计量，在购买日未取得子公司 100% 股权的情况下，即采用部分商誉法，少数股权按在子公司可辨认净资产账面价值中享有的份额计量。

我国企业会计准则和国际财务报告准则，对合并商誉的初始计量方法相一致，即合并商誉按购买方合并成本超过子公司可辨认净资产公允价值份额的差额确认；少数股权按享有子公司可辨认净资产公允价值份额计量，但不含合并商誉。可见，两者对于合并商誉和少数股权的计量规范，都并非依据单一的合并理论，既未如高峰所说完全采纳经济实体理论，因为没有反映全部合并商誉而只反映部分合并商誉（在未取得子公司 100% 股权的情况下）；又未如林岭所说完全采纳母公司理论，因为少数股权以子公司可辨认净资产公允价值为基础计量而非按子公司账面价值计量。

为什么我国企业会计准则和国际财务报告准则对合并财务报表的规范，在对少数股东权益和少数股东损益的定性、在合并财务报表中对子公司可辨认净资产的计量等方面均采纳了经济实体理论，而对合并商誉的计量却没有采纳全部商誉法呢？因为，经济实体理论按母公司合并对价推算合并商誉，不仅将母公司为取得控制权所付代价计入商誉，而且还强加给少数股东，假设他们也愿意按控股股东合并成本推算的价格购买股权，其中很可能包括控股股东为取得控制权而付出的代价，这往往与实际情况不符。按母公司合并成本推算商誉可能严重歪曲了商誉的价值。

关于购买少数股权是否需要调整合并商誉

在本案例中，此次交易前兴建集团合并财务报表中，所列报的与达盛股份有关的合并商誉是部分商誉，即兴建集团在合并日享有达盛股份合并商誉的份额；对达盛股份的少数股权则按合并日该公司可辨认净资产公允价值持续计量的份额确定，不含合并商誉。

兴建集团取得达盛股份少数股权，是在合并之后即取得达盛股份控制权之后的行为。从改变计量基础的分界线进行分析，控制权是否转移是合并财务报表中是否改变对子公司可辨认净资产计量基础的分界线，即在取得控制权或丧失控制权的情况下，需要改变被合并方或剩余股权的计量基础。因此，兴建集团对本次交易不应当改变子公司达盛股份可辨认净资产在合并财务报表中的计量基础。而商誉不能单独计量，其依赖于相关可辨认净资产的计量，当然也就不存在对已确认的商誉重新计量的问题。

4. 如果你是立信会计师事务所审计业务三十三部经理，请结合财政部《关于企业重组有关职工安置费用财务管理问题的通知》（财企〔2009〕117 号），对职工安置费用能否调整重组前净资产，试进行相关政策解读，并说明你的观点及其理由。

➢ 参考答案：

与会人员对问题 4 的意见分歧见表 8-5。

表 8-5　　与会人员对问题 4 的意见分歧

人员	林岭	海涛
观点	计提职工安置费用不应调整这 8 家子公司重组前净资产，待进入达盛股份后再统一调整	计提职工安置费用应当在重组前调整 8 家子公司的净资产
理由及依据	此前计提的职工安置费用是在获得确凿证据并经过与工会协商后确定的，重组没有发生时并不存在任何会计估计或会计政策的变更，因此也没有必要事先调整，待进入达盛股份后，再根据实际发生情况进行统一调整，计入有关期间的费用	本次职工安置费用的计提是为与上市公司达盛股份统一会计政策与会计估计，此项调整能够夯实 8 家子公司的净资产价值，避免因辞退福利的计提政策差异而导致并入净资产价值虚增。由于职工在重组前一直为自己所在公司付出劳务，他们的辞退福利不应该由达盛股份分摊

➢ 评价与分析：

企业重组有关的职工安置费用，是否调整重组前 8 家子公司的净资产，应按照财政部《关于企业重组有关职工安置费用财务管理问题的通知》（以下简称《通知》）的规定进行处理。

《通知》所规范的企业重组有关职工安置费用，除产权转让以外，经履行出资人职责的机构、部门或国有股权持有单位批准后，均可以按有关规定及标准从重组前企业净资产中扣除或者预提。企业重组中涉及的安置费用，包括以下 3 类：

第一类是按照国家有关规定支付给解除、终止劳动合同的职工的经济补偿，以及为移交社会保障机构管理的职工一次性缴付的社会保险费。对于企业支付的经济补偿金和缴付的社会保险费，在重组时金额应当是确定的，不存在预提问题。

第二类是重组企业根据自身财务状况，为保证离退休人员生活稳定，在国家规定的基本养老保险之外，发放给离退休人员的各项补贴，即“统筹外费用”。对于企业预提的离退休人员统筹外费用，属于重组后分期支付的项目，在重组时金额不确定，需要预提。

第三类是符合法律、行政法规以及国务院劳动保障部门规定条件的内退人员，其内退期间的生活费和社会保险费。对于内退人员内退期间的生活费和社会保险费，也是属于重组后分期支付的项目，在重组时金额不确定，需要预提。

对预提的职工安置费用，重组企业按以下原则进行管理：

离退休人员和内退人员的相关费用，应当按照“人随资产、业务走”的原则，由承继重组前企业相关资产及业务的企业承担管理职能。对预提的职工安置费用，管理离退休人员和内退人员的单位应当实行专户管理，并按约定从专户中向相关人员支付费用。预提资金不足支付相关费用或者有结余的，按照新企业会计准则的相关规定计入管理单位当期损益。

按照《通知》的上述原则和规定，涉及被重组的8家公司，应当从重组前的净资产中预提符合规定的离退休人员和内退人员相关费用，由重组前企业的股东共同承担。因为在重组前这8家公司的职工服务对象并不是达盛股份，如果等到合并之后由达盛股份的股东分担之前的费用，会影响不同主体股东的利益，显然不合理。夯实净资产后进行重组，有利于保护达盛股份的中小股东利益。

5. 如果你是立信会计师事务所审计业务三十三部经理，对案例交易是否应当确认递延所得税资产或负债，发表你的倾向性意见并说明理由。

➢ 参考答案：

与会人员对问题5的意见分歧见表8-6。

表8-6 **与会人员对问题5的意见分歧**

人员	林岭	海涛
观点	确认递延所得税资产	不需确认递延所得税资产或负债
主要理由及依据	本次交易不具有商业实质，兴建集团的会计处理是换入股权按照换出8家子公司股权的账面价值入账，而税法上根据一般性税务处理原则，以公允价值为计税基础，相关资产账面价值小于计税基础的差额，按适用的所得税税率确认递延所得税资产	此次交易具有商业实质，换入股权的计量基础按照公允价值，一般性税务处理也以公允价值为计税基础，因此相关资产的会计账面价值和税法计税基础无差异

➢ 评价与分析：

首先，判断本次交易是否符合特殊性税务处理要求。中华人民共和国财政部、税务总局《关于企业重组业务企业所得税处理若干问题的通知》（财税〔2009〕59号）规定，具有合理商业目的并符合“收购企业购买的股权不低于被收购企业全部股权比例的75%，且收购企业在该股权收购发生时的股权支付金额不低于其交易支付总额的85%”条件的企业并购重组，可以享受特殊性税务处理，即被收购企业的股东取得收购企业股权的计税基础，以被收购股权的原有计税基础确定，收购企业取得被收购企业股权的计税基础，以被收购股权的原有计税基础确定。兴建集团和达盛股份本次交易以股权换股权，虽然符合收购企业在该股权收购发生时的股权支付金额不低于其交易支付总额的85%，但换入达盛股份的股权只占达盛股份全部股权的15.76%，因此本案例交易取得股权按一般性税务处理。

然后，确定会计上账面价值与其计税基础有无差异。在个别财务报表层面，由于认定本次交易具有商业实质，换入达盛股份少数股权按公允价值计量，在兴建集团个别财务报表中换入股权的账面价值和计税基础相同，没有差异，因此也无需确认递延所得税资产或负债。在合并财务报表层面，就本案例而言，纳税主体和计税基础未发生改变，而购买少数股权不改变达盛股份在兴建集团合并财务报表中的计量基础，换出的 8 家子公司仍受兴建集团控制，仍然纳入兴建集团的合并财务报表范围，也不改变会计计量基础，所以不会因此而产生暂时性差异，即不会因此次交易而确认递延所得税资产或负债。

五、课程中可讨论的其他问题

6.（可选）如果你是立信会计师事务所审计业务三十三部经理，对被合并方合并日之前的报告期利润和现金流量由谁合并，谈谈你对同一控制下企业合并有关会计规范的看法，并在此基础上说明你的观点或意见。

➢ 参考答案：

与会人员对问题 6 的意见分歧见表 8-7。

表 8-7 与会人员对问题 6 的意见分歧

人员	海涛	林岭
观点	由达盛股份合并	由兴建集团直接合并
主要理由及依据	此次交易达盛股份合并作为交易标的的 8 家子公司构成同一控制下的企业合并，根据权益结合法的处理原则，视同合并后的报告主体在以前期间一直存在，故达盛股份合并利润表、合并现金流量表应当分别并入 8 家子公司自合并当期期初至合并日的利润和现金流量	这 8 家子公司 2012 年 1—5 月的利润及现金流量实际是由兴建集团直接享有的，2012 年 1—5 月这 8 家子公司并不是达盛股份的子公司，若由达盛股份合并 8 家子公司 2012 年 1—5 月的利润及现金流量，会导致投资者难以理解

➢ 评价与分析：

针对本次非货币性资产交换，站在兴建集团的角度，是以 8 家子公司的股权换取了达盛股份的少数股权，站在达盛股份的角度，是通过向 8 家公司的母公司兴建集团定向增发股票以获取对它们的控制权，属于同一控制下企业合并。

对于有关同一控制下企业合并会计规定所基于的假设，《企业会计准则讲解 2010》中表述为："对于同一控制下的控股合并，应视同合并后形成的报告主体自最终控制方开始实施控制时一直是一体化存续下来的"；"同一控制下企业合并增加的子公司，视同该子公司从设立起就被母公司控制"。该假设是否合理呢？

其一，不能满足投资者尤其是中小股东的信息需求。本案例中的企业合并，属于最终控制方与合并方非同一方的同一控制下企业合并。达盛股份作为上市公司，需要向社会公众公开披露其自身财务信息，其个别财务报表、合并财务报表的报告主体均为达盛股份而非兴建集团。兴建集团和达盛股份作为不同的报告主体，对 8 家公司实施控制的起始点是不同的。兴建集团作为达盛股份的控股股东，所控制的子公司未发生变化，但作为合并方的达盛股份，其实际控制范围从 2012 年 5 月 30

日起发生了变化，对于8家子公司的经济资源、财务与经营政策在合并之前并没有控制，自2012年5月30日起才实施控制。不同层次、不同报告主体的合并财务报表，应当分别反映其实际控制范围内的经济资源及其运营绩效。因此，由达盛股份合并这8家公司2012年1月至5月的经营成果和现金流量，其合并财务报表不能如实反映其自身控制范围的变化，可能使报表使用者难以理解所披露的有关信息。对于达盛股份的中小股东而言，其所关注和需要的是达盛股份层面的财务状况和经营成果。合并财务报表的列报和披露，不能只考虑控股股东或大股东而忽视中小股东的信息需求，否则不符合会计信息相关性的要求。

其二，容易被利用调节利润。将8家公司在被合并之前的业绩和现金流量纳入达盛股份的合并财务报表，导致合并日与纳入合并财务报表时点发生不一致，会显著加大虚拟性，违背对会计信息的可靠性要求，即使按照《企业会计准则讲解2010》的说明，将被合并方在合并前实现的净利润在合并利润表中单列项目反映，也还是容易被一些企业利用来调节利润。

此外，对于本次交易，兴建集团在采用层层合并法编制合并财务报表时，如果不进行调整会导致8家子公司合并日之前（2012年1—5月）的利润及现金流量重复列报。

较为合理的方法是：达盛股份自合并日（2012年5月30日）开始对被合并方（标的资产8家公司）实施控制的原则编制合并财务报表：达盛股份2012年度合并利润表只合并上述8家公司被从合并日（2012年5月30日）至该年年末实现的净利润；合并现金流量表只合并上述8家公司从合并日至该年年末发生的现金流量。同时，达盛股份在编制合并当期的比较报表时，不因此项合并而调整合并资产负债表项目的期初数和比较报表相关项目的上期金额。这样处理，以达盛股份为母公司所编制的合并财务报表能够如实反映其实际控制范围内的财务状况、经营成果和现金流量；以兴建集团为母公司所编制的合并财务报表有助于避免重复列报。

案例9

华邦制药吸收合并颖泰嘉和：商誉如何计量

一、案例概览

重庆华邦制药股份有限公司（以下简称华邦制药）于2009年9月10日提出通过换股方式吸收合并颖泰嘉和的议案。本次交易前，华邦制药持有颖泰嘉和22.7437%的股权，李生学等18名自然人合计持有颖泰嘉和77.2563%的股权。华邦制药以发行股票作为对价，交换李生学等18名自然人股东所持颖泰嘉和77.2563%的股权。吸收合并完成后，华邦制药所持颖泰嘉和22.7437%的股权注销，颖泰嘉和全部资产、负债及附着其上的业务并入华邦制药后注销。交易作价以2009年8月31日颖泰嘉和对应股东权益公允价值84 686.21万元为依据，换股价格为董事会决议公告日前20个交易日均价，即23.86元/股，对应发行股票3 549.30万股。2011年9月27日，该重组方案经中国证监会审核通过。2011年12月，华邦制药吸收合并颖泰嘉和实施完毕。2011年12月13日，华邦制药股份的股价已上涨到40.65元/股。

2011年底，为华邦制药提供年报审计服务的审计项目负责人叶周以及项目组成员小崔、小薛与小沈在年报预审会上讨论了本年度合并交易的会计问题，尤其在这次交易的合并成本以及商誉计量上，各方存在着重大的分歧。

二、教学目标

通过本案例的讨论与分析，拟实现以下教学目标：

1. 掌握换股吸收合并的会计处理原则及其实务应用；
2. 掌握非同一控制下分步合并下合并成本与商誉的计量；
3. 理解关于合并商誉的主要论争与解决方案；
4. 掌握合并负商誉的会计处理原则及其实务应用。

三、教学建议

案例9的教学建议见表9-1。

表9-1 案例9的教学建议

内容	主角	组织与要求	时间
阅读案例资料	学生	熟悉案例资料，补充并收集相关资料	课前
案例讨论	学生	每个案例小组围绕着案例思考题，分析讨论案例会计核算及其影响	课前
演讲	学生	每个案例小组推荐1名学生对该小组讨论的情况及其达成的共识、产生的分歧进行演讲	30～40分钟
点评	老师	点评案例小组讨论情况并引导其对问题的正确理解和深入分析	25～35分钟

本案例以企业合并与合并报表会计理论及其实务为基础，参考以下文献：

1. 中华人民共和国财政部．企业会计准则第2号——长期股权投资．2014.

2. 中华人民共和国财政部．企业会计准则第20号——企业合并．2006.

3. 中华人民共和国财政部．企业会计准则第22号——金融工具确认和计量．2006.

4. 中华人民共和国财政部．企业会计准则第33号——合并财务报表．2014.

5. 中华人民共和国财政部．企业会计准则——应用指南［M］．北京：中国财政经济出版社，2006.

6. 美国财务会计准则委员会（FASB）．2011年第4号会计准则更新——公允价值计量（议题820）．2011.

7. 国际会计准则理事会（IASB）．国际财务报告准则第13号——公允价值计量．2011.

8. 中国证监会．关于证券投资基金执行《企业会计准则》估值业务及份额净值计价有关事项的通知．证监会计字〔2007〕21号．

9. 财政部会计司编写组．企业会计准则讲解2010［M］．北京：人民出版社，2010.

10. 中华人民共和财政部．财政部关于做好执行会计准则企业2008年年报工作的通知．财会函〔2008〕60号．

11. 中华人民共和财政部．关于执行会计准则的上市公司和非上市企业做好2009年年报工作的通知．财会〔2009〕16号．

12. 中国证监会会计部．上市公司执行企业会计准则案例解析［M］．北京：中国财政经济出版社，2012.

13. 中国证监会．上市公司重大资产重组管理办法．证监会令〔2008〕53号．

14. 中国证监会．关于规范上市公司重大资产重组若干问题的规定．证监会公告〔2008〕14号．

15. 中国证监会．公开发行证券的公司信息披露问题内容与格式准则第26号——上市公司重大资产重组申请文件．证监会公告〔2008〕13号．

16. 中华人民共和国财政部．企业会计准则解释第4号．2010.

17. 中国证监会．上市公司执行企业会计准则监管问题解答．2011（2），总6期.

18. 中华人民共和国财政部．企业会计准则第39号——公允价值计量．2006.

四、建议使用的教学资源

1. 华邦制药2009年年度报告、2010年年度报告和2011年年度报告．

2. 华邦制药股份有限公司换股吸收合并北京颖泰嘉和科技股份有限公司报告书，2009年9月29日．

3. 吸收合并补充协议，2010年1月5日．

4. 合并报告书修订情况说明，2011年9月30日．

5. 重庆华邦制药有限公司关于重大资产重组实施进展情况的公告，2011年12月6日．

6. 重庆华邦制药股份有限公司关于换股吸收合并北京颖泰嘉和科技股份有限公司资产过户完成的公告，2011年12月14日．

五、案例分析参考

1. 从会计角度来看，华邦制药合并颖泰嘉和的合并类型认定有几种观点？不同观点对合并商誉的影响有何不同？说明你的看法以及理由。

➤ 参考答案：

与会人员对问题1的意见分歧见表9-2。

表9-2　**与会人员对问题1的意见分歧**

人员	小崔	小薛	小沈
会计类型	购买少数股东权益	非同一控制下的控股合并的第二步	非同一控制下的吸收合并
理由	交易前，华邦制药已经持股颖泰嘉和的22.7437%	此前华邦制药仅持股颖泰嘉和的22.7437%，为颖泰嘉和的第2大股东，没有达到对颖泰嘉和的控制；通过本次增发并购才实现对颖泰嘉和的控制	颖泰嘉和的法人身份注销

不同合并类型的判定及其对商誉的影响见表9-3。

表 9-3　　不同合并类型的判定及其对商誉的影响

合并类型	同一控制 VS 非同一控制合并	控股合并 VS 吸收合并	是否属于购买子公司少数股东权益？
判断标准	参与合并的各方是否在合并前后均受同一方或相同的多方最终控制，且该控制并非是暂时性的	合并完成后被合并方是否注销	此次交易发生之前，交易双方是否已经形成控股关系？本次交易是否是在形成企业合并后，购买少数股东全部或部分权益
华邦制药案例实际情况	合并前，华邦制药的实际控制人为张松山、潘明欣，而颖泰嘉和的实际控制人为李生学等18名自然人股东，因此为非同一控制	由于合并中颖泰嘉和注销，其持有上虞颖泰、万全力华、颖欣化工、颖泰分析的股权已变更至颖新泰康名下，其持有的颖新泰康的股权已办理至华邦制药名下，因此为控股合并	本次交易前，华邦制药持有颖泰嘉和22.7437%的股权，未占有绝对控股或者成为第一大股东，同时也没有其他证据显示华邦制药能够决定颖泰嘉和的财务和经营政策。因此本次交易前，不属于购买子公司少数股东权益的行为
合并类型判断对商誉的影响	如判定为同一控制，则没有商誉问题	控股合并还是吸收合并本身对商誉的确认和计量不产生影响。商誉的计量仍然为合并成本超过被合并方可辨认净资产公允价所应享有的份额。控股合并中合并商誉反映在合并报表中，吸收合并中合并商誉反映在个别报表中	假如判定为购买子公司少数股东权益行为，则华邦制药新取得的长期股权投资与按照新增持股比例计算享有颖泰嘉和自原购买日开始持续计算的可辨认净资产份额之间无差额，无需确认新商誉（参见案例8问题3）
判断标准	是否在本次交易之前已经取得被购买方部分股权，同时本次交易形成合并	以发行权益性证券交换股权方式进行的合并，是否发行权益性证券的一方因其生产经营决策在合并后被参与合并的另一方所控制	有关资产或资产、负债的组合具备了投入和加工处理过程或产出能力中两个要素，能独立核算即可认为构成一项业务
华邦制药案例实际情况	由于合并后颖泰嘉和注销，其持有的颖新泰康的股权已办理至华邦制药名下，可以推断本次合并前华邦制药原持有的颖泰嘉和股份，转换成了持有颖新泰康的股份，因此本次合并为华邦制药多次交易分步实现合并颖新泰康	本次交易中，华邦制药为发行权益性证券的一方，同时在发行权益性证券后，控制了颖新泰康，因此不属于反向购买行为	本次交易中，华邦制药与颖新泰康都具有相对独立的投入、加工过程与产出能力，都构成业务，不是壳公司，因此为业务合并
合并类型判断对商誉的影响	多次交易分步合并下，则商誉为每一单项交易中应确认的商誉之和。每一单项交易中的商誉，按每一单项交易的成本与该交易发生时应享有被投资单位可辨认净资产公允价值的份额差计算	假如本次交易判定为颖新泰康（法律子公司）反向购买华邦制药（法律母公司），则合并成本为假设颖新泰康（会计母公司）向华邦制药（会计子公司）发行权益性证券的公允价值。商誉应按合并成本扣减应享有的华邦制药可辨认净资产部分计算	假如本次交易中颖新泰康不构成业务，那么颖新泰康资产与负债的账面价值与公允价值将没有差异，华邦制药的支付对价与颖新泰康的账面价值之差计入资本公积，不产生商誉

2. 你认为本案例中企业合并的购买日是哪一天？

➢ 参考答案：

根据《企业会计准则讲解2010》，购买日是购买方获得对被购买方控制权的日期，即企业合并交易进行过程中，发生控制权转移的日期。根据企业合并方式的不同，在控股合并的情况下，购买方应在购买日确认因企业合并形成的对被购买方的长期股权投资，同时如果存在商誉，则应在合并报表中确认商誉。在吸收合并的情况下，购买方应在购买日确认合并中取得的被购买方各项可辨认资产、负债等，同时如果存在商誉，则应在合并报表中确认商誉。

确定购买日的基本原则是控制权转移的时点。企业在实务操作中，应当结合合并合同或协议的约定及其他有关的影响因素，按照实质重于形式的原则进行判断。同时满足了以下条件时，一般可认为实现了控制权的转移，作为购买日。有关的条件包括：

（1）企业合并合同或协议已获股东大会等内部权力机构通过。

（2）按照规定，合并事项需要经过国家有关主管部门审批的，已获得相关部门的批准。按照国家有关规定，企业购并需要经过国家有关部门批准的，取得相关批准文件是对企业合并交易或事项进行会计处理的前提之一。

（3）参与合并各方已办理了必要的财产权交接手续。作为购买方，其通过企业合并无论是取得对被购买方的股权还是取得被购买方的全部净资产，能够形成与取得股权或净资产相关的风险和报酬的转移，一般需办理相关的财产权交接手续，从而从法律上保障有关风险和报酬的转移。

（4）购买方已支付了购买价款的大部分（一般应超过50%），并且有能力、有计划支付剩余款项。

（5）购买方实际上已经控制了被购买方的财务和经营政策，享有相应的收益并承担相应的风险。

本案例中，购买日应考虑同时满足上述5个条件。

小崔的观点：把董事会通过重组议案的2009年9月29日确定为购买日。虽然重组议案在2009年9月29日通过，但真正的重组方案并没有实施，而且重组方案随后可能进行修改。同时对照控制权实施转移的5个条件，第1、2、3、4、5项条件均未满足，因此明显不妥。

小薛的观点：2011年12月13日，即合并所需新增发发行的股份在中国证券登记结算有限责任公司深圳分公司办理完毕登记手续日，作为购买日。符合上述条件（1）、（2）、（3）、（4）、（5），作为购买日比较合理。同时，鉴于购买日2011年12月13日为非会计结账日，可以将月末即2011年12月31日作为合并日，在2011年12月31日编制合并北京颖泰的合并资产负债表。

3. 如果你是并购后子公司颖新泰康的财务负责人，对于本次交易颖新泰康应如何进行会计处理？

➢ 参考答案：

对于颖新泰康而言，本次交易是对母公司华邦制药发行权益，取得颖泰嘉和的所有资产与负债，颖泰嘉和的法人身份注销。其会计处理如下：

借方为颖泰嘉和的所有资产的公允价值入账，贷方为颖泰嘉和的所有负债的公允价值，加上发行的权益的公允价值（包括股本与资本公积）。

4. 如果你是华邦制药的财务总监，对于本次交易华邦制药应如何进行会计处理？

➢ 参考答案：

对于华邦制药公司的个别报表而言，其交易可分为以下部分：（1）对李生学等 18 人发行权益性证券，换取颖泰嘉和的 77.26% 的股权；（2）再将颖泰嘉和的 100% 的股权注销，所有资产与负债全部注入子公司颖新泰康。其会计处理如下：

（1）对李生学等 18 人发行权益性证券，换取颖泰嘉和的 77.26% 的股权。

借方为"长期股权投资——颖泰嘉和"，贷方为"股本"与"资本公积"，金额为发行权益的公允价值。

（2）将颖泰嘉和的 100% 的股权注销，所有资产与负债全部注入子公司颖新泰康。

借方为"长期股权投资——颖新泰康"，贷方为"长期股权投资——颖泰嘉和"，金额为发行权益的公允价值+第一次持有颖泰嘉和 22.74% 的账面价值。同时把第一次持有颖泰嘉和 22.74% 的账面价值与公允价值之间的差额确认为当期损益（投资收益）。

对于华邦制药合并报表而言，应将颖新泰康及其子公司均纳入合并报表的范围，并抵销他们之间的交易的影响。此时合并商誉 = 第一次持有 20.74% 的公允价值+第二次发行权益的公允价值-颖泰嘉和可辨认净资产的公允价值。

5. 如果你是审计项目负责人，对于本次合并华邦制药的合并成本以及商誉的计量，请评述项目组成员观点的正确与错误之处，说明不同观点对企业的财务影响，指出不同观点的优劣之处。注意说明你的倾向性意见。

➢ 参考答案：

由于合并商誉等于购买方合并成本减去合并中取得的被购买方可辨认净资产公允价值份额的差额，而本案例中，合并中取得的被购买方可辨认净资产公允价值份额十分明确，没有争议。因此合并成本的不同选择，也就造成了合并商誉的不同选择，因此两者从本质上是同一问题。

不同商誉计量方法的观点的评价见表 9-4。

表 9-4　　不同商誉计量方法的观点的评价

	优点	缺点
小崔：董事会公告日股价方法	更符合商誉的本质。由于我国确认的商誉实际上都是外购商誉，体现为被并购方的超额收益能力。在并购的情形下，商誉可以用购买方愿意为被购买方的超额收益能力多支付的金额进行度量。因此，商誉应该体现为购买方和被购买方签订协议时，购买方愿意付出的超出被购买方可辨认净资产的公允价值所应享受的份额后的金额	用交易对价作为合并成本时，在确认交易对价时合并双方没有进行实质性的交易，只是一个交易协议，交易的真正达成要等到购买日。因此，商誉的确认中，一方面合并成本使用董事会决议公告日前后的股价均价，另一方面被合并方可辨认净资产的公允价值却使用购买日的公允价值，因此两者不相一致，也不相匹配
小沈：估值模型方法	符合中国证监会2011年报公告及中国证监会会计部《上市公司执行企业会计准则监管问题解答》（2011年第2期）的解释：如果在董事会发布企业合并事项的决议公告日到购买日之间时间间隔较长，且在此期间公司股票价格出现较大幅度波动，作为合并对价发行的股票同时附有一定限售期和限售条件的，可以采用适当的估值技术确定公司发行股票的价值，并据此计算企业合并成本	①估值模型 FV＝C+(P－C)×(D1－Dr)÷D1 从本质上讲是一个线性平滑模型，其优势是简单、方便，但也存在一些明显的缺陷。比如：不同时间或者以不同的买价购入的同一限售股权，即使剩余到期日相同，按照这一模型也会得出不同的计算结果 ②公允价值的采用顺序依次为：市价、同类产品的市价和估值模型，因此估值模型的采用顺序应该排在最末端，在没有市价可供选择的情况下采用 ③证监会计字〔2007〕21号文出台的背景是新会计准则刚刚出台，在对公允价值运用尚未熟知的情况下，对具有锁定期股票的公允价值计量所采用的一种便利方法
小薛：购买日股价方法	符合《企业会计准则第20号——企业合并》中规定：上市公司以发行股票作为合并对价的，一般情况下，企业合并成本应以上市公司股票在购买日的公开市场价格为基础计算确定	①以发行权益支付合并对价时，在双方合并协议签订后，由于市场波动产生的发行权益的价值的波动，从理论上讲不应计入商誉中 ②发行的股票如具有限售和锁定期限限制的，其在股买日的公允价值较难计量

由上表可见，各种方法各有优劣，总体上来看采用购买日股价方法比较符合目前的国情。

六、课程中可讨论的其他问题

6. （可选）如果在 2011 年 12 月股票交割日，华邦制药的股价下跌到 20 元/股，作为华邦制药的财务总监，你如何把本次交易在子公司颖新泰康以及母公司华邦制药的财务报表上反映？

➢ 参考答案：

对于华邦制药而言，合并商誉=第一次持有 20.74% 的公允价值+第二次发行权益的公允价值-颖泰嘉和可辨认净资产的公允价值。

如果在 2011 年 12 月股票交割日，华邦制药的股价下跌到 20 元/股，第二次发行权益的公允价值+第一次持有 20.74% 的公允价值将低于颖泰嘉和可辨认净资产的公允价值。

对于颖新泰康而言，本次交易是对母公司华邦制药发行权益，取得颖泰嘉和的所有资产与负债，颖泰嘉和的法人身份注销。其会计处理如下：

借方为颖泰嘉和的所有资产的公允价值入账，贷方为颖泰嘉和的所有负债的公允价值，加上发行的权益的公允价值（包括股本与资本公积）。

对于华邦制药公司的个别报表而言，其交易可分为以下部分：（1）对李生学等 18 人发行权益性证券，换取颖泰嘉和的 77.26% 的股权；（2）再将颖泰嘉和的 100% 的股权注销，所有资产与负债全部注入子公司颖新泰康。其会计处理如下：

（1）对李生学等 18 人发行权益性证券，换取颖泰嘉和的 77.26% 的股权。

借方为“长期股权投资——颖泰嘉和”，贷方为“股本”与“资本公积”，金额为发行权益的公允价值。

（2）将颖泰嘉和的 100% 的股权注销，所有资产与负债全部注入子公司颖新泰康。

借方为“长期股权投资——颖新泰康”，贷方为“长期股权投资——颖泰嘉和”，金额为发行权益的公允价值+第一次持有颖泰嘉和 22.74% 的账面价值。同时把第一次持有颖泰嘉和 22.74% 的账面价值与公允价值之间的差额确认为当期损益（投资收益）。

对于华邦制药合并报表而言，应将颖新泰康及其子公司均纳入合并报表的范围，并抵销他们之间的交易的影响。此时合并商誉=第一次持有 20.74% 的公允价值+第二次发行权益的公允价值-颖泰嘉和可辨认净资产的公允价值。此时合并商誉为负，反映在当期营业外收入中。

案例 10

中国平安收购深发展：非同一控制还是同一控制企业合并

一、案例概览

2012 年 6 月 14 日，深圳发展银行股份有限公司（以下简称深发展）向深圳证券交易所提交公告，深发展已经完成吸收合并平安银行股份有限公司（以下简称平安银行）的所有法律手续，深发展和平安银行已经正式合并为一家银行。2012 年 8 月 2 日证券简称“深发展”变更为“平安银行”，证券代码 000001 不变。2012 年 8 月 24 日，变更后的平安银行发布了《关于两行吸收合并实施完成的公告》。至此，国内金融史上最大的金融并购案完美收官。此次金融并购主要经历了中国平安保险（集团）股份有限公司（以下简称中国平安）收购深发展和深发展吸收合并平安银行两大阶段。本案例主要讨论中国平安收购深发展这一阶段的相关企业合并会计处理问题。

中国平安收购深发展经历了两个阶段。其一，2009 年 6 月至 2010 年 6 月，中国平安通过与深发展第一大股东 NEWBRIDGE 的股份认购，以及通过子公司平安寿险与深发展的股份认购等交易，增持深发展股份至 29.99%；其二，2010 年 7 月至 2011 年 7 月中国平安以其持有的平安银行 90.75% 的股份以及部分现金认购深发展发行的 1 638 336 654 股股份，认购完成后，中国平安持有深发展 52.38% 的股份，深发展成为中国平安的控股子公司。该案例涉及的与企业合并会计处理相关的问题主要有两个：其一，合并形式的确定；其二，合并成本及合并商誉的确定。某会计师事务所在组织企业合并及合并财务报表专题学习时，讨论了该案例的相关问题，并形成不同观点。

二、教学目标

通过本案例的讨论与分析，拟实现以下教学目标：

1. 理解并掌握同一控制下企业合并、非同一控制企业合并的差异；
2. 掌握是否一揽子交易的判断标准及其对企业的财务影响；

3. 掌握非同一控制下分步购买的合并成本的计算；

4. 掌握非同一控制下分步购买的商誉的计算。

三、教学建议

案例10的教学建议见表10-1。

表10-1　　案例10的教学建议

内容	主角	组织与要求	时间
阅读案例资料	学生	熟悉案例资料，补充并收集相关资料	课前
案例讨论	学生	每个案例小组围绕着思考分析题，分析讨论案例会计类型认定及其影响	课前
演讲	学生	每个案例小组推荐1名学生对该小组讨论的情况及其达成的共识、产生的分歧进行演讲	40~50分钟
点评	老师	点评案例小组讨论情况并引导其对问题的正确理解和深入分析	30~40分钟

本案例以企业合并与合并报表会计理论及其实务为基础，参考以下文献：

1. 中华人民共和国财政部. 企业会计准则第2号——长期股权投资. 2014.

2. 中华人民共和国财政部. 企业会计准则第20号——企业合并. 2006.

3. 中华人民共和国财政部. 企业会计准则第22号——金融工具确认和计量. 2006.

4. 中华人民共和国财政部. 企业会计准则第33号——合并财务报表. 2014.

5. 中华人民共和国财政部. 企业会计准则——应用指南［M］. 北京：中国财政经济出版社，2006.

6. 财政部会计司编写组. 企业会计准则讲解2010［M］. 北京：人民出版社，2010.

7. 中华人民共和国财政部. 财政部关于做好执行会计准则企业2008年年报工作的通知. 财会函〔2008〕60号.

8. 中华人民共和国财政部. 企业会计准则解释第5号. 财会〔2012〕19号.

9. 中国证监会会计部. 上市公司执行企业会计准则案例解析［M］. 北京：中国财政经济出版社，2012.

10. 国际会计准则理事会（IASB）. 国际财务报告准则第3号——企业合并. 2011.

四、建议使用的教学资源

1. 中国平安保险（集团）股份有限公司对外投资公告，2009 年 6 月 12 日.

2. 中国平安保险（集团）股份有限公司关于受让 NEWBRIDGE 所持深发展股份过户完成的公告，2010 年 5 月 7 日.

3. 中国平安保险（集团）股份有限公司关于深发展向平安人寿非公开发行完成的公告，2010 年 7 月 3 日.

4. 中国平安保险（集团）股份有限公司重大资产购买暨关联交易预案，2010 年 9 月 2 日.

5. 中国平安保险（集团）股份有限公司重大资产购买暨关联交易报告书（草案），2010 年 9 月 15 日.

6. 中国平安保险（集团）股份有限公司重大资产购买暨关联交易报告书（修订版），2011 年 6 月 30 日.

7. 中国平安保险（集团）股份有限公司 2011 年半年度报告，2011 年 8 月 18 日.

8. 中国平安保险（集团）股份有限公司关于重大资产重组实施完成的公告，2011 年 7 月 29 日.

9. 中国平安保险（集团）股份有限公司 2011 年年度报告，2012 年 3 月 16 日.

10. 深圳发展银行股份有限公司 2010 年年度报告，2011 年 2 月 25 日.

11. 深圳发展银行股份有限公司 2011 年半年度报告，2011 年 8 月 18 日.

12. 深圳发展银行股份有限公司 2011 年年度报告，2012 年3 月 9 日.

五、案例分析参考

1. 小李认为本次交易应该确定为多次交易分步实现的同一控制下企业合并，你是否认可他的观点，并说明理由。

➢ 参考答案：

小李的观点是片面的。小李判断该交易为多次交易分步实现的企业合并是正确的，但是该交易并不是同一控制下企业合并。该案例发生在 2009—2011 年期间，在案例进行会计处理时应遵循《企业会计准则第 20 号——企业合并》和《企业会计准则讲解 2010》。我国企业会计准则将企业合并划分为同一控制下企业合并和非同一控制下企业合并。同一控制下企业合并是指参与合并的企业在合并前后均受同一方或相同的多方最终控制且该控制并非是暂时性的。除同一控制下企业合并外，其余的合并都为非同一控制下企业合并。根据 2014 年修订的《企业会计准则第 33 号——合并财务报表》，所谓控制，是指投资方拥有对被投资方的权力，通过参与被投资方的相关活动而享有可变回报，并且有能力运用对被投资方的权力影响其回报金额。通常，当投资企业直接拥有被投资单位50%以上的表决权资本，或虽然直接拥有被投资单位50%或以下的表决权资本，但具有实质控制权时，也说明投资企业能够控制被投资单位。2010年6月28日起中国平安已经持有深发展29.99%的股份，中国平安已经替代NEWBRIDGE成为深发展的第一大股东，但是从中国平安和深发展披露的信息中无法找到此阶段中国平安能够控制深发展财务和经营政策的证据。一般来说，企业的持股情况与表决权会一致。因此，深发展2010年年报第38页披露“本行无控股股东，亦无实际控制人”，只是将中国平安作为持股5%以上股东进行披露，没有证据表明在2011年6月收购之前，深发展受中国平安控制。在2011年收购交易后，中国平安持股深发展的52.38%，其对深发展的财务和经营政策的表决权才居于主导地位。因此深发展（被合并方）在合并前后并不是受同一方或相同多方共同控制，所以该交易不属于同一控制下企业合并。

2. 小张认为本次交易为多次交易分步实现的非同一控制企业合并，你是否认同其观点，并说明理由。

➢ 参考答案：

根据中国平安2011年的半年报和2011年年度财务报告披露，中国平安将其收购深发展的并购形式确定为“多次交易分步实现的非同一控制企业合并”，我认为中国平安对合并形式的判断是正确的。我赞同注册会计师小张的观点，具体如下：

（1）中国平安收购深发展是多次交易分步实现企业合并的形式。本案例中，中国平安在2009年6月12日之前持有深发展4.68%的股份，2010年6月28日起持有深发展29.99%的股份，2011年6月28日起持有深发展52.38%的股份，符合《企业会计准则讲解2010》中对多次交易分步实现企业合并的界定。

（2）中国平安收购深发展是非同一控制企业合并的形式。2010年6月28日起中国平安已经持有深发展29.99%的股份，中国平安已经替代NEWBRIDGE成为深发展的第一大股东，但是从中国平安和深发展披露的信息中无法找到此阶段中国平安能够控制深发展财务和经营政策的证据。深发展2010年年报第38页披露“本行无控股股东，亦无实际控制人”，只是将中国平安作为持股5%以上股东进行披露，这表明在2011年6月收购之前，深发展根本不受中国平安控制，而2011年收购后，深发展才成为中国平安控股子公司，即深发展（被合并方）在合并前后并不是受同一方或相同多方共同控制，因此该交易应为非同一控制下企业合并。

3. 小王认为本次交易为非同一控制下企业合并的一揽子交易，你是否认同其观点，并说明理由。

➢ 参考答案：

实际上小张与小王的观点并不矛盾，分步实现的非同一控制下合并可以是一揽子交易，也可以是非一揽子交易。

注册会计师小王的观点并不准确。根据《企业会计准则解释公告第 5 号》（2012）以及《企业会计准则第 33 号——合并财务报表》（2014）第五十一条，处置对子公司股权投资的各项交易的条款、条件以及经济影响符合下列一种或多种情况，通常表明应将多次交易事项作为一揽子交易进行会计处理：（1）这些交易是同时或者在考虑了彼此影响的情况下订立的。（2）这些交易整体才能达成一项完整的商业结果。（3）一项交易的发生取决于其他至少一项交易的发生。（4）一项交易单独考虑时是不经济的，但是和其他交易一并考虑时是经济的。

中华人民共和国财政部会计司《企业会计准则解释公告第 5 号》颁布于 2012 年 11 月 5 日，回答第五个问题“企业通过多次交易分步处置对子公司股权投资直至丧失控制权，应当如何进行会计处理?”时提到了“一揽子交易”的概念，但是在此公告中，“一揽子交易”的概念主要用于判断处置对子公司股权投资的各项交易是否属于“一揽子交易”，目前企业会计准则尚未提到用于判断企业合并的各项交易是否属于“一揽子交易”的标准。《企业会计准则解释公告第 5 号》于 2013 年 1 月 1 日起实施，本案例的发生期间在 2011 年，原则上并不受《企业会计准则解释公告第 5 号》的影响。

一揽子交易最本质的特征：就是多次交易事项是作为一个整体一起筹划和确定的，旨在实现同一交易目的、互为前提和条件。

一揽子交易的处理原则：符合以上一种或多种情况通常表明应将多次交易事项作为一项交易进行会计处理。

中国平安收购第一阶段发生在 2009 年 6 月至 2010 年 6 月，通过与深发展第一大股东 NEWBRIDGE 的股份认购，以及通过子公司平安寿险与深发展的股份认购等交易，增持深发展股份至 29.99%；第二阶段以其所持平安银行的 7 825 181 106 股股份（约占平安银行总股本的 90.75%）以及等额于平安银行约 9.25% 股份评估值的现金 269 005.23 万元，认购本公司非公开发行的 1 638 336 654 股股份。

第二次交易条款的订立与之前收购协议价款并非统一筹划，分为两次独立交易，分别通过董事会与股东大会以及主管部门、证监会审批，第二次交易如不成功，并不能否认第一次交易的结果，并不满足一揽子交易判断条件，因而认定为非一揽子交易的分步实现的非同一控制下企业合并更为恰当。

4. 请说明小李、小张与小王的核算方法的差异及其对中国平安个别与合并财务报表的影响。

➢ 参考答案：

注册会计师小李、小张与小王核算方法的差异及其对中国平安个别报表与合并财务报表的影响主要体现在：

第一，如果按照注册会计师小李的观点将该交易判断为多次交易分步实现的同一控制下企业合并进行会计处理，则中国平安个别报表 2010 年 5 月 6 日对深发展的长期股权投资按照支付对价的公允价值确定，且采用权益法核算。根据《企业会计准则第 20 号——企业合并》，同一控制企业合并下长期股权投资按照取得被合并方净资产账面价值确定。2011 年 7 月 18 日，实现企业合并时，中国平安个别报表应确认的对深发展的长期股权投资总额为购并日深发展可辨认净资产账面价值的 52.38%，追加确认的长期股权投资数额为该总额扣减之前长期股权投资账面价值后的数额。合并后，中国平安对深发展的长期股权投资应该采用成本法。如果按照多次交易分步实现的同一控制下企业合并进行会计处理，中国平安合并财务报表不确认合并商誉，且深发展 2011 年 7 月 18 日之前的留存收益和当期利润应并入中国平安合并财务报表。

第二，如果按照注册会计师小张的观点将该交易判断为多次交易分步实现的非同一控制下企业合并进行会计处理，则中国平安个别报表和合并报表都需遵循财政部 2010 年 7 月 14 日发布的《企业会计准则解释公告第 4 号》的相关规定。《企业会计准则解释公告第 4 号》指出，企业通过多次交易分步实现非同一控制下企业合并的，应当区分个别财务报表和合并财务报表进行相关会计处理。在个别财务报表中，应当以购买日之前所持被购买方的股权投资的账面价值与购买日新增投资成本之和，作为该项投资的初始投资成本，购买日之前持有的被购买方的股权涉及其他综合收益的，应当在处置该项投资时将与其相关的其他综合收益转入当期投资收益。其具体处理原则为：（1）购买方于购买日之前持有的被购买方的股权投资，保持其账面价值不变。其中：达到企业合并前对持有的长期股权投资采用成本法核算的——长期股权投资的成本为原成本法下的账面价值加上购买日为取得进一步的股份新支付的对价的公允价值之和；达到企业合并前对持有的长期股权投资采用权益法核算的——长期股权投资的成本为原权益法下的账面价值加上购买日为取得进一步的股份新支付的对价的公允价值之和；合并前以公允价值计量的，长期股权投资的成本为原公允价值计量的账面价值加上购买日为取得进一步的股份新支付的对价的公允价值之和。（2）追加的投资，按照购买日支付对价的公允价值计量，并确认长期股权投资。（3）购买方对于购买日之前持有的被购买方的股权涉及其他综合收益的不予处理。待处置该项股权投资时，再按出售股权相对应的其他综合收益部分转入出售当期的投资收益。由此可知，如果按照小张观点处理，则中国平安个别报表 2010 年 5 月 6 日对深发展的长期股权投资按照支付对价公允价值确定，且采用权益法核算，2011 年 7 月 18 日实现合并时，这部分长期股权投资保持其账面价值不变。2011 年 7 月 18 日追加的长期股权投资按照支付对价的公允价值确认，根据中国平安 2011 年度报告提供的数据可知，追加投资在 2011 年 7 月 18 日的公允价值为人民币 29 080 百万元，2011 年 7 月 18 日确定中国平安个别报表确定追加长期股权投资的数额为人民币 29 080 百万元。《企业会计准则解释公告第 4 号》指出，多次交易分步实现非同一控制下企业合并在合并财务报表中，对于购买日之前持有的被购买方的股权，应当按照该股权在购买日的公允价值进行重新计量，公允价值与其账面价值的差额计入当期投资收益。根据中国平安 2011 年年报披露的数据和注册会计师们案例讨论时提供的数据可知，中国平安在 2011 年 7 月 18 日之前持有的深发展 29.99% 的股份于购买日（2011 年 7 月 18 日）的公允价值为人民币 26 126 百万元，与原账面价值的差异人民币 1 952 百万元在合并报表中确认为投资损失，追加投资在 2011 年 7 月 18 日的公允价值为人民币 29 080 百万元，因此，合并成本为人民币 55 206 百万元。2011 年 7 月 18 日中国平安取得深发展可辨认净资产公允价值份额为人民币 26 160 百万元，合并商誉确认为人民币 29 046 百万元。

第三，如果按照注册会计师小王的观点将该交易判断为非同一控制下企业合并的一揽子交易进行会计处理，则根据《企业会计准则解释公告第 5 号》可以合理推断，中国平安应该将 2010 年 5 月 6 日和 2011 年 7 月 18 日两次对深发展的长期股权投资采用相同原则进行处理，即中国平安个别报表对两次长期股权投资都按照成本法进行核算，两次均按照支付对价的公允价值确认长期股权投资成本，且深发展 2010 年度实现的净利润不影响长期股权投资的账面价值。在中国平安合并报表中仍需确认合并商誉。

第四，对于中国平安个别报表而言，以子公司平安银行的股权换取深发展的股权，属于以股换股的非货币性交换，可参考《企业会计准则第 7 号——非货币性资产交换》。其会计核算的关键判断在于该股权置换是否具有商业实质。如果具有商业实质，应该把换入换出的股权按照公允价值计量，并确认相关的损益；如不具有商业实质，应该把换出的股权的账面价值作为换入资产的账面价值，不确认相关的损益。

会计准则规定非货币性资产交换满足两个条件之一的才具有商业性质：（1）换入、换出资产的未来现金流在风险、时间和金额方面有显著不同。这种情形主要包括以下几个方面：①未来现金流的风险、金额相同，时间不同；②未来现金流的时间、金额相同，风险不同；③未来现金流的风险、时间相同，金额不同。（2）换入、换出资产预计未来的现金流现值不同，且其差额与换入、换出资产的公允价值相比是重大的。

本例中赞成具有商业实质的理由在于：深发展与平安银行两家公司的平台不一样、经营优势不同，具有不同的风险与未来现金流。

本例中反对具有商业实质的理由在于：中国平安属于平安银行的控股股东，又是深发展的大股东，本次交易属于大股东资产注入，平安银行实际上仅是子公司变为孙公司的组织结构调整，对于中国平安而言，仅是内部资源的调整，基本上没有新的资源注入与流出，因此不具有商业实质。

值得注意的是，本次交易的实质是中国平安通过注入平安银行的资产完成了对深发展的控制，不仅收购了剩余的 9.25% 平安银行股权，而且获取了深发展的控制权，因此整体来看，本交易不是同一控制下合并，是具有商业实质的、非一揽子交易的、分步骤的非同一控制下合并。因此在个别报表中，中国平安应该把置入资产与换出资产均按照公允价值计量，并确认相关损益。

5. 你认为中国平安合并财务报表中合并成本和商誉的确定是否符合我国相关会计准则规定？为什么？

➢ 参考答案：

根据中国平安 2011 年合并财务报表披露，中国平安在 2011 年 7 月 18 日之前持有的深发展 29.99% 的股份于购买日（2011 年 7 月 18 日）的公允价值为人民币 26 126 百万元，与原账面价值的差异人民币 1 952 百万元确认为当期损失，该公允价值是根据独立评估师报告确定的。深发展在购买日可辨认资产公允价值为人民币 867 744 百万元，账面价值为人民币 852 057 百万元，可辨认负债公允价值为人民币 817 801 百万元，账面价值为人民币 813 905 百万元，可辨认净资产公允价值为人民币 49 943 百万元，账面价值为人民币 38 152 百万元。中国平安在购买日取得深发展可辨认净资产公允价值份额为人民币 26 160 百万元。中国平安对深发展合并成本确定为人民币 34 784 百万元，合并商誉为人民币 8 624 百万元，过程见表 10-2。

表 10-2 **中国平安收购深发展合并成本及合并商誉确认过程** 单位：百万元

序号	项目	金额（人民币）
1	原持有的深发展股权于购买日的公允价值	26 126
2	以平安银行股权对深发展增资：	
	——原持有 90.75% 平安银行股权的账面价值	15 492
	——减：增资后实际间接持有 47.53% 平安银行股权的账面价值	8 115
3	对深发展的现金增资	
	——现金增资总额	2 690
	——减：增资后实际持有 52.38% 的现金增资部分	1 409
4	合并成本	34 784
5	中国平安取得的深发展可辨认净资产公允价值份额	26 160
6	合并商誉	8 624

中国平安 2011 年度合并财务报表中合并成本和商誉的确定不符合我国相关会计准则规定，原因如下：

（1）财政部 2010 年 7 月 14 日发布的《企业会计准则解释公告第 4 号》对多次交易分步实现非同一控制下企业合并的会计处理进行了详细说明。根据该解释公告，企业通过多次交易分步实现非同一控制下企业合并的，应当区分个别财务报表和合并财务报表进行相关会计处理。在合并财务报表中，对于购买日之前持有的被购买方的股权，应当按照该股权在购买日的公允价值进行重新计量，公允价值与其账面价值的差额计入当期投资收益，购买日之前持有的被购买方的股权涉及其他综合收益的，与其相关的其他综合收益应当转为购买日所属当期投资收益，购买方应当在附注中披露其在购买日之前持有的被购买方的股权在购买日的公允价值、按照公允价值重新计量产生的相关利得或损失的金额。

中国平安确定的购买日为 2011 年 7 月 18 日，因此中国平安对深发展的并购应该遵循《企业会计准则解释公告第 4 号》中的相关规定进行处理。

（2）根据《企业会计准则解释公告第 4 号》，中国平安合并财务报表中的合并成本应该为：

合并成本 = 购买日之前持有的被购买方股权的公允价值 + 购买日平安银行 90.75% 股权的公允价值 + 购买日新购入股权支付对价中货币资金公允价值

从表 10-2 可以看出，中国平安在合并成本中，购买日之前持有的被购买方股权和购买日新购入股权支付对价中货币资金都使用了购买的公允价值，但是购买日原持有平安银行 90.75% 股权没有使用公允价值，而是使用账面价值人民币 15 492 百万元作为合并成本的组成部分，这种处理方式不符合《企业会计准则解释公告第 4 号》的相关规定。

（3）从表 10-2 可以看出，中国平安确认的合并成本中扣除了中国平安增资后实际间接持有 47.53% 平安银行股权的账面价值和增资后实际持有深发展 52.38% 股权的现金增资，这种扣除无法从相关的准则中找到合理的解释，因此不符合我国目前相关会计准则规定。根据企业合并财务报表的编制原理来看，中国平安通过深发展间接持有的 47.53% 平安银行股权和直接持有 52.38% 股权的现金增资部分，应该作为合并财务报表中国平安的长期股权投资和深发展的所有者权益的抵消项目，而不应作为确认合并成本的抵减项目。

（4）根据《企业会计准则讲解 2010》，非同一控制控股合并可能会产生合并商誉，如果合并方合并成本超过了其所取得的被合并方可辨认净资产公允价值份额时，超过部分在合并报表中确认为合并商誉，其计算公式为：

商誉 = 合并成本 - 取得的被合并方可辨认净资产公允价值份额

由此可知，中国平安合并财务报表中商誉的正确确定取决于其合并成本和其取得深发展可辨认净资产公允价值份额两项内容的正确确定。从上述分析可知，中国平安合并成本的确定不符合我国目前会计准则的相关规定，因此可以合理推定中国平安合并商誉的确认也不符合我国目前会计准则的相关规定。

6. 请对小赵、小钱、小孙与小张围绕中国平安合并财务报表合并成本和商誉所发表的意见进行评价与分析。

➢ 参考答案：

（1）注册会计师小赵的观点是正确的，根据《企业会计准则解释公告第 4 号》

中多次交易分步实现非同一控制企业合并合并成本确认原则来看，中国平安不能使用 90.75% 平安银行股权的账面价值人民币 15 492 百万元作为合并成本的组成部分，因此在确定合并成本之前，中国平安应该先确定购买日平安银行 90.75% 股权的公允价值，并在此基础上确定合并成本和合并商誉。

（2）注册会计师小钱的观点不正确。虽然本次合并后，深发展成为中国平安的控股子公司，中国平安作为合并对价转让给深发展的平安银行 90.75% 股权在合并后仍然留存在合并主体中，仍然受中国平安控制，但是此项合并是非同一控制下控股合并，计价基础应该为公允价值，因此中国平安将平安银行股权的账面价值作为合并成本的组成部分是不符合目前会计准则规定的。

（3）注册会计师小孙的观点是正确的。如上述第 3 题分析，中国平安通过深发展间接持有的 47.53% 平安银行股权和直接持有 52.38% 股权的现金增资部分，应该作为合并财务报表中国平安的长期股权投资和深发展的所有者权益的抵消项目，因此购买日所确定的合并成本中不应扣除合并后母公司所享有的子公司的所有者权益部分内容。

（4）注册会计师小张的观点是正确的。注册会计师小张通过对中国平安并购深发展相关公告分析，匡算了购买日中国平安持有平安银行 90.75% 股权的公允价值，并在此基础上匡算了中国平安的合并成本和合并商誉，为信息使用者提供了有益参考。

案例 11

世纪科技收购珠江红力：分步合并如何核算

一、案例概览

世纪电子科技股份有限公司（以下简称世纪科技）原持有珠江红力化油器有限公司（以下简称珠江红力）32%的股权。2013 年，世纪科技拟以人民币 5 195.64 万元的协议价格从股东日本株式会社东川精机制作所（以下简称日本东川）手中收购珠江红力 20%的股权。2013 年 6 月 19 日珠江红力办妥股东及股权变更相关的工商登记，2013 年 8 月 24 日世纪科技以现金一次支付交易全部价款并代扣相关的股权税费，2013 年 8 月 31 日日本东川发出书面收款通知。此次收购珠江红力的 20%股权使世纪科技完成了对珠江红力的合并，成为其控股股东①。

在对世纪科技 2013 年年报进行预审时，黎明会计师事务所有关的审计业务部门经理王芳、项目负责人李四海、注册会计师苗青对世纪科技发生于该年度的企业合并交易进行了讨论，在以下会计问题上存在意见分歧：合并日的确定、合并日对原持有被合并方股权的重新计量、合并商誉的计量以及相关的所得税会计处理等。经过讨论，对有的问题达成了一致意见，但对有的问题谁也未能说服对方，王芳让该部门负责与事务所技术标准部联系的注册会计师苗青，将有关问题的讨论进行梳理汇总，上报事务所技术标准部，请示如何处理。

二、教学目标

通过本案例的讨论与分析，拟实现以下教学目标：

1. 掌握分步合并中合并日如何确定；
2. 掌握分步合并中对原持有被合并方股权如何重新计量；
3. 掌握分步合并中合并商誉的计量；

---

① 出于客户保密的需要，本案例的公司名称与相关资料进行了化名处理。

4. 掌握分步合并中相关的所得税的会计处理。

三、教学建议

案例 11 的教学建议见表 11-1。

表 11-1 案例 11 的教学建议

内容	主角	组织与要求	时间
阅读案例资料	学生	熟悉案例资料，补充并收集相关资料	课前
案例讨论	学生	每个案例小组围绕着思考分析题，分析讨论案例会计核算	课前
演讲	学生	每个案例小组推荐 1 名学生对该小组讨论的情况及其达成的共识、产生的分歧进行演讲	20~30 分钟
点评	老师	点评案例小组讨论情况并引导其对问题的正确理解和深入分析	15~25 分钟

本案例以企业合并与合并报表会计理论及其实务为基础，参考以下文献：

1. 中华人民共和国财政部. 企业会计准则第 20 号——企业合并. 2006.

2. 中华人民共和国财政部. 企业会计准则——应用指南［M］. 北京：中国财政经济出版社，2006.

3. 财政部会计司编写组. 企业会计准则讲解 2010［M］. 北京：人民出版社，2010.

4. 中华人民共和国财政部. 企业会计准则解释第 4 号. 财会〔2010〕15 号.

5. 中华人民共和国财政部. 企业会计准则第 2 号——长期股权投资. 2014.

6. 中华人民共和国财政部. 企业会计准则第 33 号——合并财务报表. 2014.

7. 中华人民共和国财政部、国家税务总局. 关于企业重组业务企业所得税处理若干问题的通知. 财税〔2009〕59 号.

四、案例分析参考

1. 如果你是该事务所技术标准部经理，请对本次交易有关合并日确定的不同观点进行评价，发表你的倾向性意见并说明理由。

有关合并日确定的不同观点及其主要理由和依据见表 11-2。

表 11-2　　有关合并日确定的不同观点及其主要理由和依据

人员	李四海	王芳	苗青
观点	应以办妥工商变更登记的时间即 2013 年 6 月 19 日作为合并日	应在支付股权受让款项且收到日本东川书面通知书时即以 2013 年 8 月 31 日作为合并日	应以办妥工商变更登记的时间即 2013 年 6 月 19 日作为合并日
主要理由及依据	根据股权转让合同中第 6 条规定，股权转让完成后才能办理工商登记的变更手续	未支付股权受让款项，未能同时满足《企业会计准则第 20 号——企业合并》中确定合并日的 5 个条件，也未满足股权转让合同约定的有关条款	办妥工商变更登记，就意味着日本东川已经退出该企业，世纪科技已经取得了实际控制权。从交易的动机看，双方也均无可能反悔

➢ 评价与分析：

（1）从企业会计准则有关合并日确定的条件分析

此次世纪科技追加投资取得珠江红力 20% 股权实现合并的进程表明，至 2013 年 8 月 31 日，世纪科技已完成了此次合并的所有手续和事项，将该日确定为合并日，是比较谨慎的，同时满足了《企业会计准则第 20 号——企业合并》中合并日确定的条件，即企业合并合同或协议已获股东大会等内部权力机构通过；合并事项已经过国家有关主管部门审批；参与合并各方已办理了必要的财产权交接手续；购买方已支付了大部分（通常应超出 50%）的价款，而且有能力、有计划可以付剩下的价款；购买方实际上已经控制了被购买方的财务和经营政策，享有相应的收益并承担相应的风险。

（2）从合并日确定的条件之间的关系分析

在《〈企业会计准则第 20 号——企业合并〉应用指南》规定关于确定合并日或购买日的 5 个条件中，最重要的是第五条“合并方或购买方实际上已经控制了被合并方或被购买方的财务和经营政策，并享有相应的利益、承担相应的风险”，其余 4 个条件是控制权转移的程序、前提和保障。不能绝对以股权转让款项支付未过半数而判断未完成股权转让，也不能简单认为办妥工商变更登记就表明已完成股权转让。

支付合并价款过半且有能力、有计划支付剩余对价，是作为合并方（购买方）要取得与被合并方（被购买方）净资产相关的风险和报酬的一项前提条件。“该条件的本意是确保合并方（购买方）在被合并方（被购买方）中已经拥有足够大的经济利益，从而使得该项交易发生转回或撤销的可能性很小。”① 因未支付对价或支付对价未超过 50% 而不能确认合并完成，固然符合会计信息质量谨慎性的要求，

① 中瑞岳华会计师事务所技术部．计学撮要 2011［M］．上海：立信会计出版社，2011：293.

但有时也需要根据实际情况具体分析。在对价支付无障碍且该项交易撤销的可能性几乎不存在的前提下，股权转让的价款支付在5个条件中可以视为较为次要的因素。我国财政部2014年修订的《企业会计准则第33号——合并财务报表》对“控制”作出以下定义：投资方拥有对被投资方的权力，通过参与被投资方的相关活动而享有可变回报，并且有能力运用对被投资方的权力影响其回报金额。有时，虽然已经支付的股权交易款项未过半数，但转让股权的原股东不再参与董事会中的所有事宜，不再享有被投资方收益和承担风险，受让方股东已实际拥有过半数的表决权股份等权力，有能力主导被投资方的相关活动，因参与被投资方而承担或享有变动回报的风险或收益，并且有能力通过其对被投资方的权力影响这些回报，则可以认定投资方控制了被投资方。

工商变更登记手续，通常是在股权交易完成之后办妥，一般需要有关各方股东的确认。但实务中有时，例如本案例，仅根据公司董事会决议、股权转让合同、股权变动后有关各方重新签订的合资合同就办妥了股权变更登记，实质上只是有关当局对股权转让事项的批准，很可能未满足会计上确认合并日的条件或者未具备会计上确认控制的要素。因此，在本案例中，世纪科技不能将工商变更登记的办妥日，即收到广东省人民政府颁发的变更后的《中华人民共和国外商投资企业批准证书》（注：本次股权转让后股东中仍有外商投资者）及市工商行政管理局颁发的新的《企业法人营业执照》日，替代会计上对股权转让交易完成的确认日。

（3）从本案例的特殊性进行分析

世纪科技受让股权交易确定合并日的困难在于：该项股权转让合同的条款规定与世纪科技受让珠江红力股权的实际程序存在矛盾。按合同规定，日本东川发出收款确认书面通知书在先，办妥工商变更登记手续在后；而实际程序是，办妥工商变更登记手续在先，日本东川发出收款确认书面通知书在后。本案例存在以下疑问：

疑问之一：为什么股权转让合同约定日本东川退出珠江红力董事会是在其书面确认股权交易款到账才生效，才能视为本项股权转让完成，而世纪科技却在根本没有支付交易款项的2013年6月20日公告“本次股权协议受让已完成，本公司持有珠江红力52.00%股权，成为珠江红力的控股股东，原股东日本东川不再持有珠江红力的股份”？

疑问之二：世纪科技办理股权变更登记并发布公告，宣称其已持有珠江红力52%股权，成为珠江红力的控股股东，日本东川是否知晓和确认？世纪科技是否能够从此主导珠江红力的相关活动？

疑问之三：从办理工商变更登记至日本东川发出收款确认书面通知书期间，日本东川是否不再享有珠江红力的收益，并不再承担其风险？

疑问之四：日本东川是否可能在完全未收到股权转让款项的情况下放弃股权转让合同中保护其利益的条款并且放弃对珠江红力的收益权？如果是，系什么原因？

疑问之五：除了股权转让合同之外，世纪科技与日本东川还有无签订补充或修正协议？

上述非正常现象和未知事项，除非通过进一步取证获得新的证据表明股权交易已经完成，否则不能以办妥工商变更登记的时间即 2013 年 6 月 19 日作为合并日。

2. 如果你是该事务所技术标准部经理，请对世纪科技合并日之前持有珠江红力的股权是否应当重新计量和如何重新计量的不同观点，发表你的倾向性意见并说明理由。

对世纪科技合并日之前持有珠江红力的股权是否应当重新计量和如何重新计量的不同观点，以及其主要理由和依据见表 11-3。

表 11-3 对持有珠江红力 32% 股权重新计量的不同观点及其主要理由和依据

人员	李四海	王芳	苗青
观点	参照追加购买 20% 股权所支付的对价进行推算，即原 32% 股权的公允价值为人民币 8 313.02 万元（受让 20% 股权所付对价 5 195.64÷20%×32%）	根据合并日珠江红力可辨认净资产公允价值的份额计量，即原 32% 股权的公允价值为人民币 8 027.39 万元（合并日珠江红力可辨认净资产公允价值 25 085.60×32%）	无需按照合并日的公允价值调整
主要理由及依据	追加购买 20% 股权所支付的对价是在交易双方自愿的基础上确定的，具有公允性	使合并成本更接近所购净资产份额的价值，而追加购买珠江红力 20% 股权的对价很可能含控制权溢价	原持有珠江红力 32% 的股权并没有处置，不应当重新计量，也不能确认处置收益

➢ 评价与分析：

（1）原持有 32% 股权是否应当重新计量

控制权转移是主要的经济事项，控制权转移与否是会计处理尤其是在合并财务报表中计量基础改变与否的分界线。对控制权未发生转移的权益变化，不改变计量基础，作为权益交易处理和列报；引起控制权转移的股权变动，则改变计量基础，作为损益交易处理和列报。

分步实现非同一控制下企业合并，投资方从持有被投资方的非控制性股权到取得控制权的变化过程中，投资的经济性质发生了显著变化，投资方的身份不再是被投资方非控制性股权投资的所有者，而变身为对被投资方相关资产和负债具有控制权的股东。在合并财务报表中应当体现这一重要变动，即视同处置而终止确认该项长期股权投资，并确认相关利得和损失；同时按合并日公允价值对被投资方（已成为子公司）的各项资产和负债进行初始确认及计量。所以，在分步完成的企业合并中，与一次完成的企业合并同样将购买日作为所有购买的资产、承接的债务和被购买方非控制性权益的单一计量日，同时还要按照购买日的公允价值对之前持有的被购买方权益重新计量，若有利得和损失，在当期损益中确认。

（2）原持有32%股权如何进行重新计量

对于分步合并中原持有的非控制性股权重新计量的问题，目前现行企业会计准则中并没有明确规定如何计量。如果参照购买20%股权支付的对价5 195.64万元推算出原持有32%股权的公允价值，其也有一定的道理，原因在于此项交易是交易双方在熟悉市场情况的条件下，自愿进行资产的公平交换，所支付的对价具有公允性，但不能一概而论。需要关注的是，在本案例中，世纪科技购买珠江红力20%的股权后即取得了对珠江红力的控制权，因此世纪科技为受让20%股权所支付的对价中很可能含有控制权溢价。

在合并财务报表中，对珠江红力32%股权的重新计量方法不仅涉及资产的计量问题，而且还影响着商誉、投资收益的计量金额，以下对两种方法的计量结果进行比较：

按照李四海的方法（以下简称方法一）：原32%股权公允价值参照世纪科技受让珠江红力20%股权支付的对价进行推算：

原32%股权的公允价值=受让20%股权所付对价5 195.64÷20%×32%=8 313.02（万元）

合并成本=取得20%股权支付对价5 195.64+原32%股权重新计量的公允价值8 313.02

=13 508.66（万元）

商誉=合并成本-可辨认净资产公允价值份额

=13 508.66-25 085.60×52%

=464.15（万元）

原32%股权重新计量产生投资收益=公允价值8 313.02-原账面价值6 471.11

=1 841.91（万元）

按照王芳的方法（以下简称方法二）：原32%股权的公允价值按照珠江红力可辨认净资产公允价值为基础进行计量：

原32%股权的公允价值=合并日珠江红力可辨认净资产公允价值25 085.60×32%

=8 027.39（万元）

合并成本=取得20%股权支付对价5 195.64+原32%股权重新计量的公允价值8 027.39

=13 223.03（万元）

商誉=合并成本-可辨认净资产公允价值份额

=13 223.03-25 085.60×52%

=178.52（万元）

原32%股权重新计量产生投资收益=公允价值8 027.39-原账面价值6 471.11

=1 556.28（万元）

注：因信息获取受限，本案例在计算世纪科技原持有珠江红力32%股权重新计量的损益时，该项股权的账面价值只能以2013年6月30日的相关数据确定。在实务中，若以2013年8月31日为合并日，则还需考虑7、8两个月采用权益法核算对长期股权投资账面价值的影响。

从上述计算结果可以看出，若按照受让 20% 股权所付对价推算原持有 32% 股权的公允价值，合并成本、商誉价值以及投资收益均多出 285.63 万元。究其原因，追加投资实际支付价款可能存在购买方为取得控制权而愿意支付额外的溢价，按照新增 20% 股权所付对价推算的结果并不一定能够代表 32% 股权的公允价值，可能导致一定程度上高估商誉价值和相关收益。

基于上述分析，如果购买股权价款中含有为取得控制权所付代价而明显高于被合并方可辨认净资产的公允价值份额，或者要从购买对价中剔除控制权溢价的计量比较复杂和困难的情况下，以被购买方可辨认净资产的公允价值为基础，对原持有股权重新计量，可能提供更可靠和更相关的信息，可以有效避免高估资产及收益。在本案例中，合并日世纪科技按照珠江红力可辨认净资产公允价值份额来确定合并前原持有其 32% 股权的公允价值，可能比较合理。

3. 如果你是该事务所技术标准部经理，请对分步实现企业合并有关合并商誉的不同计量方法进行评价，发表你的倾向性意见并说明理由。

对世纪科技分步合并珠江红力有关商誉计量方法的不同观点及其主要理由和依据见表 11-4。

表 11-4 **分步实现合并有关商誉计量方法的不同观点及其主要理由和依据**

人员	李四海	王芳
观点	以各步的成本与取得的相关可辨认净资产的公允价值份额之差加总计量合并商誉	在合并日以被合并方可辨认净资产的合并日公允价值为基础一次计量合并商誉
主要理由及依据	符合企业合并会计准则的应用指南规定。分步计量后加总确定商誉，考虑了投资者（已成为母公司）持有某一特定子公司股份程度的影响	按各分步计量商誉后加总，实务中操作可能面临困难。在购买日一次计量可简化分步合并商誉的计量

➢ 评价与分析：

商誉的计量，究竟是分步计量后加总还是在合并日一次计量？这里不存在对与错的问题，实质上是两种方法利弊比较后的选择。

（1）分步计量法与合并方持股比例的相关程度高

分步计量后加总确定商誉的方法（以下简称分步计量法），将历次投资成本中所含的被投资方商誉份额加计，形成合并日商誉。该方法的合理性在于，其对于商誉的计量，充分考虑了合并方即母公司所持有被合并方的全部股权比例，这一优点在通过追加很小持股比例实现分步合并的情况下尤其明显。例如，在先取得 49% 股权后增持 2% 股权从而实现合并的情况下，如果采用一次计量法，且以购买日公允价值为基础对原持有股权重新计量的情况下，合并财务报表中列报的相关商誉，可能仅仅是最后一步对价中所含被合并方商誉 2% 的份额，这与母公司实际享有子公司商誉的份额差之甚远；如果采用分步计量法，以各步的成本与该步取得的相关可辨认净资产公允价值份额之差来计量商誉，合并财务报表中列报的相关商誉，为母公司分别按 49%、2% 的持股比例享有子公司不同时点的商誉份额。

（2）分步计量法的计算成本较高且可操作性差

分步计量法固然有其合理性，但在实务中可操作性较差。一个主体分步合并另一个主体时，分步计量法需要以每步的成本与取得的相关可辨认净资产公允价值份额之差额来计量商誉，这种方法的工作量可能很大，因为它要求购买方各步交易时都要确认在每一次交易日获得的可辨认净资产的分配额，即使这些交易发生在几年甚至几十年前，这将显著增加商誉计量的复杂性和计算成本。例如，世纪科技第一次收购珠江红力 32% 股权发生于 1997 年，要取得珠江红力当时的可辨认净资产公允价值可能很困难，成本较高。实务中甚至存在无法取得首次或前次购买股权时被购买方可辨认净资产的公允价值信息的情况，从而无法确认前次交易享有的商誉。

采用一次计量法，即以合并日之前所持的被购并方股权在合并日重新计量的价值加上合并日支付的对价，与被购买方可辨认净资产在合并日公允价值份额的差额，计量合并商誉，则可减少分步实现合并情况下商誉计量的复杂性和会计成本。基于上述原因，会计准则的制订者在权衡两种方法的利弊后，作出了选择和修订。2008 年 1 月国际会计准则理事会（IASB）发布了修订后的《国际财务报告准则第 3 号——企业合并》，对分步合并下确定商誉的规范进行了修订，由分次计量法改为一次计量法，即要求商誉只在购买日一次计量。

4. 如果你是该事务所技术标准部经理，请结合财税〔2009〕59 号文，分别个别财务报表和合并财务报表两个层面，分析本案例交易是否会产生暂时性差异以及确认递延所得税资产或递延所得税负债？并说明理由。

本案例交易是否会产生暂时性差异的不同观点及其主要理由和依据见表 11-5。

表 11-5　**分步合并交易是否会产生暂时性差异的不同观点及其主要理由和依据**

人员	李四海	王芳	苗青
观点	不需要确认递延所得税负债或资产	应当确认递延所得税资产或负债	不需要确认递延所得税负债或资产
主要理由及依据	按照财税〔2009〕59 号文规定，“收购方取得股权或资产的计税基础应以公允价值为基础确定”，购买的 20% 股权计税基础与会计上账面价值没有差异	会计上珠江红力全部资产和负债（包括世纪科技之前享有的份额）的账面价值均调整为合并日的公允价值，但计税基础未发生改变，从而导致会计账面价值与计税基础之间产生暂时性差异	世纪科技之前持有珠江红力的 32% 股权根本就不应当重新计量，就不会与其计税基础产生差异

➢ 评价与分析：

这里讨论的分步合并的所得税问题，主要是对珠江红力 32% 股权的重新计量和新增 20% 股权的初始计量，与其计税基础是否会产生差异的问题。

（1）从个别报表层面分析

在个别财务报表中，世纪科技持有珠江红力长期股权投资的账面价值，是在合并日之前持有珠江红力 32% 股权的账面价值加上在合并日追加投资 20% 股权的成本。之前所持有的 32% 股权的账面价值与其计税基础均未发生改变。收购方世纪科技以现金支付方式取得珠江红力的 20% 股权，母公司个别财务报表中新增长期股权投资的账面价值就是世纪科技本次支付的价款，即会计上按公允价值入账，根据《关于企业重组业务企业所得税处理若干问题的通知》（财税〔2009〕59 号）判断此项交易应按一般性税务处理，即“收购方取得股权或资产的计税基础应以公允价值为基础确定”，因此世纪科技此次以现金支付受让珠江红力股权，在个别财务报表中不会因此而产生暂时性差异，不需要因此而确认递延所得税资产或负债。

（2）从合并报表层面分析

在合并财务报表中，合并成本是合并日新增股权的当日公允价值与合并日之前持有的被合并方股权在合并日重新计量价值之和。在本案例中，母公司世纪科技需要对在 1997 年取得的珠江红力 32% 股权重新计量，但这只是会计上的要求，该部分股权的计税基础并未发生改变，由此导致会计账面价值大于其计税基础，从而产生应纳税暂时性差异，世纪科技应在合并财务报表中将此项差异按适用税率确认为递延所得税负债。但在世纪科技 2013 年年报中未能查到有关递延所得税负债的确认。

五、课程中可讨论的其他问题

5.（可选）结合本案例分析商誉的构成要素，你认为控制权溢价是否构成商誉的一部分？为什么？

从商誉的构成进行分析。商誉是由企业合并中取得的、不能分别辨认并单独确认的其他资产所形成的代表未来经济利益的资产。商誉按购买方合并成本大于合并中取得的被购买方可辨认净资产公允价值份额的差额计量。但在实务中确认为商誉的构成比较复杂，见表 11-6。

商誉的核心内涵是要素 1 与要素 2，分别为被购买方现存业务持续经营要素的公允价值，这部分价值源于已经建立的业务通过经营要素有序结合产生的企业净资产协同效应，以及企业合并所创造的预期协同效应和其他收益的公允价值。从严格意义上说，要素 3、4、5 均不属于商誉的组成部分。要素 3 主要反映由于未满足确认标准或计量困难等原因尚未被确认而可能会被单独确认的无形资产，要素 4 系计量误差，要素 5 代表购买方过高支付的损失或过低支付的利得①。要素 6 则反映购

① 国际会计准则理事会（IASB）. 国际财务报告准则第 3 号——企业合并 . 2008.

表 11-6　实务中确认商誉的构成

实务中确认商誉的构成	与被购买方相关的要素	与购买方相关的要素
要素 1	被购买方现存业务持续经营要素的公允价值	
要素 2	将购买方和被购买方的净资产联合起来产生的期望协同效应和其他收益的公允价值	
要素 3	被购买方之前未确认的其他净资产的公允价值	
要素 4		由于在对价估值时的失误，导致对购买方支付对价的过高估计
要素 5		由于存在市场竞争导致购买方过高支付或被购买方面临困境急于出售导致购买方的过低支付
要素 6		购买方为取得对被购买方的控制权所付出的代价

买方为取得控制权所支付的特定代价。商誉一般会产生未来的经济利益，为了使商誉所体现的未来经济利益符合资产确认的条件，购买方必须能够控制该利益，可以认为，购买方获得被购买方控制权的交易正是产生商誉符合购买方资产确认条件的交易或事项。只有取得商誉的必要成本才能资本化，因此购买方为取得控制权所支付的溢价，应当将购买方为取得被购买方的既存商誉和购买方与被购买方的净资产联合起来产生的期望协同效应所付出的对价，一起构成合并商誉的价值。

案例 12

长钢股份收购广金股份：是一揽子交易吗

一、案例概览

长钢精密钢结构（集团）股份有限公司（以下简称长钢股份）是一家在上海证券交易所挂牌的上市公司，主要从事钢结构工程业务。为实现强强联合、快速提升公司在建筑围护系统方面的承做能力，2012 年长钢股份与广金刚化幕墙工程有限公司（以下简称广金股份）的股东签订了股权转让协议，长钢股份收购广金股份 100% 股权，并分两个阶段实施：2012 年收购 85. 50% 股权；2012 年审计报告出具后 15 个工作日内收购其余 14. 50% 股权①。

2013 年 11 月，正信会计师事务所合伙人陈平召集了注册会计师王凯、张正、聂江，围绕上述并购交易中的一揽子交易、与未来业绩挂钩的补偿金的确认和计量等会计问题进行了专题讨论。

二、教学目标

通过本案例的讨论与分析，拟实现以下教学目标：

1. 掌握一揽子交易判断标准在实务中的具体运用；

2. 掌握一揽子交易的会计处理原则，掌握将相关会计准则应用于一揽子交易的会计实务；

3. 掌握企业合并中或有补偿金的会计核算方法；

4. 理解并掌握是否一揽子交易的认定对企业的财务影响。

三、教学建议

案例 12 的教学建议见表 12-1。

---

① 出于客户保密的需要，本案例的公司名称与相关资料进行了化名处理。

表 12-1 **案例 12 的教学建议**

内容	主角	组织与要求	时间
阅读案例资料	学生	熟悉案例资料，补充并收集相关资料	课前
案例讨论	学生	每个案例小组围绕着思考分析题，分析讨论案例会计类型认定及其影响	课前
演讲	学生	每个案例小组推荐 1 名学生对该小组讨论的情况及其达成的共识、产生的分歧进行演讲	35 ~ 45 分钟
点评	老师	点评案例小组讨论情况并引导其对问题的正确理解和深入分析	30 ~ 40 分钟

本案例以企业合并与合并报表会计理论及其实务为基础，参考以下文献：

1. 中华人民共和国财政部．企业会计准则第 2 号——长期股权投资 . 2014.

2. 中华人民共和国财政部．企业会计准则第 13 号——或有事项 . 2006.

3. 中华人民共和国财政部．企业会计准则第 20 号——企业合并 . 2006.

4. 中华人民共和国财政部．企业会计准则第 22 号——金融工具确认和计量 . 2006.

5. 中华人民共和国财政部．企业会计准则第 33 号——合并财务报表 . 2014.

6. 中华人民共和国财政部．企业会计准则——应用指南［M］．北京：中国财政经济出版社，2006.

7. 财政部会计司编写组．企业会计准则讲解 2010［M］．北京：人民出版社，2010.

8. 中华人民共和国财政部．财政部关于做好执行会计准则企业 2008 年年报工作的通知．财会函〔2008〕60 号 .

9. 中华人民共和国财政部．企业会计准则解释第 5 号．财会〔2012〕19 号 .

10. 中国证监会 . 2010 年上市公司执行企业会计准则监管报告 . 2011.

11. 中国证监会 . 2011 年上市公司执行企业会计准则监管报告 . 2012.

12. 中国证监会 . 2012 年上市公司执行会计准则监管报告 . 2013.

13. 中国证监会会计部．上市公司执行企业会计准则案例解析［M］．北京：中国财政经济出版社，2012.

14. 国际会计准则理事会（IASB）．国际财务报告准则第 3 号——企业合并 . 2011.

四、建议使用的教学资源

1. 长钢股份 2012 年年度报告 .
2. 长钢股份 2013 年半年度报告 .
3. 长钢股份关于第四届董事会 2012 年度第一次临时会议决议公告》，2012 年

1 月 17 日.

4. 长钢股份关于收购广金刚化幕墙工程有限公司 100% 股权的公告》，2012 年 1 月 17 日.

五、案例分析参考

1. 如果你是合伙人陈平，请结合是否构成一揽子交易的讨论情况，说明你的意见与理由。

➢ 参考答案：

《企业会计准则解释第 5 号》与《企业会计准则第 33 号——合并财务报表》（2014）中判断一揽子交易的条件为：

（1）这些交易是同时或者是在考虑了彼此影响的情况下订立的；

（2）这些交易整体才能达成一项完整的商业结果；

（3）一项交易的发生取决于其他至少一项交易的发生；

（4）一项交易单独看是不经济的，但是和其他交易一并考虑时是经济的。

揽子交易最本质的特征就是多次交易事项是作为一个整体一起筹划和确定的，旨在实现同一交易目的、互为前提和条件。

一揽子交易的处理原则：符合以上一种或多种情况通常表明应将多次交易事项作为一项交易进行会计处理。

实务中存在统一安排的交易越来越多，情况也复杂，每个案例都有其各自的特点，而《企业会计准则解释第 5 号》中的“一揽子交易”判断条件又比较原则，因此很难总结出一套统一的标准指引。实务操作中也不能仅仅因为“一揽子交易”某一判断条件得到了满足，就认为必然是一揽子交易，应该根据交易背景、合同条款、交易实质等综合分析：

（1）从表现形式来看，本案例一笔股权转让的交易分为两步实施，每一步转让的份额、价格、时间等均是在同一份股权转让协议中约定的，符合上述第一个判断条件。

之所以分两步交易，原因可能是：

①协议股权转让总价并不是最终价格，需根据未来业绩实现情况调整，为了保护受让方的利益，故采取分期支付股权转让款的方式。

②100% 股权先转让而款项分期支付，显然这种方式对转让方不公平，因此对于所转让的股权，也采取了分期过户的方式。

（2）本案例交易的标的是广金股份 100% 股权，转让协议不可撤销且无选择权，最终需要达成的商业结果非常明确，只有将两步交易作为一个整体考虑才能实现该目标，因此符合上述第二个判断条件。

（3）股权转让协议中无两次交易互为条件的约定，无法直接判断其中一项交易的发生是否取决于另一项交易的发生。但从协议条款来看，两次交易的实施并无任何重大障碍，两次交易应该都能最终完成。

（4）绍兴锐丰和龙凯装饰的实际控制人都是何良，前后两次交易实际的转让方均是何良和黄文，因此股权转让协议中的转让方前后不一致并不影响对交易是否经济的判断。

结合补偿金一并考虑，如广金股份未来业绩未能达到协议规定，则会调整第二次交易的股权支付额，如此再单独看第一次交易的转让价格，显然是不经济的，只有将两次交易作为一个整体来看才是经济的，因此符合上述第四个判断条件。

经对股权转让协议综合分析，本案例应该属于一揽子交易。

2. 如果你是合伙人陈平，对于本案例是否按一揽子交易原则处理的讨论，请说明张正与王凯的意见分歧，并进行评价，说明你的意见与理由。

➢ 参考答案：

张正与王凯的意见分歧见表 12-2。

表 12-2 **张正与王凯的意见分歧**

人员	张正	王凯
分歧	不按一揽子交易的原则处理	按一揽子交易的原则处理
理由	企业会计准则对本案例并购类型的一揽子交易处理没有明确规定	基于原则导向考虑，一揽子交易的判断条件和处理原则具有普遍适用性

➢ 评价与分析：企业会计准则之所以对“通过多次交易分步处置对子公司股权投资直至丧失控制权”中的“一揽子交易”作出特别规定，实质上并不是仅要求该类交易按一揽子交易原则处理，而是对该类交易会计处理中可能存在的问题加以明确，包括：个别财务报表中每一次股权处置属于损益交易并在处置时确认；合并财务报表中每一次股权处置均属于损益交易而非权益性交易，不应按不丧失控制权情况下处置部分对子公司投资的原则处理；合并财务报表中控制权丧失前的处置损益暂不确认，而应在丧失控制权时一并转入当期损益。正如王凯所说，现行会计准则是以原则为导向的，因此所确定的基本原则应是一项通用理念。

3. 如果你是合伙人陈平，对于本案例是否将第二次股权转让款确认为负债的讨论，请说明王凯与张正的意见分歧，并进行评价，说明你的意见与理由。

➢ 参考答案：

王凯与张正的意见分歧见表 12-3。

表 12-3 **王凯与张正的意见分歧**

人员	王凯	张正
分歧	购买日不应将第二次的股权转让款确认为负债	购买日应将第二次的股权转让款确认为负债
理由	1. 一揽子交易的处理原则，实质并不是要求将多项交易一次性处理，而是要求多次交易在发生时采用同一原则处理 2. 第二次股权转让交易尚未发生，长钢股份并不拥有或控制另外 14.5% 股权，并且剩余股权转让可能存在不确定性，尚未成为导致长钢股份经济利益流出的现时义务，不符合负债的定义	第一次交易发生的同时，授予了原股东一项卖出期权，构成一项交付现金的合同义务

➢ 评价与分析：目前对于此问题尚有争议，IFRS 也曾就类似问题组织过讨论但无定论。对于本案例，有一种主流观点认为要约收购与收购控制权股权的交易是相关联的，应当作为企业合并交易的一部分，在取得控制权时应将要约对价的公允价值确认为负债：主体收购一家上市公司的股权并取得控制权，同时根据当地证券监管规定和证券交易规则，主体在取得上市公司控制权时应向上市公司的其他股东发出全面收购要约，以不低于取得控制权时的价格收购剩余的股权。

根据现行会计准则的规定，比较倾向王凯的观点。

4. 如果你是合伙人陈平，请分析本案例判断为一揽子交易或非一揽子交易的会计处理差异和财务影响。

➢ 参考答案：

本案例判断为一揽子交易或非一揽子交易的会计处理差异和财务影响见表 12-4。

表 12-4 **本案例判断为一揽子交易或非一揽子交易的会计处理差异和财务影响**

项目	一揽子交易	非一揽子交易
对第二次收购股权交易的认定	构成非同一控制下企业合并的一部分	购买子公司少数股权
交易类别	损益交易	权益性交易
收购方个别会计报表	无差异	无差异
收购方合并财务报表——初始确认	第二次股权收购新增的长期股权投资，大于按照新增持股比例计算应享有子公司可辨认净资产份额的差额，确认为商誉；第二次股权收购新增的长期股权投资，小于按照新增持股比例计算应享有子公司可辨认净资产份额的差额，经复核后确认为营业外收入	第二次新增长期股权投资与按照新增持股比例计算应享有子公司可辨认净资产份额之间的差额，调整资本公积（资本溢价或股本溢价），其余额不足冲减的，调整留存收益
收购方合并财务报表——后续计量	如上述差额确认为商誉，一旦商誉发生减值将影响收购方的损益。因后续处置子公司股权丧失控制权时也会影响收购方的损益	处置子公司股权时不再将原计入所有者权益的部分转入损益，后续对合并财务报表无影响

5. 如果你是合伙人陈平，对于补偿金是属于补偿性资产还是或有对价的讨论，请说明王凯与张正的意见分歧，并进行评价，说明你的意见与理由。

➢ 参考答案：

王凯与张正的意见分歧见 12-5。

表 12-5 **王凯与张正的意见分歧**

人员	王凯	张正
分歧	补偿性资产	或有对价
理由	卖方对未来可能发生的损失所提供的保证，是对受让方实际受到损失时才给予的补偿	补偿金是根据广金股份未来经营业绩确定的，而不是转让方对已存在资产或负债的或有事项提供的保证，其具有或有对价的特征

补偿性资产是针对被购买方现有的特定资产和负债所作出的保证；而或有对价则不是。而本案例的补偿金是根据广金股份未来经营业绩确定的，并不是对合并日已存在的资产或负债的损失补偿，因此不属于补偿性资产。根据《企业会计准则讲解 2010》第二十一章规定，某些情况下合并各方可能在合并协议中约定，根据未来一项或多项或有事项的发生，购买方通过发行额外证券、支付额外现金或其他资产等方式追加合并对价，或者要求返还之前已经支付的对价。本案例补偿金具有上述准则描述的特征，属于或有对价。

6.（可选）如果你是合伙人陈平，说明本案例补偿金在什么情况下才有可能确认为应付职工薪酬。（可参考 IFRS3）

➢ 参考答案：

据 IFRS 3，如果尚未明确对雇员或出售方股东的支付安排是与被购买方交易的一部分、还是单独于企业合并的交易，那么购买方应考虑下列指标：

（1）持续雇用——对成为核心雇员的出售方股东的持续雇用条款可能意味着该交易实质是一项或有对价安排。持续雇用的相关条款可能包含在雇用协议、购买协议或其他文件中。雇用终止、支付自动丧失的或有支付安排是为企业合并后的服务提供的报酬。或有支付不受雇用活动终止影响的安排表明或有支付是额外支付的对价而非报酬。

（2）持续雇用的时间——如果要求的雇用期超过或有支付的期间或两者一致，该事实表明或有支付实质上是报酬。

（3）报酬水平——相对于合并后主体的其他核心雇员，在报酬而非或有支付方面维持一个较高的水平，可能表明或有支付是额外的对价而不是报酬。

（4）向雇员的增量支付——如果没有成为雇员的出售方股东收到的每股或有支付比那些成为合并后主体雇员的股东收到的要少，这一事实表明给成为雇员的出售方股东或有支付的增量金额是报酬。

（5）拥有的股份数量——仍为核心雇员的出售方股东拥有的股份相对数量可能表明了或有对价安排的实质。例如，如果实质上拥有被购买方所有股份的出售方股东仍是核心雇员，该事实可能表明该安排实质上是分红制安排，意图是为合并后的服务提供报酬。另一种情况是，如果仍为核心雇员的出售方股东仅拥有少部分被购买方的股份，而且出售方股东每股获得相同金额的或有对价，这一事实可能表明或有支付是额外的对价。同时还要考虑与仍为核心雇员的出售方股东相关的各方（如家庭成员）所持有的合并前权益。

（6）与估值的关联——如果购买日转移的初始对价是基于被购买方估值所确定的数值范围的低端，并且该或有支付规则与估值方法相关，则该事实可能表明该或有支付是额外的对价。另一种情况是，如果或有支付规则与先前的分红制安排一致，则该事实表明安排的实质是提供报酬。

（7）确定对价的规则——用于确定或有支付的规则可能有助于评估安排的实质。例如，如果或有支付是建立在收益倍数基础上，则可能表明该义务是企业合并中的或有对价，且该规则是为了确定或核实被购买方的公允价值。相反，如果或有支付是收益的特定百分比，则可能表明对雇员的义务是对雇员所提供服务给予报酬的分红制安排。

（8）其他协议和问题——与出售方股东的其他安排条款（比如非竞争协议、未执行的合同、咨询合同和财产租赁协议）和对或有支付的所得税处理表明或有支付可归属于其他事项而非给被购买方的对价。例如：与购买相关联，购买方可能与主要的出售方股东进行一项财产租赁。如果租赁合同规定的租金显著低于市场水平，此项或有支付安排要求的给出租人（出售方股东）的部分或全部或有支付，可能是为使用租赁资产而进行的支付，该租赁资产要在购买方合并后财务报表中单独确认。相反，如果租赁合同规定的租金与市场就该租赁资产的条款相一致，对出售方股东的或有支付的安排可能就是企业合并中的或有对价。

7. 如果你是合伙人陈平，对于购买日是否确认预计可能收到的补偿金的讨论，请说明王凯与张正的意见分歧，并进行评价，说明你的意见与理由。

➢ 参考答案：

王凯与张正的意见分歧见表 12-6。

表 12-6 **王凯与张正的意见分歧**

人员	王凯	张正
分歧	预计可能收到的补偿金属于或有资产，一般不确认为资产	或有对价在购买日应以公允价值确认
理由	根据《企业会计准则第 13 号——或有事项》，预计可能收到的补偿金属或有资产，只有在基本确定能够流入且金额能够可靠计量的情况下，才能确认为资产	《企业会计准则第 13 号——或有事项》并不适用企业合并形成的或有事项。根据《企业会计准则第 20 号——企业合并》，作为所转移对价的一部分，或有对价在购买日应以公允价值确认，其中发生的可能性在确定公允价值时一并予以考虑

根据《企业会计准则讲解2010》第二十一章的规定，或有对价符合权益工具和金融负债定义的，购买方应当将支付或有对价的义务确认为一项权益或负债；符合资产定义并满足资产确认条件的，购买方应当将符合合并协议约定条件的、可收回的部分已支付合并对价的权利确认为一项资产。从中可看出，或有对价确认为资产的条件，与确认为权益或负债的要求不同。据此理解，符合资产定义并满足资产确认条件，是将预计可能收到的补偿金确认为资产的前提，因此只有在补偿金很可能流入（超过50%）且补偿金额能够可靠计量情况下，才可将其确认为资产。购买日上述条件一般不可能满足，因此在确定合并成本时不考虑补偿金，或者说购买日将作为或有对价的补偿金公允价值确认为零。

8. 如果你是合伙人陈平，对于或有对价公允价值变化的处理，请说明张正、王凯和聂江的意见分歧，并进行评价，说明你的意见与理由。

➢ 参考答案：

张正、王凯和聂江的意见分歧见表12-7。

表12-7 **张正、王凯和聂江的意见分歧**

人员	张正	王凯	聂江
分歧	以截止审计报告日判断是否属于12个月计量期间	以会计年度截止日判断是否属于12个月计量期间	基于后续业绩变化而进行的调整不属于购买日已存在情况

或有对价后续计量中调整原确认的商誉，必须满足两个条件：调整所基于的进一步证据是在购买日后12个月内出现的；新的或者进一步证据与购买日已存在情况直接相关。未来业绩的变化显然不属于购买日已存在情况，无论是否在购买日后12个月内出现，均不应调整原确认的商誉，同意聂江的观点。

六、课程中可讨论的其他问题

9.（可选）如何区分“补偿性资产”和“或有对价”？

➢ 参考答案：

IFRS 3对于“补偿性资产”和“或有对价”的区别并未提供更多的阐述，根据对准则的理解，两者的主要区别可能有以下几项：

（1）补偿性资产只能是卖方补偿给买方的，而或有对价则是双向的，既有可能是卖方补偿给买方的，也有可能是买方追加对价给买方的。也就是说，如果是买方的权利，则可能是或有对价，也有可能是补偿性资产；如果是买方的义务，则一定是或有对价。

（2）补偿性资产是针对被购买方现有的特定资产和负债所作出的保证；而或有对价则不是。换言之，如果是买方的权利，要根据该项权利是否针对被购买方特定的资产或负债进一步判断。

例如：购买日被合并方有一项未决诉讼，股权转让协议规定未来如发生诉讼损失则由转让方承担。首先判断该项赔偿规定属于买方的权利，并且针对的是购买日已存在的特定事项所作出的，因此属于“补偿性资产”而非“或有对价”。

10.（可选）本案例补偿金判断为或有对价并确认为一项资产，一般形成一项未来收取现金的合同权利，属于金融资产并按公允价值计量。你认为在初始确认时应该将其分类为金融资产中的哪个类别及其理由是什么？

➢ 参考答案：

根据《企业会计准则第 22 号——金融工具确认和计量》，金融资产划分为下列 4 类：

（1）以公允价值计量且其变动计入当期损益的金融资产，包括交易性金融资产和指定为以公允价值计量且其变动计入当期损益的金融资产；

（2）持有至到期投资；

（3）贷款和应收款项；

（4）可供出售金融资产。

其中：

（1）以公允价值计量且其变动计入当期损益的金融资产，应该在活跃市场中有报价、公允价值能够可靠计量。本案例补偿金显然并不符合上述条件，因此不能划分为该类金融资产。

（2）持有至到期投资，要求到期日固定、回收金额固定或可确定。本案例补偿金并无固定到期日，购买日也不存在固定回收金额，因此不能划分为持有至到期投资。

（3）贷款和应收款项，要求回收金额固定或可确定，与持有到期投资同样的原因也不能划分为该类金融资产。

（4）可供出售金融资产，根据企业会计准则规定，如企业没有将公允价值能够可靠计量的金融资产划分为其他 3 类金融资产，则应将其作为可供出售金融资产处理。

据此，在满足条件的情况下，应将可能收到的补偿金分类为可供出售金融资产核算。

11.（可选）如果长钢股份第一次购买 14.5% 的股权，第二次再购买 85.5% 的股权，那么其会计处理是否相同？

➢ 参考答案：

如果长钢股份第一次购买 14.5% 的股权，第二次再购买 85.5% 的股权，那么其第一次购买没有达成控制权的转移，只能作为分步购买的第一步，不需要编制合并财务报表；只有在第二次购买完成，控制权转移实现后，才需要编制合并财务报表。

而本次交易中，第一阶段的交易已经达成控制权的转移，需要编制合并财务报表；第二阶段的交易只能作为购买少数股东权益处理。

案例 13

万泰集团以股换股新设公司：附利润承诺的股权投资如何核算

一、案例概览

万泰集团（报告主体）和银信公司均为山西省国资委下属全资子公司。2014年7月，万泰集团和银信公司共同投资新设万信公司，其中万泰集团以持有的泰河公司100%股权经评估作价出资，评估价值为6.04亿元，全体股东确认的价值为6亿元，认缴股比例为60%；银信公司以货币出资4亿元，认缴股比例为40%。万泰集团对万信公司享有控制权①。相应股权结构变化如图13-1所示。

合资协议中有如下规定：

（1）双方同意继续推进尚未开发的水电站项目的投资建设。

（2）自万信公司成立之日起计5年，万泰集团保证银信公司从万信公司每年获取相当于万信公司实际缴付注册资本乘以约定保证收益率的到账利润分配。万信公司利润不足时，应优先分配银信公司约定的收益；若万信公司可供分配利润不足以支付银信公司约定的收益时，差额部分由万泰集团负责补足。

（3）5年后，万泰集团和银信公司按持股比例进行利润分配。

经计算，万信公司承诺未来5年每年给银信公司的利润不低于0.2亿元/年，5年保底利润的现值共计0.76亿元。

为万泰集团提供审计服务的审计师吴桐、陈洁和江涛对该交易在万泰集团个别报表及合并报表上的会计处理进行了讨论。

二、教学目标

通过本案例的讨论与分析，拟实现以下教学目标：

1. 识别以股换股新设公司中所面临的关键会计问题；

2. 掌握非货币性资产交换中是否具有商业实质的判断标准及其在会计实务中

---

① 出于客户保密的需要，本案例的公司名称与相关资料进行了化名处理。

交易前：

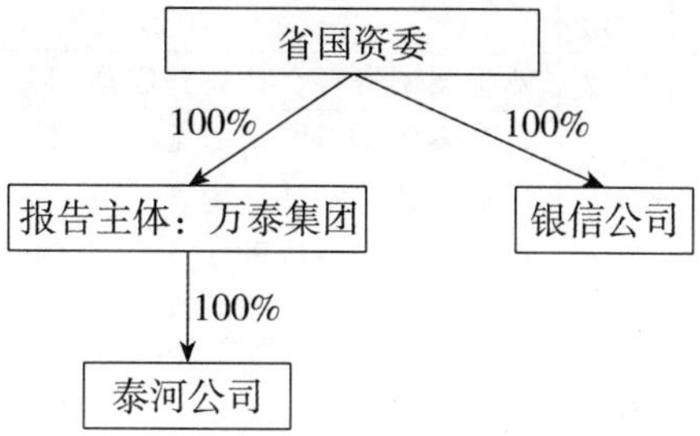

交易后：

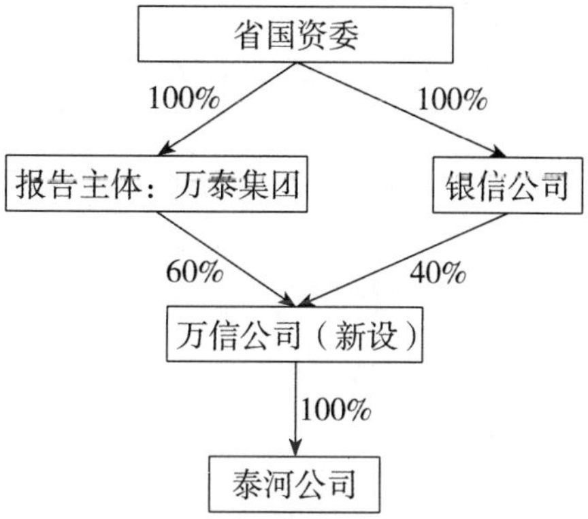

图 13-1　万泰集团股权结构变化图

的应用；

3. 掌握附利润承诺的股权投资的会计核算方法；
4. 掌握处置对子公司的股权但不丧失控制权在合并报表上的处理；
5. 理解与掌握权益和负债的划分。

三、教学建议

案例 13 的教学建议见表 13-1。

本案例以企业合并与合并报表会计理论及其实务为基础，参考以下文献：

1. 中华人民共和国财政部．企业会计准则第 2 号——长期股权投资 . 2014.
2. 中华人民共和国财政部．企业会计准则第 13 号——或有事项 . 2006.
3. 中华人民共和国财政部．企业会计准则第 20 号——企业合并 . 2006.
4. 中华人民共和国财政部．企业会计准则第 22 号——金融工具确认和计量 2006
5. 中华人民共和国财政部．企业会计准则第 33 号——合并财务报表 . 2014.

表 13-1　　　　案例 13 的教学建议

内容	主角	组织与要求	时间
阅读案例资料	学生	熟悉案例资料，补充并收集相关资料	课前
案例讨论	学生	每个案例小组围绕着思考分析题，分析讨论案例会计类型认定及其影响	课前
演讲	学生	每个案例小组推荐 1 名学生阐述其讨论的情况及达成的共识、产生的分歧	30～40 分钟
点评	老师	点评案例小组讨论情况并引导其对问题的正确理解和深入分析	20～30 分钟

6. 中华人民共和国财政部．企业会计准则——应用指南［M］．北京：中国财政经济出版社，2006.

7. 财政部会计司编写组．企业会计准则讲解 2010［M］．北京：人民出版社，2010.

8. 中华人民共和国财政部．企业会计准则第 7 号——非货币性资产交换．2006.

9. 中华人民共和国财政部．企业会计准则第 37 号——金融工具列报．2014.

10. IASB. 国际财务报告准则第 3 号——企业合并．2011.

四、案例分析参考

案例中存在争议的观点汇总见表 13-2。

表 13-2　　　　案例中存在争议的观点汇总

人员	吴桐	陈洁	江涛
个别报表			
新设万信公司	**无经济实质的非货币性资产交换** 以泰河公司的股权换入万信公司的股权。交易前万泰集团控制着泰河公司，交易后万泰集团控制万信公司，因而仍间接控制着泰河公司，因此该交易不具有商业实质。并且，万泰集团实际仅处置了泰河公司 40% 的权益，在没有丧失控制权的情况下，确认 100% 的处置收益不够谨慎。 借：长期股权投资——万信公司 230 000 000 贷：长期股权投资——泰河公司 230 000 000	**有经济实质的非货币性资产交换** 交易前泰河公司是万泰集团 100% 控制的资源，交易后对万信公司仍有控制权，但其利润分配的时间和金额都已经与对泰河公司的投资不完全一样，所以该交易应该是具有商业实质的。 按换出的泰河公司股权的公允价值确认对万信公司的长期股权投资，与泰河公司原账面值之间的差额计入当期投资收益。 借：长期股权投资——万信公司 600 000 000 贷：长期股权投资——泰河公司 230 000 000 投资收益　370 000 000	**部分处置泰河公司的股权** 该项交易是一项基于评估值的公允交易，万泰集团在泰河公司的净资产中所放弃的这部分权益的公允价值应等于所享有银信公司投入资产的份额的公允价值。相当于原先在泰河公司中所享有的权益有一部分被处置了。泰河公司 40% 股权对应的处置收益，即 40% 股权的公允价值和原账面价值之间的差额在万泰集团个别报表层面应确认为损益。 借：长期股权投资——万信公司 378 000 000 贷：长期股权投资——泰河公司 230 000 000 投资收益 148 000 000（37 0000 000×40%）

续表

人员	吴桐	陈洁	江涛
保底利润	**或有事项，按或有事项准则处理** 根据合资协议，自万信公司成立之日起计5年，万泰集团保证银信公司从万信公司每年获取相当于银信公司实际缴付注册资本乘以约定保证收益率的到账利润分配。万信公司利润不足时，应优先分配银信公司约定的收益；若万信公司可供分配利润不足以支付银信公司的约定收益时，差额部分由万泰集团负责补足。万泰集团是否支付取决于万信公司的经营情况，仅当万信公司的净利润不足以支付保底利润时，万泰集团才代为支付，应按或有事项准则进行处理	**或有对价，按企业合并准则处理** 如果站在银信公司的角度看，该保底利润相当于业绩补偿款，后续按约定收到补偿款可视作对购买日所支付的购买对价的一项调整，属于或有对价的一种形式。相应地，对万泰集团而言，该业绩补偿款也是万泰集团处置泰河公司股权的或有对价，即万泰集团需根据万信公司未来的经营业绩返还部分股权处置款或调整万信公司股权的对价。 《企业会计准则》在企业合并中明确规定了或有对价的处理，应参照企业合并的规定进行处理，即按公允价值初始计量，变动计入当期损益	**或有对价，按或有事项准则处理** 企业合并准则虽然在非同一控制下企业合并中引入了或有对价的概念，但并未要求所有的或有对价都按企业合并准则处理。既然准则未明确，那么除企业合并之外其他方式取得的长期股权投资的或有对价、或处置股权的或有对价可以按照或有事项准则处理。 万泰集团基于未来事件的结果产生的或有对价在购买日通常是不确认的，只有当这些或有事项满足预计负债的确认条件时，购买方才确认这些负债。企业合并中或有对价的处理不适合扩大至企业合并之外
合并报表			
保底利润	**按或有事项准则处理** 顺着个别报表的处理思路，仅当万信公司的净利润不足以支付保底利润时，万泰集团才需要补足差额。万泰集团合并层面是否需要支付除正常利润分配之外的额外款项取决于万信公司的经营情况，因此按或有事项准则处理	**按或有对价处理** 同意吴桐的说法，属于正常利润分配的部分，在交易日不应确认为一项负债，只有超过正常利润分配之外的部分才需要考虑是否属于万泰集团的义务。顺着个别报表的处理思路，在合并报表上也应按或有对价的原则进行处理	**按金融工具准则，确认为一项负债** 万泰集团或万信公司需保障银信公司5年的收益，因此在合并层面，万泰集团作为报告主体不能无条件地避免支付现金或其他金融资产来结算合同义务，故该合同义务在合并层面符合负债的定义，应将不可避免交付现金的义务考虑折现之后全部确认为负债

1. 对于新设万信公司在万泰集团个别报表上的处理，请指出审计师吴桐、陈洁和江涛的论述中存在一些不合理或考虑不周全的地方，并结合他们三人的意见提出你认为正确的处理及理由。

➢ 参考答案：与会人员对问题 1 的意见分歧及评析见表 13-3。

表 13-3 与会人员对问题 1 的意见分歧及评价

人员	观点	评析
吴桐	交易前后万泰集团都控制着泰河公司，因此换入资产的未来现金流量在风险、时间和金额方面与换出资产都由万泰集团控制，该股权换股权的交易不具有商业实质	在判断交易是否具有商业实质时，需根据不同情况，具体分析换入资产（万信公司股权）和换出资产（泰河公司股权）在未来现金流量的风险、时间和金额方面是否有显著不同，而不是简单以是否丧失控制权为判断标准
	万泰集团实际仅处置了泰河公司 40% 的权益，在没有丧失控制权的情况下，确认 100% 的处置收益不够谨慎	万泰集团对万信公司的投资在个别报表上仅是一项资产，不需要穿透万信公司考虑万泰集团对泰河公司的间接投资。万泰集团以泰河公司出资成立万信公司，对泰河公司由直接持股 100% 变为间接持股 60%，若穿透万信公司直接视为部分处置泰河公司股权，其实是合并报表的处理。但个别报表对子公司的投资采用成本法核算，该以股权换股权的交易相当于处置泰河公司的股权换入万信公司的股权，在有商业实质的情况下，全额确认泰河公司股权的处置收益并无不妥
陈洁	以泰河公司的股权换入万信公司的股权。交易前泰河公司是万泰集团 100% 控制的资源，交易后对万信公司仍有控制权，但其利润分配的时间和金额都已经与对泰河公司的投资不完全一样，所以该交易应该是具有商业实质的	在判断交易是否具有商业实质时，需要具体分析换入资产（万信公司股权）和换出资产（泰河公司股权）在未来现金流量的风险、时间和金额方面的不同是否显著，而不是简单以是否有其他方投入资源为判断标准。例如，双方投进合资公司的资产是否明显不同，其他方投入的资源是否重大从而可以影响换入资产未来的现金流量，交易各方之间是否存在关联方关系等
江涛	相当于原先在泰河公司中所享有的权益有一部分被处置了。这部分被处置的权益的公允价值和原账面价值之间的差额在万泰集团个别报表层面确认为损益	江涛确认 40% 处置收益的观点类似于权益法下顺流交易的处理。首先判断为有商业实质的非货币性资产交换，确认处置损益。万泰集团以泰河公司股权出资与银信公司合资成立万信公司属于顺流交易，该观点实际是参照权益法的思路将未实现内部损益进行抵销。即万泰集团只在该项交易中确认归属于银信公司的投资收益，在陈洁的处理上进行以下抵销： 借：投资收益（370 000 000×60%） 222 000 000 贷：长期股权投资——泰河公司 222 000 000 江涛的处理似乎比较合理，但实际是将成本法与权益法有所混淆。在个别报表上，对子公司的投资是采用成本法核算的，成本法下准则未要求对顺流或逆流交易的未实现损益进行抵销

银信公司的出资达 4 亿元，占万信公司 40% 股权，能够对万信公司的财务和经营政策施加重大影响。通常情况下，在不存在其他相反证据的情况下，可以按陈洁的分析思路推论为一项具有商业实质的非货币性资产交换。但是，本案中的非货币性资产交换有其特殊性。

（1）交易双方为关联方。《企业会计准则第 7 号——非货币性资产交换》第五条提到，“在确定非货币性资产交换是否具有商业实质时，企业应当关注交易各方之间是否存在关联方关系。关联方关系的存在可能导致发生的非货币性资产交换不具有商业实质”。万泰集团和银信公司同为省国资委下属直接控制的全资子公司，万泰集团置出子公司所从事的水电行业属于国家重点控制与监管的行业，银信公司作为省国资委下属投资公司，只是通过投资参股等形式支持重点项目建设，推进国有资本战略布局调整和产业结构优化升级，但最终体现的仍是政府或政府作为股东的意志。

（2）换出资产与换入资产的行业和业务重合。交易前，泰河公司从事水电开发经营，并投资 2 个筹建期的水电站。交易后，双方将继续推进尚未开发的水电站项目的投资建设。银信公司参股万信公司主要是为了给泰河公司的水电项目提供融资平台，万信公司除持有泰河公司 100% 股权外，并无其他业务。也就是说，泰河公司的业务便是万信公司的全部业务。因此，万泰集团换出的泰河公司与换入的万信公司的业务完全重合，银信公司的参股也没有改变泰河公司原来的经营方向。

（3）银信公司实际影响万信公司现金流量的能力有限。银信公司作为融资平台，实际并无运营水电项目的经验和能力，万信公司的经营运作主要是由万泰集团委派人员参与，因此万泰集团置出的水电项目的实际运营很大程度上仍由万泰集团决定。而且，泰河公司的两个水电站已进入实施阶段，水电站的工程枢纽总布置等关键指标已经审查，其未来的建设和经营情况很大程度上已经确定，银信公司可以实质性影响的能力有限。

综合以上因素，万泰集团通过泰河公司的利润分配来获取现金流，或通过万信公司的利润分配来获取现金流，在风险、时间和金额方面应该不会特别显著，倾向于判断为没有经济实质的非货币性资产交换。会计分录为：

借：长期股权投资——万信公司　　230 000 000

　贷：长期股权投资——泰河公司　　230 000 000

同时采用该会计处理方法的另一个好处在于核算简单，保持个别报表与合并报表计量属性的一致性与连续性。

2. 对于新设万信公司在万泰集团合并报表上的处理，审计师吴桐、陈洁和江涛没有进行讨论，你的处理意见是什么？请说明理由。

➢ 参考答案：

站在万泰集团合并报表的角度，交易前万泰集团享有泰河公司 100% 股权，交易后对泰河公司的权益减少至 60% 但仍享有控制权，因此属于与少数股东之间的交易。根据《企业会计准则第 33 号——合并财务报表》（2014）第四十九条，“母公司在不丧失控制权的情况下部分处置对子公司的长期股权投资，在合并财务报表中，处置价款与处置长期股权投资相对应享有子公司自购买日或合并日开始持续计算的净资产份额之间的差额，应当调整资本公积（资本溢价或股本溢价），资本公积不足冲减的，调整留存收益”。

3. 假如你是万泰集团的财务经理，对于万泰集团对银信公司的保底利润承诺在个别报表上的会计处理，请针对吴桐、陈洁与江涛的意见及其理论依据，说明你的倾向性意见及理由。

➢ 参考答案：

吴桐和江涛虽然从不同的角度进行分析，但他们的结论都是按或有事项准则进行处理，而陈洁则认为应按企业合并准则进行处理。按或有事项准则或企业合并准则处理的主要区别见表 13-4。

表 13-4　**本次交易按或有事项准则或企业合并准则处理的主要区别**

	参照或有事项准则	参照企业合并准则
初始确认	万泰集团基于未来事件的结果产生的支付义务在交易日通常不符合预计负债的确认条件，通常是不确认的	按照或有对价在交易日的公允价值计入长期股权投资的初始投资成本
后续计量	当或有事项满足预计负债的确认条件时，按最佳估计确认这些负债，并相应调整长期股权投资成本	根据《企业会计准则第 22 号——金融工具的确认和计量》，万泰集团支付或有对价的义务属于一项金融负债，应采用公允价值计量，公允价值变化产生的利得和损失计入当期损益

从实务操作来看，参照企业合并准则的原则进行处理的主要困难在于或有对价公允价值的计量。或有对价估值法包括现金流量折现分析和更复杂的蒙特卡洛模拟等方法。多数估值法要求包含一些期权定价技术，以考虑结果的潜在可变性。对于普通的财务人员，这显然太复杂了。如果聘请专业评估师，又会增加企业的核算成本。因此，从财务核算的角度看，按照或有事项准则处理更方便、更经济。

从财务影响来看，如果按或有事项准则处理，万泰集团未来支付的利润承诺计入长期股权投资的成本，不影响损益（除非长期股权投资发生减值）；但在企业合并准则下，公允价值的变动计入当期损益，虽然每期随公允价值波动对当期利润的影响可能有增有减，但只要万泰集团进行了支付，那么累计影响会减少未分配利润。因此，从财务影响来看，万泰集团的财务经理会更愿意按或有事项准则处理。

4. 对于利润承诺在万泰集团个别报表上的处理，陈洁和江涛的争议主要在于是否适用企业合并准则中或有对价的处理原则。结合本案例对企业合并准则中或有对价的相关规定进行评价。（提示：企业会计准则引入或有对价的处理是源于《国际财务报告准则第 3 号》（IFRS 3）的修订，可以结合国际准则进行分析）

➢ 参考答案：

企业会计准则对或有对价在个别报表中的处理没有明确的规定，陈洁和江涛的观点都有一定的道理，在实务中也存在多种操作方式（按或有事项准则处理的可能更常见一些）。该问题的讨论目的不是为了找到正确的答案，而是借助或有对价在个别报表上处理的讨论，帮助学生进一步了解企业合并中或有对价的处理原理，并希望开拓一下学生的思路。

支持按企业合并准则处理的理由如下：

企业会计准则引入或有对价的处理是源于《国际财务报告准则第 3 号》（IFRS 3）的修订。IFRS 3 在其修订之前对于企业合并中或有对价的处理是，仅当在购买日很可能发生并能可靠计量的情况下，购买方才确认基于未来事项的对价。如果确认要求的可能性或可靠计量在购买日之后才能达到，那么额外对价将被认为是企业合并的会计调整或者在事后对商誉的调整。因此，在修订 IFRS 3 之前，同样是业务合并的对价，其他形式的对价以购买日公允价值计量，但或有对价不总是以购买日公允价值计量，致使或有对价与其他形式的对价的处理原则不同。（IFRS 3R BC. 344–345）

对此，国际会计准则理事会在修订 IFRS 3 时重新考虑了这个问题。国际会计准则理事会认为，在以前的准则中延迟确认企业合并的或有对价是不可接受的，因为这忽视了在企业合并交易中购买方支付或有对价的承诺是导致产生义务的事项。尽管购买方支付对价的金额或数量取决于未来事项，但如果特定的未来事项的发生是无条件的，那么该义务是不会改变的。同样，如果满足特定状况，购买方也有要求返回先前支付对价的权利。在购买日不确认这些权利和义务将不能真实反映在购买日所交换对价的经济实质。因此，国际会计准则理事会认为，与或有对价相关的权利和义务都应以其在购买日的公允价值确认和计量。（IFRS 3R BC. 346）

从国际会计准则理事会修订企业合并中或有对价的结论基础来看，这些考虑也同样适用于除企业合并之外的长期股权投资的交易。如果在购买或处置长期股权投资时，在交易日不确认这些或有的权利和义务也同样不能真实反映所交换对价的经济实质。因此，买卖双方也应将协议约定的或有对价作为股权交易对价的一部分，按照其在购买日的公允价值计入长期股权投资的初始确认成本或计入处置收益。

对于或有对价的后续计量，企业合并准则规定或有对价的后续计量取决于该或有对价是否属于《企业会计准则第 22 号——金融工具的确认和计量》中的金融工具。如果属于金融工具，应采用公允价值计量，公允价值变化产生的利得和损失应按该准则规定计入当期损益或计入资本公积；如果不属于《企业会计准则第 22 号——金融工具的确认和计量》中的金融工具，应按照《企业会计准则第 13 号——或有事项》或其他相应的准则处理[①]。因此，从或有对价的后续处理来看，企业合并准则并没有提出一套新的处理原则，而是根据或有对价的性质分别按适用的准则进行处理。因此，或有对价无论是否发生在企业合并中，其后续计量原则应该是保持一致的，即视或有对价的性质按金融工具或者或有事项准则处理。

---

① IFRS 2010–2012 年度改进项目取消了企业合并中或有对价按或有事项准则后续计量的规定。（IFRS 3 p. 58）但企业会计准则尚未跟进该修订。

反对按企业合并准则处理的理由如下：

企业合并准则有关或有对价的处理仅适用于非同一控制下企业合并中的或有对价，对于同一控制下企业合并中的或有对价，《企业会计准则第 2 号——长期股权投资》（2014）应用指南规定，“同一控制下企业合并方式形成的长期股权投资，初始投资时，应按照《企业会计准则第 13 号——或有事项》的规定，判断是否应就或有对价确认预计负债或者确认资产，以及应确认的金额”。可见，非同一控制下企业合并中或有对价的处理方法不适合进一步扩大至非同一控制下企业合并之外。因此，除企业合并之外其他方式取得的长期股权投资的或有对价、或处置股权的或有对价应按照《企业会计准则第 13 号——或有事项》规定的原则进行处理。

最新动态：

IFRS 下的讨论思路对企业会计准则下的处理也很有借鉴意义，建议学生关注一下 IFRS 的最新动态[①]。

5. 在合并报表上，针对万泰集团对银信公司的利润承诺，你认同谁的观点？请说明理由。

➢ 参考答案：

实务中对于这个问题也是有争议的。讨论这个问题主要是为了开拓一下学生的思路，并且提醒学生注意：随着业务形式的多样化，并购重组业务与金融工具准则的联系越来越多，应小心可能存在的陷阱。

倾向江涛的处理。根据《企业会计准则第 37 号——金融工具列报》（2014）第十五条，“在合并财务报表中对金融工具（或其组成部分）进行分类时，企业应当考虑集团成员和金融工具的持有方之间达成的所有条款和条件。如果集团作为一个整体由于该工具承担了交付现金、其他金融资产或以其他导致该工具成为金融负债的方式进行结算的义务，则该工具应当分类为金融负债”。在合并报表层面应将集团成员视为一个整体进行考虑，因此当万泰集团及其子公司万信公司整体对外承担了交付现金的义务时，与该义务相关的部分在合并报表中应划分为金融负债。

也可以将该交易类比附有强制转换条款的可转换债券，两者的经济效果是相似的。万泰集团向银信公司出售泰河公司 40% 股份，相当于在合并层面向银信公司发行了一项可转换债券，该可转换债券中包含了强制持有人（而不是由持有人选择）转换债券的条款。该强制性可转换债券只能以固定数量的子公司股票（万信公司 40% 的股权）结算，因此该工具的这一部分作为一项权益工具处理，因为万泰集团通过交付固定数额的自身权益工具换取固定数额的现金。而该可转换债券在债券被转换之前需支付利息，在这种情形下发行人要把所收到的对价分配一部分作为负债，即采用具有类似信用等级但无转股权的类似工具的市场利率将利息付款折

① IFRS 2010-2012 年度改进项目已于 2013 年 12 月 23 日发布。根据修订，IFRS 3 中的或有对价后续应按公允价值计量且其变动计入当期损益。（IFRS 3 p. 58）

为现值来进行计量（0.76 亿元）。负债组成部分与权益组成部分初始确认的价值合计与该复合工具总体的公允价值基本一致，即 4 亿元。因此，工具整体公允价值中单独确定的负债部分为 0.76 亿元，其余 3.24 亿元为权益。

6. 假如万泰集团与银信公司约定在 5 年后以 5 亿元回购万信公司 40% 的股权，在合并报表上，你认为万泰集团对该回购承诺应如何进行会计处理？

➢ 参考答案：

通常情况下，企业都不愿意确认负债，因为较高的负债率会影响企业的后续融资。针对企业的这种需求，市场上“假投资真借款”的现象越来越多，即形式上看是投资，但根据合同的一些特殊约定，实质上是借款。

例如，万泰集团没有 5 年的利润承诺，但承诺 5 年后向银信公司按固定金额 5 亿元回购其持有的万信公司的股权。在这种情况下，交易的实质是借款，而不是投资，银信公司实际上并不享有万信公司的剩余权益。交易的实质是万泰集团向银信公司借入 4 亿元的借款，5 年后期还本付息共支付 5 亿元。因此，在合并报表层面，应将银信公司投入的 4 亿元确认为一项负债。

万泰集团承诺 5 年后按固定金额购买子公司万信公司 40% 的股权，在合并报表层面属于回购自身权益工具。根据《企业会计准则第 37 号——金融工具列报》（2014）第十一条，企业回购自身权益工具的合同义务将形成一项金融负债，其金额等于回购所需支付的金额的现值。

《企业会计准则第 37 号——金融工具列报》（2014）第十一条规定，除根据本准则第三章分类为权益工具的金融工具外，如果一项合同使发行方承担了以现金或其他金融资产回购自身权益工具的义务，即使发行方的回购义务取决于合同对手方是否行使回售权，发行方应当在初始确认时将该义务确认为一项金融负债，其金额等于回购所需支付金额的现值（如远期回购价格的现值、期权行权价格的现值或其他回售金额的现值）。如果最终发行方无需以现金或其他金融资产回购自身权益工具，应当在合同到期时将该项金融负债按照账面价值重分类为权益工具。

中篇　特殊并购业务

案例 14

ST 长控收购浪莎内衣：同一控制合并还是反向购买

一、案例概览

2006 年 8 月至 2007 年 5 月间，浙江浪莎控股有限公司（以下简称“浪莎控股”）以 7 000 万元人民币受让四川长江包装控股股份有限公司（以下简称“四川长控”或“ST 长控”）34 671 228 股，占 ST 长控总股本的 57.11%；ST 长控将所有与业务相关的资产与负债转让给宜宾市国有资产经营公司（以下简称“宜宾国资公司”）；ST 长控向浪莎控股非公开发行股票来获得浪莎控股持有的浙江浪莎内衣有限公司（以下简称“浪莎内衣”）100% 的股权。

2007 年 6 月中旬，四川长控上市公司的会计主管伍总召集了公司会计人员老田、小赵与小孙开会讨论了并购账务处理的不同方案及其财务影响。伍总必须在一周内给浪莎控股以及 ST 长控（四川浪莎控股）的会计人员予以明确的指导，确定本次并购的经济性质及其账务处理的原则。

二、教学目标

通过本案例的讨论与分析，拟实现以下教学目标：

1. 理解并掌握同一控制下合并与反向购买的差异与适用条件；

2. 理解并掌握构成业务与不构成业务的反向购买的差异与适用条件；

3. 掌握不构成业务的反向购买的会计处理原则，掌握将相关会计准则应用于不构成业务的反向购买的会计实务；

4. 识别同一控制下合并、构成业务以及不构成业务的反向购买的会计核算差异及其财务影响。

三、教学建议

案例 14 的教学建议见表 14-1。

表 14-1　　案例 14 的教学建议

内容	主角	组织与要求	时间
阅读案例资料	学生	熟悉案例资料，补充并收集相关资料	课前
案例讨论	学生	每个案例小组围绕着思考分析题，分析讨论案例会计类型认定及其影响	课前
演讲	学生	每个案例小组推荐 1 名学生阐述其讨论的情况及达成的共识、产生的分歧	40～50 分钟
点评	老师	点评案例小组讨论情况并引导其对问题的正确理解和深入分析	30～40 分钟

本案例以企业合并与合并报表会计理论及其实务为基础，参考以下文献：

1. 中华人民共和国财政部．企业会计准则第 2 号——长期股权投资．2014.

2. 中华人民共和国财政部．企业会计准则第 20 号——企业合并．2006.

3. 中华人民共和国财政部．企业会计准则第 33 号——合并财务报表．2014.

4. 中华人民共和国财政部．企业会计准则——应用指南［M］．北京：中国财政经济出版社，2006.

5. 财政部会计司编写组．企业会计准则讲解 2010［M］．北京：人民出版社，2010.

6. 财政部．关于做好执行会计准则企业 2008 年年报工作的通知．财会函〔2008〕60 号．

7. 财政部．关于执行会计准则的上市公司和非上市企业做好 2009 年年报工作的通知．财会〔2009〕16 号．

8. 财政部．关于非上市公司购买上市公司股权实现间接上市会计处理的复函．财会便〔2009〕17 号．

9. 中国证监会会计部．上市公司执行企业会计准则案例解析［M］．北京：中国财政经济出版社，2012.

四、建议使用的教学资源

1. ST 长控 2005 年年度报告．

2. ST 长控 2006 年度年报告．

3. 浪莎股份 2007 年年度报告．

4. ST 长控公司关于重大资产收购暨定向发行股票关联交易申请获中国证监会

核准公告，2007 年 3 月 23 日.

5. ST 长控公司关于本公司国家股股权转让进展情况公告，2007 年 4 月 3 日.

6. ST 长控公司关于公司重大资产重组进展情况公告，2007 年 5 月 8 日.

7. ST 长控公司重大资产收购暨定向发行股份实施结果报告及股份变动公告，2007 年 5 月 16 日.

五、案例分析参考

1. 如果你是伍总，对于四川长控公司发行股份换取浪莎内衣的权益资产中购买方的确定，请总结老田与小赵的意见分歧之处并进行评价，说明你的意见与理由。

➢ 参考答案：

与会人员关于问题 1 的意见分歧见表 14-2。

表 14-2 **与会人员关于问题 1 的意见分歧**

人员	小赵	老田
购买方	四川长控	浪莎内衣
理由	从并购后的持股情况来看，ST 长控持有浪莎内衣 100% 的股权，而浪莎内衣并未持有 ST 长控任何股权	1. 浪莎内衣的资产与收入均远大于 ST 长控的规模； 2. 更重要的是，浪莎内衣的实际控制人翁氏三兄弟以及高管决定着 ST 长控的经营政策与财务政策，因此该并购在经济实质上是浪莎内衣反向购买 ST 长控，购买方应该是浪莎内衣

根据《企业会计准则讲解 2010》，购买方是指在企业合并中取得对另一方或多方控制权的一方。企业合并中，一般应考虑企业合并合同、协议以及其他相关因素来确定购买方。在判断企业合并中的购买方时，应考虑所有相关的事实和情况，特别是企业合并后参与合并各方的相对投票权、合并后主体管理机构及高层管理人员的构成、权益互换的条款等。应考虑以下情况：

（1）合并中一方取得了另一方半数以上有表决权股份的，除非有明确的证据表明不能形成控制，一般认为取得另一方半数以上表决权股份的一方为购买方。

（2）某些情况下，即使一方没有取得另一方半数以上有表决权股份，但存在以下情况时，一般也可认为其获得了对另一方的控制权，如：

①通过与其他投资者签订协议，实质上拥有被购买企业半数以上表决权。

②按照章程或协议等的规定，具有主导被购买企业财务和经营决策的权力。

③有权任免被购买企业董事会或类似权力机构多数成员。

④在被购买企业董事会或类似权力机构中具有多数投票权。

（3）某些情况下可能难以确定企业合并中的购买方，如参与合并的两家或多家企业规模相当，这种情况下，往往可以结合一些迹象表明购买方的存在。在具体判断时，可以考虑下列相关因素：

①以支付现金、转让非现金资产或承担负债的方式进行的企业合并，一般支付现金、转让非现金资产或是承担负债的一方为购买方。

②考虑参与合并各方的股东在合并后主体的相对投票权，其中股东在合并后主体具有相对较高投票比例的一方一般为购买方。

③参与合并各方的管理层对合并后主体生产经营决策的主导能力，如果合并导致参与合并一方的管理层能够主导合并后主体生产经营政策的制定，其管理层能够实施主导作用的一方一般为购买方。

④参与合并一方的公允价值远远大于另一方的，公允价值较大的一方很可能为购买方。

⑤企业合并是通过以有表决权的股份换取另一方的现金及其他资产的，则付出现金或其他资产的一方很可能为购买方。

⑥通过权益互换实现的企业合并，发行权益性证券的一方通常为购买方。但如果有证据表明发行权益性证券的一方，其生产经营决策在合并后被参与合并的另一方控制，则其应为被购买方，参与合并的另一方为购买方。该类合并通常称为反向购买。

➢ 评价与分析：

从法律的角度来看，小赵的观点是对的，即从并购后的持股情况来看，ST 长控持有浪莎内衣 100% 的股权，而浪莎内衣并未持有 ST 长控任何股权，因此 ST 长控是购买方。

从会计角度来看，应采用（经济）实质重于（法律）形式的原则，老田的观点是对的，浪莎内衣是购买方，因为浪莎内衣的实际控制人翁氏二兄弟以及高管决定着 ST 长控的经营政策与财务政策，其本质是浪莎内衣借壳上市。

2. 如果你是伍总，对于四川长控公司发行股份换取浪莎内衣的权益资产这一交易的会计类型认定，请总结老田、小赵与小孙的意见分歧并进行评价，说明你的意见与理由。

与会人员关于问题 2 的意见分歧见表 14-3。

表 14-3　　与会人员关于问题 2 的意见分歧

人员	小赵	老田	小孙
并购类型	同一控制下的控股合并	非同一控制下的反向购买	不构成业务的反向购买

➢ 参考答案：

本案例中对于并购类型的认定，小孙的观点是正确的，四川长控公司发行股份换取浪莎内衣 100% 的股权实质上属于浪莎内衣借“四川长控”公司这一空壳上市。由于四川长控在合并交易前已经将所有业务相关的资产与负债打包到中元造纸公司，并转让给宜宾国资公司，四川长控在本次合并之前仅持有现金等不构成业务的资产或负债，因此该并购属于不构成业务的反向购买。

从严格意义上来说，本案例并不是一起合并，因为企业合并指的是一个企业取得了对一个或多个业务的控制权，而本案例中四川长控仅是一个空壳资源，并没有任何投入、加工与产出的业务单元，仅是浪莎内衣换了一个公司名称而上市。这使得并购交易后存续公司财务报表以及比较信息都应该以浪莎内衣公司的持续经营为基础，才能为投资者提供更相关的信息。

这种案例在我国并不罕见，主要因为我国上市公司的壳资源具有稀缺性。

3. 如果你是伍总，对于不同并购的会计类型的认定对上市公司个别报表的财务影响，请总结老田、小赵与小孙的意见分歧并进行评价，说明你的意见与理由。

➢ 参考答案：

不同并购类型对个别财务报表的影响见表 14-4、表 14-5。

表 14-4　**不同并购类型对个别财务报表的影响（a）**

人员	小赵	老田	小孙
并购类型	同一控制下的控股合并	构成业务的反向购买	不构成业务的反向购买
长期股权投资入账价值	浪莎内衣股东权益的账面价值，即 73 043 265.1 元	发行权益性证券的公允价值 68 621 777 元（2006 年 11 月 13 日）	浪莎内衣股东权益的账面价值计量，即73 043 265.10元
支付对价	“股本” 10 106 300 元	“股本” 10 106 300 元+资本公积 58 515 477 元	“股本” 10 106 300 元
购买价差	62 936 965.1 元，计入资本公积	无	62 936 965.1 元，计入资本公积

表 14-5　**不同并购类型对个别财务报表的影响（b）**

并购类型		对个别报表的财务影响		
小赵	同一控制下的控股合并	借：长期股权投资	73 043 265.1	
		贷：“股本”		10 106 300
		资本公积		62 936 965.1
老田	非同一控制下的反向购买	借：长期股权投资	68 621 777	
		贷：“股本”		10 106 300
		资本公积		58 515 477
小孙	不构成业务的反向购买	借：长期股权投资	73 043 265.1	
		贷：“股本”		10 106 300
		资本公积		62 936 965.1

➢ 评价与分析：

对于不同并购类型对个别财务报表的影响，小赵与小孙对并购类型的认定虽然不同，但是其基本核算原理相同，都采用被投资单位的账面价值计量，因此其财务影响相同。

该核算方式的优点在于能够与合并报表的编制基础逻辑一致，都以母子公司的账面价值为基础，从而简化了报表核算工作。其缺点在于不能充分反映并购后 ST 长控公司作为法人这一会计主体的资产与股东权益的真实状况，也与其他同类投资交易的会计核算不一致，违背了可比性原则。作为上市公司，其长期股权投资的入账价值应该等于股票发行的公允价值，即股票发行日（2007 年 5 月 8 日）的股价 45.21 元/股与发行数量的乘积。

老田把该并购类型认定为非同一控制下企业合并，并不准确。但是从个别报表来看，ST 长控通过发行权益取得浪莎内衣 100% 股权，其长期股权投资的入账价值采用发行权益的公允价值作为计量，较好地反映了公司的资产与权益的真实状况，并且与其他的长期股权投资核算的会计政策具有较好的一致性与可比性。但是其采用的发行权益的公允价值采用 2006 年 11 月 13 日被证监会核准的价格，值得商榷。在实务上，更多地采用的公允价值计量日为 ST 长控新发行股票的过户日，即以 2007 年 5 月 8 日的股票价格 45.21 元/股为依据。

该会计核算的缺点在于与合并报表在会计主体以及计量基础两方面具有较大的差异，这些不一致的计量基础与会计主体将会在很长时期存续，导致报表的编制工作比较复杂，并令人费解。

目前国际会计准则对此并没有明确的规定，我国《企业会计准则讲解 2010》规定，上市公司在其个别财务报表中应当按照《企业会计准则第 2 号——长期股权投资》等的规定确定取得资产的入账价值。上市公司的前期比较个别财务报表应为其自身个别财务报表。这与老田的思路比较一致。

4. 如果你是伍总，对于不同并购的会计类型的认定对上市公司合并报表的财务影响，请总结老田、小赵与小孙的意见分歧并进行评价，说明你的意见与理由。

➢ 参考答案：

不同并购类型对合并财务报表的影响见表 14-6。

表 14-6　**不同并购类型对合并财务报表的影响**

人员	小赵	老田	小孙
并购类型	同一控制下的控股合并	构成业务的反向购买	不构成业务的反向购买
编制基础	四川长控为母公司	浪莎内衣为母公司	浪莎内衣为母公司
合并（投资）成本	不适用	假设以发行权益性证券的方式获取 ST 长控的股权或 ST 长控的股权市值	假设以发行权益性证券的方式获取 ST 长控的股权或 ST 长控的股权市值
商誉	无	合并成本——四川长控可辨认净资产公允价值	无

续表

人员	小赵	老田	小孙
合并各项资产	四川长控资产账面价值+浪莎内衣资产账面价值	浪莎内衣资产账面价值+四川长控资产公允价值	浪莎内衣资产账面价值+四川长控资产账面价值
合并各项负债	四川长控负债账面价值+浪莎内衣负债账面价值	浪莎内衣负债账面价值+四川长控负债公允价值	浪莎内衣负债账面价值+四川长控负债账面价值
合并股本	四川长控的股本	四川长控的股本	四川长控的股本
合并所有者权益	四川长控的所有者权益	浪莎内衣的所有者权益	浪莎内衣的所有者权益
合并留存收益	四川长控留存收益+浪莎内衣留存收益	浪莎内衣留存收益	浪莎内衣留存收益
前期比较报表	假设该并购发生在前期期初，编制比较报表	从并购日开始编制合并报表，以浪莎内衣个别报表为基础进行比较	从并购日开始编制合并报表，以浪莎内衣个别报表为基础进行比较

➢ 评价与分析：

对于不同并购类型对合并报表的财务影响，小孙把合并类型认定为不构成业务的反向购买，比较能够从经济实质上揭示企业集团的财务状况与经营成果，与现有的我国会计规范以及国际会计准则比较一致。

5. 如果第二部分的交易没有发生，即 ST 长控没有以 0 元价格转让公司所持宜宾中元 95% 股权，对于四川长控公司发行股份换取浪莎内衣的权益资产，从会计角度看，属于哪种并购类型？

➢ 参考答案：

属于构成业务的反向购买，因为 ST 长控的债务风险并没有切断，仍具有经营业务可能。

六、课程中可讨论的其他问题

6.（可选）假设你是浪莎控股公司的会计人员，请说明浪莎控股在并购上市公司中的购买日应如何确定。

➢ 参考答案：

根据《企业会计准则讲解 2010》，购买日是购买方获得对被购买方控制权的日期，即企业合并交易进行过程中，发生控制权转移的日期。根据企业合并方式的不同，在控股合并的情况下，购买方应在购买日确认因企业合并形成的对被购买方的长期股权投资，在吸收合并的情况下，购买方应在购买日确认合并中取得的被购买方各项可辨认资产、负债等。

确定购买日的基本原则是控制权转移的时点。企业在实务操作中，应当结合合并合同或协议的约定及其他有关的影响因素，按照实质重于形式的原则进行判断。同时满足了以下条件时，一般可认为实现了控制权的转移，形成购买日。有关的条件包括：

（1）企业合并合同或协议已获股东大会等内部权力机构通过。

（2）按照规定，合并事项需要经过国家有关主管部门审批的，已获得相关部门的批准。按照国家有关规定，企业并购需要经过国家有关部门批准的，取得相关批准文件是对企业合并交易或事项进行会计处理的前提之一。

（3）参与合并各方已办理了必要的财产权交接手续。作为购买方，其通过企业合并无论是取得对被购买方的股权还是取得被购买方的全部净资产，能够形成与取得股权或净资产相关的风险和报酬的转移，一般需办理相关的财产权交接手续，从而从法律上保障有关风险和报酬的转移。

（4）购买方已支付了购买价款的大部分（一般应超过 50%），并且有能力、有计划支付剩余款项。

（5）购买方实际上已经控制了被购买方的财务和经营政策，享有相应的收益并承担相应的风险。

案例中，购买日也是长期股权投资的入账日期，应考虑同时满足上述 5 个条件。

第一种观点：把《股权转让协议》签署日 2006 年 8 月 31 日确定为购买日，明显不妥，因为 5 项条件均未满足。

第二种观点：2007 年 3 月 29 日四川长控公司原国家股股份过户登记至浙江浪莎控股有限公司，7 000 万元款项付清时确定为购买日，是合适的，因为上述 5 个条件均已满足。

第三种观点：浪莎控股受让 ST 长控的 57. 11% 的国家股权以及用浪莎内衣换取 ST 长控的定向增发股票，看成一笔交易，采用谨慎性原则把 2007 年 5 月 12 日确定为购买日，也是一种稳健的选择。但是，如果浪莎控股把 2007 年 5 月 12 日才确定为购买日，那么对于 2007 年 3 月底国家股的财产交接手续办理完毕、相关款项已经支付表明浪莎控股已经获得 ST 长控的控制权，这一交易的会计确认与计量将会陷入困难。

值得注意的是，对于第 5 个条件（购买方实际控制被购买方的财务和经营政策，享有相应的收益并承担相应的风险），第二种与第三种看法略有不同。第二种观点认为 2007 年 3 月底股权财产交接手续办理完毕，浪莎控股已经在法律上获取了相应的收益权并承担相应的风险；但是小王认为 2007 年 5 月 12 日管理层的正式改组才是控制权实际转移的标志。这一问题在实务中具有一定的普遍性，也存在一些不同意见。一般来说，在一起善意并购（并购方在并购之前与被并购方的管理层协商）中，管理层的实际职权交接日会早于正式公告日，大多会与财产交接手续办理同步，甚至早于财产交接日，例如案例中2006年8月底的《股权转让协议》中的特别条款（a. 转让方、受让方同意，自协议签订日至本次股权转让完成日期间，*ST长控所产生的债务和利润由转让方承担和享有。b. 转让方保证对*ST长控的监督管理，并保证将*ST长控的经营管理行为和财务状况应当及时通报受让方，重大事项还应该事先征询受让方意见。受让方有权要求转让方及*ST长控的管理层对*ST长控在本次股权转让完成日之前的经营行为或其他受让方认为需要了解的情况作出解释和说明；c. 为了便于受让方了解*ST长控的具体情况，转让方促使*ST长控同意受让方在股权转让完成之日前列席*ST长控的总经理办公会、董事会、监事会和股东大会）已经赋予了浪莎控股对ST长控的管理与监督权，因此，案例中，2007年3月29日四川长控公司原国家股股份过户登记至浙江浪莎控股有限公司，7 000万元款项付清时确定为购买日，是比较合适的，更具有实务操作性。如果在恶意并购（并购方在收购前不告知被收购方的管理层）的情形下，采用管理层改组的日期作为实际控制权的转移日，比较合适。

7.（可选）假设你是浪莎控股公司（集团）的会计人员，请说明公司以浪莎内衣100%股权来换取ST长控发行的股票应如何进行会计核算。

➢ 参考答案：

浪莎控股公司（集团）以浪莎内衣100%股权来换取ST长控发行的股票，从经济性质来看属于非货币性资产交换，对于换入资产（四川长控的股权投资）的入账价值可以有两种观点。第一种观点：换入资产采用换出资产的公允价值入账，把换出资产的公允价值与账面价值的差额计入当期损益。其理由是换入资产与换出资产在风险与收益上具有显著的差异，因此该交易具有商业实质。第二种观点：换入资产采用换出资产的账面价值入账。其理由是该交易的实质是控股集团把浪莎内衣的业务注入“四川长控”这一上市公司的空壳中，仅是浪莎内衣从子公司变为孙公司的组织形式转换，并不具有商业实质。并且，浪莎内衣与四川长控均是集团控股下的持续经营，采用历史成本计量将使得个别报表与合并报表的核算大大简化。我们更倾向于采纳第二种观点。会计分录如下：

借：长期股权投资——四川长控　　　　73 043 265.1

　贷：长期股权投资——浪莎内衣　　　　73 043 265.1

8.（可选）分析宜宾国资公司在并购交易中的成本与收益，以及在交易中的作用。说明这些并购所涉及的其他利益相关者主要还有哪些，说明哪些人可能从并购中受益及其理由，说明哪些人可能从并购中受损及其理由。

➢ 参考答案：

在并购交易中，宜宾国资公司将上市公司四川长控57.11%的股权转让获得银行存款7 000万元，并获得宜宾中元造纸厂95%股权，其实质是将上市资格或壳资源以7 000万元卖给了浪莎控股公司。从交易来看，一方面宜宾国资公司属于原大股东，是市场的交易主体；另一方面宜宾国资公司的主管部门或者最终控制人——宜宾市国资委还承担着市场监管、确保国有资产保值增值的职责，是市场的监管方。这种双重身份决定了并购交易能否成功，以及确保交易中处于有利的谈判地位，可以尽可能规避交易风险，获得较大的收益。

并购的其他利益相关者主要包括收购方（浪莎控股）与被收购方（ST 长控）的股东、管理层与投资者、债权人、职工以及监管方、中介机构。

除大股东宜宾市国资委（公司）外，被并购方（ST 长控）的原中小股东实际上变更为浪莎股份的中小股东，原来所持有的资不抵债的 ST 长控股权变为资产质量较好、收益能力较强的浪莎股份，股价因此大涨，从而获益。

浪莎控股以 7 000 万元获得上市资格，既扩大了品牌知名度，又获得了增发配股等融资权，有助于未来进一步扩大规模、提高财务弹性；同时，浪莎公司上市后将完善治理结构，有助于提升管理水平，为增强企业核心竞争力打下基础。

因为原 ST 长控公司被浪莎控股并购后，其债务将由浪莎控股承担，降低了债务违约风险，原 ST 长控的债权人可因此受益。

浪莎控股获取上市资格后，其管理层能够控制的资源更多、企业对管理层的依赖更重，因此可从中受益。

对于中介机构来说，并购的尽职调查与咨询评估都是其职责、风险与收益所在。

案例 15

银亿房产借壳兰光科技：反向购买如何核算

一、案例概览

兰光科技向宁波银亿控股有限公司（以下简称“银亿控股”）定向发行购买其所拥有的宁波银亿房地产开发有限公司（以下简称“银亿房产”）100% 股权。换股交易完成后，银亿控股拥有兰光科技近 90% 的股权，而兰光科技拥有银亿房产 100% 的股权。上述反向购买交易完成后，该上市公司主营业务由通信及相关设备制造转型为房地产开发和经营。

信达会计师事务所审计业务一部以兰光科技为案例组织反向购买的业务学习，探讨反向购买交易的特点、会计确认与计量的难点，本案例会计处理的合规性、反向购买现行会计规范的合理性，以及对相关者利益的影响等。参加此项案例分析的人员有：部门经理郑鸣、注册会计师李响、注册会计师钱途、审计员秦芬。

二、教学目标

通过本案例讨论与分析，拟实现以下教学目标：

1. 了解企业反向购买交易的动机；
2. 掌握反向购买交易特征与判断标准及其实务应用；
3. 掌握反向购买是否构成业务的交易特征、判断标准及其实务应用；
4. 掌握构成业务的反向购买的会计核算方法；
5. 了解反向购买交易对利益相关者的影响。

三、教学建议

案例 15 的教学建议见表 15-1。

本案例以企业合并和合并财务报表的会计理论及其实务为基础，参考以下文献：

1. 中华人民共和国财政部．企业会计准则第 2 号——长期股权投资 . 2014.
2. 中华人民共和国财政部．企业会计准则第 20 号——企业合并 . 2006.
3. 中华人民共和国财政部．企业会计准则第 33 号——合并财务报表 . 2014.

表 15-1　　案例 15 的教学建议

内容	主角	组织与要求	时间
阅读案例资料	学生	熟悉案例资料，补充并收集相关资料	课前
案例讨论	学生	每个案例小组围绕着思考分析题，分析讨论案例会计类型认定及其影响	课前
演讲	学生	每个案例小组推荐 1 名学生阐述其讨论的情况及达成的共识、产生的分歧	35～45 分钟
点评	老师	点评案例小组讨论情况并引导其对问题的正确理解和深入分析	25～35 分钟

4. 中华人民共和国财政部．企业会计准则——应用指南［M］．北京：中国财政经济出版社，2006.

5. 财政部会计司．关于做好执行会计准则企业 2008 年年报工作的通知．财会函〔2008〕60 号．

6. 财政部会计司．关于非上市公司购买上市公司股权实现间接上市会计处理的复函．财会便〔2009〕17 号．

7. 财政部会计司．关于执行会计准则的上市公司和非上市企业做好 2009 年年报工作的通知．财会〔2009〕16 号．

8. 财政部会计司编写组．企业会计准则讲解 2010［M］．北京：人民出版社，2010.

9. 国际会计准则理事会．国际财务报告准则第 3 号——企业合并．2012.

10. 中国证监会．关于切实做好 2011 年年报编制、审计和披露工作的公告．证监会公告〔2011〕41 号．

四、建议使用的教学资源

1. 关于甘肃兰光科技股份有限公司发行股份购买资产暨关联交易之独立财务顾问报告，2009-11-17.

2. 关于甘肃兰光科技股份有限公司非公开发行股票购买资产暨重大资产重组之专项法律意见书，2011-05-12.

3. 甘肃兰光科技股份有限公司收购报告书（修订稿），2011-05-12.

4. 甘肃兰光科技股份有限公司发行股份购买资产暨关联交易报告书（修订稿），2011-05-12.

5. 甘肃兰光科技股份有限公司 2009 年年度报告（股票简称：S*ST 兰光）．

6. 甘肃兰光科技股份有限公司 2010 年年度报告（股票简称：S* ST 兰光）.

7. 银亿房地产股份有限公司 2011 年年度报告（证券简称：ST 兰光）.

五、案例分析参考

1. 李响与秦芬关于谁是会计上购买方的意见分歧在哪里？请进行评价，说明你的观点及依据。

与会人员关于问题 1 的意见分歧见表 15-2。

表 15-2　**与会人员关于问题 1 的意见分歧**

人员	李响	秦芬
谁是会计上的购买方	银亿房产	银亿控股
理由	从法律角度看，兰光科技为母公司，因为它发行了股份，银亿房产为子公司，因为其权益被购买。但从会计角度看，通过权益互换，兰光科技被银亿房产股东银亿控股所控制，为会计上的被购买方，而作为权益互换的另一方，银亿房产就成为会计上的购买方	银亿房产的控股股东银亿控股购买了兰光科技的大多数股份，控制了兰光科技

➢ 评价与分析：

秦芬的观点表明其只是站在法律角度看待谁是购买方。从法律形式上看，通过兰光科技向银亿房产的股东银亿控股发行股份，银亿控股取得了兰光科技的控股权，兰光科技取得了银亿房产的控股权，银亿控股和兰光科技是不同层面上的母公司。李响的观点正确。

会计上确定购买方，则是出于会计处理的目的，即为了确定合并财务报表的报告主体。在本案例中，反向购买的交易——权益互换是兰光科技的股份与银亿房产的权益工具进行互换，而非与银亿控股的权益工具互换。在权益互换的两方中，如果以法律上母公司兰光科技为报告主体编制合并财务报表，难以反映反向购买交易的影响，不能体现其在反向购买后被银亿房产股东所控制的经济实质。因此，在会计上假定由银亿房产发行股份取得兰光科技的控股权，从而将银亿房产作为会计上购买方，以银亿房产为报告主体编制合并财务报表。

至于银亿控股，它是反向购买交易形成合并主体的控股股东，其编制合并财务报表的范围，不仅包括兰光科技、银亿房产，而且包括它所控制的其他子公司（假如有），反映的是上一级次即更大范围报告主体的财务状况、经营成果等。因此，就反向购买交易形成的合并主体层面而言，银亿控股不是报告主体，即不是会计上的购买方。

2. 本案例的反向购买交易中，会计上的被购买方兰光科技是否构成业务？为什么？

与会人员关于问题 2 的意见分歧见表 15-3。

表 15-3 与会人员关于问题 2 的意见分歧

人员	秦芬	李响
是否构成业务	不构成业务	构成业务
理由	兰光科技连续几年亏损，不能为投资者提供股利和其他经济利益的回报，持续经营存在困难，不符合业务的定义	兰光科技留有构成投入和过程的生产经营活动和相关资产、负债的组合，符合构成业务的条件

➢ 评价与分析：

在本案例中，会计上被购买方兰光科技构成业务。构成业务与否的关键，应当为是否具备投入和加工处理过程两个要素，不能将发生亏损和因亏损而无法向股东分配股利作为判断不构成业务的依据。

3. 关于本案例会计上购买方银亿房产的合并成本计量，李响与郑鸣的意见分歧在哪里？说明你的意见及理由，分析不同计量方法的利弊及适用性。

与会人员关于问题 3 的意见分歧见表 15-4。

表 15-4 与会人员关于问题 3 的意见分歧

人员	李响	郑鸣
合并成本计量的依据是什么	以兰光科技股票的公开报价作为其公允价值	以银亿房产评估基准日的可辨认资产、负债评估价值为基础，考虑评估增值因素，对其购买日的财务报表进行调整，以此推算购买日可辨认资产、负债的公允价值
理由	兰光科技系上市公司，是作为收购银亿房产股权的对价——权益性证券的实际发行方，其权益性证券在活跃市场有公开报价	重组定价日与购买日的股票收盘价很可能有较大差异，且法律上母公司的股票通常在购买日后较长时间才获准恢复上市交易，停牌时的股价难以反映购买日的公允价值，更何况在我国目前资本市场条件下受干扰的因素较多

➢ 评价与分析：

（1）以会计上被购买方股价计量反向购买合并成本的局限性。

根据我国证监会的有关规定，并购重组价格是以董事会决议前 20 日平均价为基础计算确定并购增发的锁定价格，而现行会计准则是以合并日或购买日的市价作为长期股权投资的入账成本。在实务中，由于法律上母公司（本案例中为兰光科技）董事会作出有关决议与实际发行往往相隔较长时间，可能导致重组定价日（停牌前 20 个交易日的均价）与购买日（实际发行日）的股票收盘价格产生较大差异。而法律上母公司在购买日之前的相当长时间内按规定停牌，通常要到购买日过后的一段时间才获准恢复上市交易，停牌时的股价难以反映购买日的公允价值，更何况在我国目前资本市场条件下受干扰的因素较多，其会计计量一定客观和公允吗？其他上市公司在确定反向收购合并成本的公允价值时受到股价变动影响的典型例子有：

股价上涨的影响：例如*ST 雅砻（股票代码 600773），重组定价日（停牌前 20 个交易日的均价）的股票价格为每股 2.92 元，购买日（实际发行日）的股票收盘价格为每股 9.68 元，如果以此确定合并成本会产生 23.4 亿元的资本公积，而且会产生巨额商誉，一旦公司未来股价下跌，会对公司产生巨大的减值压力，若因此而导致企业一蹶不振，则企业只能再次选择重组才能凤凰涅槃。

股价下跌的影响：例如亿利能源（股票代码 600277），重组定价日（停牌前 20 个交易日的均价）的股票价格为每股 11.20 元，购买日（实际发行日）的股票收盘价格为每股 7.43 元，如果以此确定合并成本当期会形成 10.8 亿元的一次性收益，每股收益将高达 4.02 元，而此种收益只是一次性的、没有现金流入的、非经营性的收益。

因此，在实务中，会计上被购买方（上市公司）在特定时段或时点的股价未必能够反映其公允价值，合并成本的计算直接影响合并商誉的确认和计量。

（2）银亿房产合并成本的计量。

鉴于上述原因，对于本案例反向购买交易的合并成本，可以在会计上购买方的公允价值和被购买方的公允价值两者之中，选择以会计上购买方银亿房产的公允价值为基础，计算确定假设应发行权益性证券的公允价值：

按购买方银亿房产的公允价值计算的企业合并成本 = 银亿控股收购的国有股成本 + 银亿房产向本公司除银亿控股以外的其他股东模拟发行股份的成本

= 银亿控股收购兰光科技国有股转让价格 × 国有股股份数量 + 银亿房产每股净资产公允价值 × 向除银亿控股以外的其他股东模拟发行股份数量

= 银亿控股收购兰光科技国有股转让价格 × 国有股股份数量 + 银亿房产整体评估值 ÷ 银亿房产股本 × 向除银亿控股以外的其他股东模拟发行股份数量

企业合并成本的具体计算过程如下：

①因本次反向收购涉及国有股转让，故反向收购中拟向银亿控股发行的股份对

应的实际上是兰光科技除银亿控股外的其他股东，而不是全体股东，所以在计算拟发行股份比例时将分母扣除银亿控股收购的兰光科技国有股权并执行股改对价安排后的部分（0.811 -0.110=0.701）。

②本次发行后，银亿控股持有兰光科技股份比例达到 89.42%，其中拟定向增发的股份占发行后股份（扣除银亿控股收购的兰光科技国有股权并执行股改对价安排后的部分）的比例为 88.48%（6.98÷（8.59 -0.701））。

③银亿房产向兰光科技除银亿控股以外的其他股东模拟发行股份数量为 0.5521 亿股（4.2405÷88.48%×（1-88.48%））。

④银亿房地产每股净资产公允价值等于 7.8187 元/股（33.155247÷4.2405）。

⑤银亿房地产向兰光科技除银亿控股以外的其他股东模拟发行股份的成本等于模拟发行的股份数量（0.5521 亿股）乘以每股净资产公允价值（7.8187 元/股），为 4.32 亿元。

⑥企业合并成本等于银亿控股收购的国有股成本（2.04 亿元）与银亿房地产向兰光科技除银亿控股以外的其他股东模拟发行股份的成本（4.32 亿元）之和，为 6.36 亿元。

⑦反向购买形成的商誉等于企业合并成本（6.36 亿元）与兰光科技购买日可辨认净资产的公允价值（3.35 亿元①），即 3.01 亿元。

（3）以会计上购买方净资产公允价值计量合并成本的适用性或现实意义。

案例公司以银亿房产的公允价值为基础计量合并成本，所确定的合并商誉为 30 105.11 万元（合并成本 63 604.97 万元高于兰光科技购买日可辨认净资产公允价值 33 499.86 万元的差额）。而以兰光科技的股票市价计量合并成本，则合并商誉高达 55 855.14 万元（合并成本 89 355 万元高于兰光科技购买日可辨认净资产公允价值 33 499.86 万元的差额），比案例公司确定的商誉价值多 25 750 万元。商誉的不确定性和减值测试可能给完成合并后的上市公司带来后续的潜亏因素和会计处理困难。

虽然从市场角度看，上市公司的股价比非上市公司的估值可能更加客观，但在我国实务中，由于并购重组的法定程序时间较长，资本市场的发展尚不够完善，会计上被购买方（上市公司）在特定时段或时点的股价未必能够反映其公允价值。基于上述原因，相比而言，运用一定的估值方法确定会计上购买方的公允价值来计量合并成本，更容易被一些发生反向购买交易的上市公司所采纳，计量结果有时更加合理。

4. 反向购买交易下若会计上被购买方留有少量业务是否确认商誉？怎样确认商誉？对此李响和钱途之间有何争议？请对有关方法的利弊进行评价。

与会人员关于问题 4 的意见分歧见表 15-5。

---

① ST 兰光，2011 年年度报告，会计报表商誉项目注释。

表 15-5　　与会人员关于问题 4 的意见分歧

人员	李响	钱途
反向购买交易下对会计上被购买方留有少量业务是否确认商誉	在反向购买交易下，只要会计上被购买方构成业务，企业合并成本与取得的上市公司可辨认净资产公允价值份额的差额就应确认为商誉或计入当期损益	将借壳方的合并成本在壳资源和购入业务之间进行分摊，对于购买壳资源，按权益性交易处理，不确认商誉；对于购买业务，按购买法进行处理，确认商誉
理由	在反向购买交易下，是否确认商誉，取决于会计上被购买方是否构成业务。而是否构成业务，取决于是否具有构成业务必备的投入和过程要素，而不是看业务的数量多少	将借壳上市划分为取得上市地位的购买壳资源和购买上市公司保留业务两种行为

➢ 评价与分析：

（1）将合并成本在壳资源和购入业务之间分摊的优点。

从形式上看，在上市公司留有少量业务的情况下，不能满足《关于非上市公司购买上市公司股权实现间接上市会计处理的复函》（以下简称财会便〔2009〕17号文）中重组“净壳”可不确认商誉的要求。但从实质上看，即使被收购上市公司留有少量业务，借壳方付出的成本中有一部分（通常是绝大部分）是为了获得上市地位支付的买壳成本，将此部分购买壳资源成本与购买业务付出的成本分离后，不确认商誉，与财会便〔2009〕17 号文的规定并不矛盾，也不违反相关国际会计惯例。否则会导致在被购买方未留任何业务则不需确认商誉而留有很少量业务则可能确认巨额商誉的不合理现象。例如，沙钢集团借壳*ST 张铜重组上市的案例，因在上市公司高新张铜中留有极少量业务，不得不在重组后上市公司财务报告（备考）中确认巨额商誉，又因其中包含的买壳费用不符合商誉定义而计提巨额减值，使重组后上市公司将出现巨额亏损。最终，由购买方控股股东承诺以现金买下其铜加工资产，将该项重组作为不构成业务的反向购买进行会计处理。虽然对此项判断存在争议，但也说明这一问题不解决已经成为企业重组的一大障碍。将借壳上市划分为取得上市地位的购买壳资源和购买上市公司所保留业务两种行为，将借壳方的合并成本在壳资源和购入的业务之间进行分摊，消除制度性障碍，可避免会计上被购买方保留少量业务而确认巨额商誉的异常现象发生，可以使目前市场中较多的此类重组方案不会因留有少量业务不得不确认巨额商誉而被迫中止，有利于促进并购重组市场的规范化。

（2）将合并成本在壳资源和购入业务之间分摊的难点。

企业的业务规模是会变化的，不同行业的规模衡量指标也可能有较大差异，很难确定业务数量多少的标准，实务中不好操作。另外，对涉及保留少量业务的借壳上市，合并成本在取得壳资源与购买业务之间分拆，那么对全部保留或基本保留原有业务的借壳上市，合并成本要否分拆呢？若不分拆，对于同一类交易有的确认壳资源成本，有的不确认壳资源成本，会计处理不符合一致性原则。若分拆，按什么标准分拆，若按公允价值，确定壳资源与购买业务的公允价值又是难题。

5. 在本案例的反向购买交易中，关于个别财务报表与合并财务报表的报告主体是否应当一致，秦芬与李响有何不同看法，你如何看待？

与会人员关于问题 5 的意见分歧见表 15-6。

表 15-6 **与会人员关于问题 5 的意见分歧**

人员	秦芬	李响
反向购买交易下个别财务报表与合并财务报表的报告主体是否应当一致	本案例的反向购买交易完成后，应对外公布以会计上购买方银亿房产为报告主体的合并财务报表和个别财务报表	在反向购买交易中，合并财务报表应以会计上购买方银亿房产为报告主体，个别财务报表应以发行权益的法律上母公司兰光科技为报告主体
理由	两套报表"各自为战"，缺乏必要的关联度，与"合并财务报表是母公司个别财务报表的延伸"不符	反向购买交易的会计处理原则仅适用于合并财务报表。在我国现行《公司法》的法律框架下，上市公司的利润分配受到法律主体的限制，个别财务报表的编制必须服从法律主体

➢ 评价与分析：

（1）反向购买现行会计规范的局限性。

秦芬与李响的有关分歧在于反向购买交易下个别财务报表的报告主体。按照现行会计规范，反向购买交易下合并财务报表以基于反向购买假设而认定的会计上购买方为报告主体，个别财务报表以会计上被购买方为报告主体。如果有关会计准则等法规不改变，反向购买交易下这种个别财务报表和合并财务报表的报告主体不一致的现象，将随着会计上购买方与被购买方的存续而一直延续下去。在本案例中，合并财务报表是以法律上子公司（银亿房产）为主体编制的，法律上子公司银亿房产的资产、负债按其在合并前的账面价值计量，法律上母公司兰光科技的资产、负债按其在购买日的公允价值计量；而同时对外公布的个别财务报表是以法律上母公司（兰光科技）为主体编制的，兰光科技的资产、负债仍以合并前的账面价值计量，对法律上子公司银亿房产仅以成本法核算的长期股权投资反映。投资者及其他外部使用者无法直接从财务报表中了解反向购买注入的银亿房产单体经营状况和财务风险，不能从中获取更加有用的信息。

（2）有关增加反向购买信息披露的建议。

对于反向购买交易的财务报表披露，是否可考虑增加信息披露的特殊要求。针对本案例说明如下：除了要求提供以法律上母公司兰光科技为主体编制的个别财务报表、以法律上子公司银亿房产为主体编制的合并财务报表以外，还需在重组完成后的规定期限（例如3年）内同时对外公布银亿房产的个别财务报表。这样有利于如实反映反向购买后上市公司业务转型后的实际风险与收益。但如果在反向购买交易中，会计上购买方为多个法律主体，即多家公司被一家上市公司收购，在操作层面上可能有一定难度。

6. 在银亿股份合并资产负债表中列报的股本金额与个别财务报表中列报的股本金额有差异，对此李响与郑鸣各持己见，请说出你的看法，试分析该项差异的形成原因及其影响。

与会人员关于问题6的意见分歧见表15-7。

表15-7 **与会人员关于问题6的意见分歧**

人员	李响	郑鸣
银亿股份合并财务报表与个别财务报表中列报的股本金额应否一致	反向购买下合并财务报表中的股本列报是基于会计上假定反向购买的模拟数；而母公司个别财务报表中列报的股本为实际发行在外且经工商登记注册的普通股数量	反向购买交易完成后合并财务报表中所披露的股本金额与母公司个别财务报表中的股本金额应当一致
理由	基于从会计与法律的不同角度看待同一项交易，分别代表了不同的主体和内涵	便于报表使用者理解，有利于提升每股收益列报的可比性，也便于解决后续股本变动的会计列报问题

➢ 评价与分析：

按照现行会计规范，很可能会导致在合并财务报表中列报的股本金额与母公司个别财务报表中列报的股本金额不一致，也使得合并财务报表中列报的股本金额与法律上母公司对外发行的普通股股份数量不一致。这样列报的结果，会影响每股收益的计算，容易导致投资者的困惑，也会产生后续股本变动时列报的困惑。假如在反向购买交易完成的若干年后，法律上母公司增发股份或者配股，则合并财务报表中的股本及股份又将如何列报呢?

在目前无法改变母公司个别财务报表报告主体的前提下，比较合理的方法是以法律上母公司发行股份后的股本作为合并财务报表的股本，即合并财务报表中的权益性工具金额反映法律上母公司合并前发行在外的股份面值以及本次定向发行的权益性工具金额之和。例如，中油金鸿反向购买*ST领先（不构成业务），即*ST领先资产置换及发行股份购买资产实施重大重组交易完成后，合并财务报表中所披露的当年年末股本金额与母公司个别财务报表中的股本金额完全一致，监管部门对此现象似乎也未提出异议。这样处理便于报表使用者理解，有利于提升每股收益列报的可理解性和可比性，也便于解决后续股本变动的会计列报问题。

但随之又会产生一个问题：如果对于不构成业务的反向控股购买交易，可按法律上母公司发行股份后的股本作为合并财务报表的股本，那么对于构成业务的反向控股购买交易，是否也可以同样方式列报股本？

7. 秦芬、钱途与李响关于银亿股份反向购买交易完成当年合并利润表中每股收益计算所发生的争论，分歧在哪里？你认为应当如何计算？请说明理由。

与会人员关于问题 7 的意见分歧见表 15-8。

表 15-8　**与会人员关于问题 7 的意见分歧**

人员	秦芬	钱途	李响
计算每股收益时，报告期发行在外的普通股加权平均数如何确定	法律上子公司（会计上购买方）普通股数量（即反向购买交易前合并财务报表股本数）×期初至购买日所处当月的累计月数÷报告期月份数+反向购买交易后合并财务报表股本数×购买日起次月到报告期期末的累计月数÷报告期月份数	法律上母公司（会计上被购买方）购买日之前发行在外的普通股数量×期初至购买日所处当月的累计月数÷报告期月份数+法律上母公司（会计上被购买方）实际发行在外的普通股数量×购买日起次月到报告期期末的累计月数÷报告期月份数	法律上母公司（会计上被购买方）向法律上子公司股东发行的普通股数量×期初至购买日所处当月的累计月数÷报告期月份数+法律上母公司（会计上被购买方）实际发行在外的普通股数量×购买日起次月到报告期期末的累计月数÷报告期月份数
理由	每股收益的计算与合并财务报表的股本口径保持一致	以法律上母公司为报告主体，根据实际发行在外的普通股股份数量计算每股收益	以法律上子公司为报告主体进行计算，根据实际发行在外的普通股股份数量计算每股收益

➤ 评价与分析：

李响的说法正确。在计算自报告期期初至购买日发行在外的普通股数量时，应当采用法律上母公司（会计上被购买方）向法律上子公司股东发行的普通股数量，而非法律上母公司购买日之前发行在外的普通股数量。因为，反向购买交易当期编制的合并财务报表，虽然以法律上母公司的名义发布，但实质上是法律上子公司财务报表的延续。合并利润表中的每股收益是从反向购买交易所形成合并主体的角度来报告的，计算每股收益的分子（收益）包括购买日之前法律上子公司（会计上购买方）实现的净利润，以及购买日之后合并主体实现的利润；分母（发行在外普通股数量）也应当以法律上子公司为报告主体进行计算，与收益的计量口径保持一致。所以，法律上子公司在购买日之前的股份数量，按协议换股比例换算为发行在外的普通股数量，相当于法律上母公司向法律上子公司发行的普通股数量（即换股数量）。

兰光科技发生反向购买当年每股基本收益的计算方法：

$$每股基本收益=\frac{本年归属于母公司所有者的净利润}{报告期发行在外的普通股加权平均数}$$

$$=62\ 925.44\div79\ 192.19$$

$$=0.79\text{（元/股）}$$

其中：

报告期的普通股加权平均数（每股收益计算中的分母）= 报告期期初至购买日所处当月的普通股数量 + 购买日起次月至报告期期末的普通股数量

=29 083.55 +50 108.64 =79 192.19（万股）

报告期期初至购买日所处当月的普通股数量 = 法律上母公司（会计上被购买方）向法律上子公司股东发行的普通股数量 × 期初至购买日所处当月的累计月数 ÷ 报告期月份数

=69 800.52×5÷12 =29 083.55（万股）

或

报告期期初至购买日所处当月的普通股数量 = 法律上子公司（会计上购买方）普通股数量 × 换股比例 × 期初至购买日所处当月的累计月数 ÷ 报告期月份数

=42 405×1.64604457×5÷12 =29 083.55（万股）

$$（换股比例\ 1.64604457=\frac{\text{兰光科技此次向法律上子公司发行普通股股数}}{\text{银亿房产发行在外普通股股数}}$$

=69 800.52÷42 405.00）

$$\text{购买日起次月至报告期期末的普通股数}=\text{法律上母公司（会计上被购买方）实际发行在外的普通股数量}\times\frac{\text{购买日起次月到报告期期末的累计月数}}{\text{报告期月份数}}$$

=85 900.52×7÷12 =50 108.64（万股）

8. 你认为本案例的反向购买交易中谁是最大的赢家？请说明理由。

与会人员关于问题 8 的意见分歧见表 15-9。

表 15-9 **与会人员关于问题 8 的意见分歧**

人员	秦芬	钱途	李响
谁是此项反向购买交易中最大的赢家	持有兰光科技股份的流通股股东	银亿控股的实际控制人熊续强	兰光科技的原大股东

➢ 评价与分析：

这是一个很有趣的讨论话题。从不同的身份和角度看待，会有不同的结论。可引导学生或学员结合本案例思考此项反向购买交易的动机、涉及哪些利益相关者，以及对其的影响。

六、课程中可讨论的其他问题

9.（可选）在本案例的反向购买交易中，是否应当确认少数股东权益？为什么？

少数股东权益的计量，关系到合并财务报表中的股东权益结构。对于反向购买交易形成的合并主体，如何列报少数股东权益，存在以下两种不同观点：

观点一：本案例的反向购买交易中，会计上被购买方（兰光科技）的股份并没有完全被银亿控股所拥有，其余股东在重组后形成的合并主体中所拥有的份额应当作为少数股东权益列报。

观点二：法律上母公司兰光科技虽然在会计上认定为被购买方，但其所有股东都享有合并形成报告主体的净资产及损益，不应作为少数股东权益列报。

➢ 评价与分析：

观点二正确。在本案例的反向购买交易中，法律上子公司银亿房产为控股股东银亿控股全资拥有，银亿控股将其持有的全部股份都转换为法律上母公司兰光科技的股份，因此，本次反向购买未形成少数股东权益。银亿股份合并资产负债表中的少数股东权益金额为银亿房产的子公司的少数股东所享有的权益。

但若法律上子公司（会计上购买方）的有些股东在合并过程中未将其拥有的权益来交换法律上母公司（会计上被购买方）的股份，该部分股东享有的权益份额在反向购买后的合并财务报表中应作为少数股东权益（非控制性权益）列报，反映的是少数股东按持股比例计算享有法律上子公司合并前净资产账面价值的份额。因为这部分没有参与权益互换的法律上子公司的有关股东，其享有的权益仍仅限于对法律上子公司的部分，并未在合并形成报告主体的净资产中享有权益。

10.（可选）结合本案例及其他上市公司相关案例，分析壳公司对反向购买交易完成之后的利润分配有何影响。

有的股民认为，反向购买交易完成之后，被"套"许久的股票不仅可以恢复上市，而且因为注入资产的质量较好，盈利能力较强，上市公司分派红利"指日可待"了。其实，未必如此。

如果"壳公司"的经营状况不佳，甚至未分配利润为巨额负数，反向购买交易可能产生什么后果？在我国现行《公司法》的法律框架下，上市公司的利润分配受到法律主体的限制，目前均以母公司个别财务报表的未分配利润作为分配的基础。但在反向购买交易下，利润分配的基础不是会计上购买方的利润，而是会计上被购买方的利润。如果反向购买后没有优质资产、业务的注入，会计上的被购买方仍是一个壳公司，无一定的经营盈利能力，无法在短期内弥补过去形成的亏损。

例如，在北方城投反向购买西藏雅砻的案例中，2008 年 12 月反向购买完成后，第二年即 2009 年该上市公司合并财务报表中的未分配利润即由负数转为正数，但其母公司个别财务报表中的未分配利润直到 2010 年年末还有 2.59 亿元亏损未弥补。反向购买后该公司 2009 年、2010 年均未进行利润分配。2011 年法律上母公司个别利润表中实现的净利润主要依赖法律上子公司北方城投向股东分红形成的投资收益。西藏城投（完成反向购买后西藏雅砻更名为西藏城投）可能出于自身在资本市场发展的需要，短期内加大子公司的分红力度，从而弥补了母公司的亏损，达到了向投资者分红的目的。该模式虽可以解决反向购买情况下的利润分配问题，但也是企业在现行规定下的一种无奈之举，且现有法律法规对部分行业的利润分配有限制性规定，该模式不存在普遍适用性，无法从根本上解决上市公司反向购买后利润分配问题。

又如，本案例中的会计上被购买方兰光科技，2011 年年末未分配利润为 -52 879.23万元，2012 年年末未分配利润为 9 595.26 万元，主要靠子公司——会计上购买方银亿房产分派现金股利 62 000 万元扭亏为盈。兰光科技 2012 年的净利润为63 541万元，该项投资收益占97.6%。但这难以为继，如果一直要银亿房产支付巨额真金白银给兰光科技分红，银亿房产自身经营业务的资金就很可能“断流”，以后再拿什么分给兰光科技？

利润分配的基础是母公司的利润而非合并财务报表的利润。但在反向购买交易下，利润分配的基础不是会计上购买方——母公司的利润，而是会计上被购买方的利润。一般而言，会计上的被购买方的经营业绩往往不佳，所以才会被“借壳”。因此，反向购买交易发生后，会计上的购买方要关注会计上的被购买方——“壳公司”的可持续发展，注入优质资产，引入有发展潜力的业务，寻找利润增长点，提升其市场竞争力，以期给予投资者应有的回报。

案例 16

中科电收购江苏天策：构成业务吗

一、案例概览

中国科电股份有限公司（以下简称“中科电”）原主营业务为通信及相关设备制造业。2013 年 10 月中科电发布并购重组公告：中科电公司以非公开发行的股份作为对价，购买 17 名交易方合计持有的江苏天策能源股份有限公司（以下简称“江苏天策”）100% 股份并募集配套资金。交易完成后，原江苏天策股东拥有中科电近 67% 的股权，而中科电拥有江苏天策 100% 股权①。

为中科电提供财务报告审计服务的会计师事务所审计业务三十部，审计项目组负责人王武、注册会计师刘英和江苏天策财务经理马萍对中科电增发收购江苏天策的有关会计问题展开了讨论。

二、教学目标

通过本案例的讨论与分析，拟实现以下教学目标：

1. 理解并掌握反向购买中构成业务的判断标准及其实务应用；
2. 理解借壳上市所面临的主要监管与会计问题；
3. 掌握不构成业务的反向购买的会计核算方法；
4. 掌握反向购买中合并报表的每股收益的计算；
5. 掌握企业合并中相关中介机构直接费用如何核算；
6. 了解借壳上市中债务重组的会计与税务问题。

三、教学建议

案例 16 的教学建议见表 16-1。

本案例以企业合并与合并报表会计理论及其实务为基础，参考以下文献：

1. 中国证监会 . 关于修改上市公司重大资产重组与配套融资相关规定的决定 . 证监会令〔2011〕73 号 .

① 出于客户保密的需要，本案例的公司名称与相关资料进行了化名处理。

表 16-1 **案例 16 的教学建议**

内容	主角	组织与要求	时间
阅读案例资料	学生	熟悉案例资料，补充并收集相关资料	课前
案例讨论	学生	每个案例小组围绕着思考分析题，分析讨论案例会计类型认定及其影响	课前
演讲	学生	每个案例小组推荐 1 名学生阐述其讨论的情况及达成的共识、产生的分歧	40～50 分钟
点评	老师	点评案例小组讨论情况并引导其对问题的正确理解和深入分析	30～40 分钟

2. 中国证监会．关于在借壳上市审核中严格执行首次公开发行股票上市标准的通知．证监发〔2013〕61 号．

3. 财政部．财政部关于做好执行会计准则企业 2008 年年报工作的通知．财会函〔2008〕60 号．

4. 财政部会计司．关于非上市公司购买上市公司股权实现间接上市会计处理的复函．财会便〔2009〕17 号．

5. 财政部．关于执行企业会计准则的上市公司和非上市企业做好 2010 年年报工作的通知．财会〔2010〕25 号．

6. 财政部．关于做好执行企业会计准则的企业 2011 年年报监管工作的通知．财会〔2011〕25 号．

7. 财政部．关于执行会计准则的上市公司和非上市企业做好 2009 年年报工作的通知．财会〔2009〕16 号．

四、案例分析参考

1. 如果你是该审计业务部经理，请对本次交易是否构成业务发表你的倾向性意见并说明理由。

与会人员关于问题 1 的意见分歧见表 16-2。

表 16-2 **与会人员关于问题 1 的意见分歧**

人员	王武	马萍
观点	不构成业务的反向购买	构成业务的反向购买
主要理由及依据	由于本次重组时，上市公司仅持有货币资金、应付职工薪酬等不构成业务的资产或负债，因此本次重大资产重组为不构成业务的反向购买	公司保留了部分其他应收款、固定资产、应交税费等资产和负债，且存在房屋出租、出售收入，以及股权处置收益；本次重组为构成业务的方向购买

➢ 评价与分析：

根据中科电公布的年报披露信息，中科电自 2009 年以来有 21 272.29 万元的巨额债务一直没有偿还，产生的诉讼事项也尚未终结，生产经营规模严重萎缩。2010—2011 年，中科电没有开展经营活动，营业收入均为出租土地、厂房所赚取的租金，用以支付中科电日常开销。由于年报中不区分主营其他业务，所以年报公布的营业收入即计入其他业务收入的租金收入。2012 年，中科电营业收入大幅增长，其中少量的主营业务收入 33.71 万元因处置存货手机套件所得，剩余的款项系中科电启动破产重组程序，进行财产拍卖转让和房屋出租所致，中科电拍卖持有的房产、土地使用权以及股权获得的 9 555.76 万元用以弥补巨额亏损。2013 年，中科电没有实质性的生产活动，4 092.28 万元的营业收入由转让厂房、赚取的房屋租金组成。2013 年 7 月，中科电重整计划执行完毕，中科电只剩下货币资金1 027.79 万元，固定资产 0.97 万元，以及归属于其他应收款的 15.49 万元房屋出租押金，几乎为一个“净壳”。除此之外，中科电仍有 -97 900 万元的净亏损未弥补。1 043.28万元的流动资金占中科电整个资产结构的 98.86%，短期内还无法向股东提供股利或其他经济利益等形式的回报，连续四年靠变卖资产维持，公司运营的非生产经营活动也不具有投入、加工过程，所以我们倾向性认为中科电现保留的相关资产不满足构成业务的条件的看法相对合理。

2. 如果你是该审计业务部经理，请对发行价格是否合理发表你的倾向性意见并说明理由。

与会人员关于问题 2 的意见分歧见表 16-3。

表 16-3　**与会人员关于问题 2 的意见分歧**

人员	王武	刘英	马萍
观点	交易定价合理且不存在损害上市公司和股东合法权益的情形	发行定价应为基准日前 20 个交易日股票交易均价	发行价格应按公允价值计量
理由及依据	根据同行业的可比市盈率与市净率看，本次发行价格 4.76 元/股远高于公司内在价值	保障原有股东的利益	公司经历破产重整，且停牌时间较长，通常的发行定价方法对公司不适用，应采取各方协商定价，寻求公允价值

➢ 评价与分析：

根据证监会公告，有关重大资产重组发行股份购买资产的价格要由双方协商确定。中科电自 2011 年 11 月 9 日正式停牌后，与 2013 年 9 月 17 日公告和天策环保达成重组协议后复牌的时间相隔一年半有余，停牌前二级市场股票价格已无法如实反映上市公司的实际价值。2010 年、2011 年中科电年报显示，扣除非经常性损益后按截至 2013 年 9 月 30 日总股本计算的每股收益分别为 -0.17 元、-0.15元，中科电的运营效益不足以支付营业成本，财务危机没有解决。中科电 2013 年第三季度报告披露截至 2013 年 9 月 30 日，中科电每股净资产只有 0.02 元/股，这表明中科电股东可自由支配的资产价值非常少，一直等待重组的中科电股票价格无法体现公司目前的经营能力和获利能力，所以难以根据股票交易均价 10.98 元/股确定重大资产重组的发行价格，因此根据各方协商确定发行价格为 4.76 元/股。

上述交易价格及定价方式符合《上市公司重大资产重组管理办法》及相关法律法规的规定。破产重整完成后，中科电已无任何经营业务，不具备持续经营能力，中科电 2013 年 9 月经审计的财务报表显示的归属于母公司所有者权益为 431.46 万元，每股净资产为 0.02 元/股，因此，本次发行价格 4.76 元/股远高于中科电内在价值，交易定价合理且不存在损害上市公司和股东合法权益的情形。

我们可以将 4.76 元/股的发行价格与中科电向天策环保发行 37 815.13 万股的股份数量作为计算天策环保市盈率和市净率的依据，再选取天策环保同行业 A 股上市公司作为对比，对中科电购买天策环保的成本及投资价值进行合理估计。

本次交易作价对应的市盈率为 22.08 倍，市净率为 2.08 倍均低于可比上市公司的平均静态市盈率 39.26 倍和市净率 5.66 倍，2014 年预测市盈率 13.28 倍也低于行业平均市盈率 26.60 倍。市盈率越低，中科电为天策环保每一元净利润支付的价格越低，投入的购买成本越少；市净率越低，中科电为天策环保每一元净资产支付的价格越低，投资风险越小，根据 4.76 元/股计算的市盈率和市净率体现了中科电股票具有投资价值和发展潜力，4.76 元/股的发行价格较为合理。

所以我们倾向于认为在考虑拟注入资产的质量和盈利能力等因素情况下，双方协议的中科电向天策环保 17 名股东发行股份购买资产的价格为 4.76 元/股兼顾了各方利益，不存在损害上市公司合法权益的情况，定价相对合理。

3. 如果你是该审计业务部经理，请对合并成本如何计算发表意见并说明你的观点。

与会人员关于问题 3 的意见分歧见表 16-4。

表 16-4 **与会人员关于问题 3 的意见分歧**

人员	王武	刘英	马萍
观点	按照购买方天策环保的公允价值确定	按照合并日被购买方中科电的公允价值确定	按照购买方天策环保的公允价值确定
理由及依据	在合并后每年年末对巨额商誉进行的减值测试可能会使得上市公司的业绩受到重大不利影响	有市场参考价，公允价值易于取得	价格更为公允，符合准则相关规定

➢ 评价与分析：

非同一控制下的企业合并，以发行权益性证券交换股权的方式进行的，通常发行权益性证券的一方为收购方。但在某些企业合并中，发行权益性证券的一方因其生产经营决策在合并后被参与合并的另一方所控制的，发行权益性证券的一方虽然为法律上的母公司，但其为会计上的被收购方，该类企业合并通常称为“反向购买”。

反向购买中，法律上的子公司（购买方）的企业合并成本是指其如果以发行权益性证券的方式为获取在合并后报告主体的股权比例，应向法律上母公司（被购买方）的股东发行的权益性证券数量与权益性证券的公允价值计算的结果。购买方的权益性证券在购买日存在公开报价的，通常应以公开报价作为其公允价值；购买方的权益性证券在购买日不存在可靠公开报价的，应参照购买方的公允价值和被购买方的公允价值二者之中有更为明显证据支持的作为基础，确定假定应发行权益性证券的公允价值。

计算合并成本时，有天策环保的公允价值和中科电的公允价值这两种选择作为计算合并成本的计量基础。

方法一：按照合并日被购买方中科电的公允价值确定。将董事会决议公告日前20个交易日股票交易均价10.98元/股作为公允价值，用中科电向天策环保发行股份的数量与公允价值计算得出的合并成本为415 210.07万元（37815.13×10.98），合并成本达到41亿元之多。

方法二：按照购买方天策环保的公允价值确定。天策环保全部股东在合并前拥有天策环保全部股权，但是合并后天策环保全体老股东的持股比例减少了33.32%。倘若天策环保发行股份购买中科电，并且合并后主体仍享有相同的股权比例，那么天策环保应向中科电发行的权益性证券数量为11 867.9380万股（23 750.12÷66.68%－23 750.12），再以法律上子公司天策环保的资产评估价值180 000万元作为依据，计算得出公允价值为7.58元/股（180 000÷23 750.12），最终企业合并成本是发行股份数量与公允价值计算的结果89 958.97万元（11 867.94×7.58），合并成本不到9亿元。

假定天策环保借壳中科电是构成业务的反向购买，那么两种不同方法确定的合并成本可能导致巨额的合并商誉差异。在合并后每年年末对巨额商誉进行的减值测试可能会使得上市公司的业绩受到重大不利影响，公司净利润下降甚至会面临巨额亏损，这与双方的交易目的背道而驰。

会计准则规定，在计算购买方合并成本时，购买方的权益性证券在购买日不存在可靠公开报价的，应参照购买方的公允价值和被购买方的公允价值二者之中有更为明显证据支持的作为基础，确定假定应发行权益性证券的公允价值。中科电自2011年11月9日正式停牌后，与2013年9月17日公告和天策环保达成重组协议后复牌的时间相隔一年半有余，停牌前二级市场股票价格已无法如实反映上市公司的实际价值，不能被认为是可靠的公开报价，而购买方天策环保的公允价值系根据评估、经各方协商确认，显然有更为明显证据支持。

本例中按江苏天策的公允价值计算合并成本见表16-5。

表 16-5 合并成本按江苏天策的公允价值计算表

江苏天策原股本	237 501 233.00	A
本次交易后在合并后报告主体的股权比例	66.68%	B
拟发行股份	118 679 380.00	C＝（A/B）－A
净资产公允价值	1 800 000 000.00	D
每股公允价值	7.58	E＝D/A
合并成本	899 589 700.00	F＝C×E

本案例中由于中科电未持有任何资产负债或仅持有现金、交易性金融资产等不构成业务的资产或负债，因此，江苏天策应按照权益性交易的原则进行处理，不得确认商誉或确认计入当期损益。

（1）江苏天策的资产、负债在并入合并报表时，以其在合并前的账面价值确认和计量。

（2）合并报表中的股本为江苏天策原有股本加上如果以发行权益性证券的方式为获取在合并后报告主体的股权比例（66.68%）。应向中科电的股东发行的权益性证券数量计算过程见表 16-6。

表 16-6 中科电的股东发行的权益性证券数量计算过程

江苏天策原股本	237 501 233.00	A
本次交易后在合并后报告主体的股权比例	66.68%	B
拟发行股份	118 679 380.00	C＝（A/B）－A
合并报表股本	356 180 613.00	D＝A+C

（3）合并报表的资本公积为江苏天策原有资本公积扣除虚拟发行股份数后再加上中科电净资产。

（4）合并报表的留存收益反映的是江苏天策在合并前的留存收益。

中科电合并工作底稿见表 16-7。

表 16-7 中科电合并工作底稿

项目	江苏天策	乙上市公司	汇总数	抵销分录		合并数
				借方	贷方	
流动资产						
货币资金	53 141 573.15	271 244.08	53 412 817.23			53 412 817.23
应收账款	49 020 961.54		49 020 961.54			49 020 961.54

续表

项目	江苏天策	乙上市公司	汇总数	抵销分录		合并数
				借方	贷方	
预付款项	88 255 546.53		88 255 546.53			88 255 546.53
其他应收款	362 040 610.43		362 040 610.43			362 040 610.43
存货	40 644 618.03		40 644 618.03			40 644 618.03
流动资产合计	593 103 309.68	271 244.08	593 374 553.76			593 374 553.76
非流动资产：						
长期股权投资		1 800 000 000.00	1 800 000 000.00	899 589 700.40①	2 699 589 700.40②	
固定资产	555 425 148.02		555 425 148.02			555 425 148.02
在建工程	195 172 597.15		195 172 597.15			195 172 597.15
无形资产	568 237 205.92		568 237 205.92			568 237 205.92
长期待摊费用	349 034.11		349 034.11			349 034.11
递延所得税资产	262 956.16		262 956.16			262 956.16
其他非流动资产	30 000 000.00		30 000 000.00			30 000 000.00
非流动资产合计	1 349 446 941.36	1 800 000 000.00	3 149 446 941.36	899 589 700.40	2 699 589 700.40	1 349 446 941.36
资产总计	1 942 550 251.04	1 800 271 244.08	3 742 821 495.12	899 589 700.40	2 699 589 700.40	1 942 821 495.12
流动负债						
短期借款	101 500 000.00		101 500 000.00			101 500 000.00
应付票据	62 860 000.00		62 860 000.00			62 860 000.00
应付账款	127 805 272.18		127 805 272.18			127 805 272.18
预收款项	1 179 198.70		1 179 198.70			1 179 198.70
应付职工薪酬	6 362.17		6 362.17			6 362.17
应交税费	39 421 902.75		-39 421 902.75			-39 421 902.75
应付利息	738 512.49		738 512.49			738 512.49
其他应付款	9 675 060.89		9 675 060.89			9 675 060.89
流动负债合计	264 342 503.68		264 342 503.68			264 342 503.68

续表

项目	江苏天策	乙上市公司	汇总数	抵销分录		合并数
				借方	贷方	
非流动负债:						
长期借款	496 000 000.00		496 000 000.00			496 000 000.00
应付债券	296 402 842.35		296 402 842.35			296 402 842.35
专项应付款	19 155 555.56		19 155 555.56			19 155 555.56
非流动负债合计	811 558 397.91		811 558 397.91			811 558 397.91
负债合计	1 075 900 901.59		1 075 900 901.59			1 075 900 901.59
股东权益:						
股本	237 501 233.00	567 104 968.00	804 606 201.00	567 104 968.00	118 679 380.00	356 180 613.00
资本公积	503 278 162.22	2 181 969 780.80	2 685 247 943.02	3 081 288 237.12③	780 910 320.40④	384 870 026.30
盈余公积	8 949 516.18	17 033 842.85	25 983 359.03	17 033 842.85		8 949 516.18
未分配利润	116 920 438.05	-965 837 347.57	-848 916 909.52	-965 837 347.57		116 920 438.05
归属于母公司所有者权益合计	866 649 349.45	1 800 271 244.08	2 666 920 593.53	2 699 589 700.40	899 589 700.40	866 920 593.53
少数股东权益						
股东权益合计	866 649 349.45	1 800 271 244.08	2 666 920 593.53	2 699 589 700.40	899 589 700.40	866 920 593.53
负债及股东权益总计	1 942 550 251.04	1 800 271 244.08	3 742 821 495.12	2 699 589 700.40	899 589 700.40	1 942 821 495.12

①合并成本 899 589 700.40 元;

②上市公司按公允价值计入的 180 000.00 万元的投资以及合并成本 899 589 700.40 元;

③-a 上市公司按公允价值计入的股本溢价 1 421 848 748.00 元（1 800 000 000.00-378 151 252.00）;

-b 上市公司账面剩余资本公积（不含上述股本溢价）760 121 032.80 元;

-c 合并成本 899 589 700.40 元扣除上市公司原账面净资产 271 244.08 元（不含 180 000 万元投资对应的净资产部分），不确认商誉或损益，计入资本公积;

④法律上子公司虚拟发行股份溢价部分 780 910 320.40 元。

4. 如果你是该审计业务部经理，请对反向购买当前法律上的子公司增资是否影响每股收益的计算发表意见，试计算上市公司当期的每股收益，谈谈你的观点并说明理由。

与会人员关于问题 4 的意见分歧见表 16-8。

表 16-8 与会人员关于问题 4 的意见分歧

人员	刘英	马萍
观点	影响每股收益的计算	不影响每股收益的计算
理由及依据	如果法律上子公司发行的普通股股数自反向购买发生期间的期初至购买日之间内发生了变动，计算每股收益时应适当考虑其影响进行调整	根据准则计算每股收益涉及的股份数均和法律上母公司相关，因此甲公司上述期间发生股本变动，对每股收益计算无影响，无需考虑其变动情况

➢ 评价与分析：

既然是向股东报告每股获利能力，计算每股收益要按照上市公司中科电实际在外发行的股份数确定，但在反向购买下合并报表的主体实际是天策环保，必须站在天策环保的角度将天策环保的股本折合成中科电的股份作为基础来计算每股收益。由于用中科电股份来表示天策环保股本的实质内容，所以在购买日（2013 年 9 月 30 日）前天策环保的股本用中科电的股份数表示，反向购买后天策环保总股本以中科电实际在外的股份总数表示，即中科电本次增发的股份数与原有股份数之和。中科电发行股份加权平均计算表见表 16-9。

表 16-9 中科电发行股份加权平均计算表

中科电发行股份	378 151 252.00	A
江苏天策购买日股本	237 501 233.00	B
换股比例	1.5922	C＝A/B
江苏天策自反向购买发生期间的期初至购买日之间增资	48 215 519.00	D
江苏天策增资前股本（反向购买发生期间的期初）	189 285 714.00	E＝B－D
江苏天策增资前股本按同等换股比例计算中科电发行股份数	301 382 139.00	F＝E×C
自当期期初至购买日发行在外普通股加权平均数	344 031 646.00	G＝F+D×C×5/9

2013 年 1 月 1 日至 2013 年 9 月 30 日发行在外的普通股数量应为 344 031 646 股；2013 年 10 月 1 日至 2013 年 12 月 31 日发行在外的普通股数量为 567 104 968 股。加权平均股本为 344 031 646+188 953 716×3÷ 12＝ 391 270 075（股），每股收益为 76 105 917.33 ÷ 391 270 075＝0.19（元）。

中科电当期实际发行在外的股份数加权平均数是：

中科电本次增发的股份数×9÷12+中科电实际发行在外股份总数×3÷12

＝中科电本次增发股份数×9÷12+中科电本次增发的股份数与原有股份数之和×3÷12

＝37 815.1252×9÷12+（18 895.3707+37 815.1252）×3÷12

＝42 538.9678（万股）

购买日（2013 年 9 月 30 日）当日，天策环保股本与中科电本次增发股份数的换股比例为 1.9977（37 815.1252÷18 928.5714）。

反向购买当期 2013 年 4 月，天策环保增资 4 821.5519 万元，股本发生变动，天策环保股本与中科电本次增发股份数的换股比例在购买日（2013 年 9 月 30 日）也发生了相应改变，换股比例变为 1.5922（37 815.1252÷23750.1233）。

根据天策环保 4 月增资前股本 18 928.5714 万按新的换股比例计算中科电发行股份数：

天策环保增资前股本×换股比例＝18 928.5714×1.5922＝30 138.2139（万股）

天策环保增资后：

当期期初至购买日中科电应向天策环保发行股份数＝30 138.2139+4 821.5519×1.5922×5÷9
＝34 403.1646（万股）

反向购买当期中科电发行在外普通股加权平均数
＝中科电本次增发股份数×9÷12+中科电实际在外的股份总数×3÷12
＝天策环保合并前股本×换股比例+中科电实际在外的股份总数×3÷12
＝34 403.1646+18 895.3707×3÷12
＝39 127.0075（万股）

最后根据 2013 年归属于中科电所有者净利润与当期发行在外普通股加权平均数，计算每股收益为 0.19 元/股（7 610.5917÷39 127.0075）。

从以上计算过程可以看出，反向购买期间法律上子公司的增资会影响购买当期每股收益的计算。

5. 如果你是该审计业务部经理，请对借壳上市过程中发生的中介机构费用计入当期损益还是冲减发行股份形成的溢价发表意见，谈谈你的观点并说明理由。

与会人员关于问题 5 的意见分歧见表 16-10。

表 16-10 **与会人员关于问题 5 的意见分歧**

人员	刘英	马萍
观点	冲减发行股份形成的溢价	应当于发生时计入当期损益
理由及依据	根据上市公司执行企业会计准则监管问题解答（2010 年第一期）：上市公司为发行权益性证券发生的承销费、保荐费、上网发行费、招股说明书印刷费、申报会计师费、律师费、评估费等与发行权益性证券直接相关的新增外部费用，应自所发行权益性证券的发行收入中扣减，在权益性证券发行有溢价的情况下，自溢价收入中扣除	根据会计准则解释 4 号：非同一控制下的企业合并中，购买方为企业合并发生的审计、法律服务、评估咨询等中介费用以及其他相关管理费用，应当于发生时计入当期损益

➢ 评价与分析：

在实务中，某些购买方采用发行自身权益工具（如股票）或债务工具（如债券）作为购买对价的支付方式，但对于在此类情况下，如何区分哪些属于应当于发生时费用化的“购买方为企业合并发生的中介费用和其他相关管理费用”，哪些属于应当计入作为合并对价所发行的权益性证券或债务性证券的初始确认金额的“交易费用”，《企业会计准则解释第 4 号》第一条并未作出进一步的说明。

为了对企业合并交易进行可行性研究，确定被购买方状态和交易定价之目的发生的中介机构费用，包括审计、法律服务、评估咨询等中介费用，应当于发生时直接费用化。

发行申请获得中国证监会等有关监管部门核准后，在发行阶段发生的与新发行的权益性证券或债务性证券直接相关的费用，包括为履行法定的信息披露义务而发生的相关费用、承销费、上网发行费、募集资金的验资费、新发行股份或债券在证券登记结算机构的初始登记费等，可作为发行证券的直接交易费用，计入所发行的证券的初始计量金额中。

上述处理方法可以表述为：所发生的某项特定费用，如果更多的是与交易条件的谈判和购买协议的达成相关（这类交易费用是无论采用何种对价支付方式都会发生的），则应当于发生时费用化；如果更多的是与协议达成后的对价支付相关（如果采用现金作为对价支付方式即不会发生的），则应当计入作为合并对价发行的权益性证券或债务性证券的初始确认金额。

在此，我们认为，《企业会计准则解释第 4 号》中规定的“购买方为企业合并发生的审计、法律服务、评估咨询等中介费用以及其他相关管理费用，应当于发生时计入当期损益”，系指以现金或其他资产购买股权的行为；而以发行权益性证券作为合并对价的行为，所产生的相关费用，参照《上市公司执行企业会计准则监管问题解答（2010 年第　期）》执行，“为发行权益性证券发生的承销费、保荐费、上网发行费、招股说明书印刷费、申报会计师费、律师费、评估费等与发行权益性证券直接相关的新增外部费用，应自所发行权益性证券的发行收入中扣减，在权益性证券发行有溢价的情况下，自溢价收入中扣除”；同时与《企业会计准则解释第 4 号》中“购买方作为合并对价发行的权益性证券或债务性证券的交易费用，应当计入权益性证券或债务性证券的初始确认金额”一致。

五、课程中可讨论的其他问题

6.（可选）中科电进行破产重整，通过原股东让渡其所持股份用于清偿公司债务和支付公益债务，让渡价格按停牌前 20 个交易日均价计算，溢价计入资本公积 7.29 亿元；同时，以货币资产等清偿债务，获取 11.3 亿元债务重组收益计入营业外收入。上述两项收益共计 18.59 亿元，是否当期需缴纳企业所得税呢？

➢ 参考答案：

重组文件中未提及上述涉税事项，但如果需要缴纳巨额所得税，金额可能达到上亿元，则重组成本过高，重组方将可能不会考虑本次重组事项，因此该所得税事项是重组能否得以顺利进行的前提。

一种常见的观点是，需要缴纳，应按照 25% 计算相应的企业所得税，但由于中科电已无力偿付，应由税务机关就此申报债权。

更全面的考虑是，由股东让渡股份清偿计入资本公积的部分，可不缴纳企业所得税；计入营业外收入部分，由于中科电尚有巨额的未弥补亏损，应先确认尚可用以抵减应纳税所得额的部分，差额需纳税部分，根据财政部、国家税务总局《关于企业重组业务企业所得税处理若干问题的通知》（财税〔2009〕59 号）相关规定，可以进行特殊性税务处理：企业债务重组确认的应纳税所得额占该企业当年应纳税所得额 50% 以上的，可以在 5 个纳税年度的期间内，均匀计入各年度的应纳税所得额。

案例 17

ST 东源兼并金科集团：是反向购买吗

一、案例概览

2011 年 5—8 月期间，重庆东源产业发展股份有限公司（简称“ST 东源”）以向重庆市金科实业（集团）有限公司（以下简称“金科集团”）全体股东新增股份的方式吸收合并金科集团。本次吸收合并完成后，金科集团的法人资格予以注销，其全部资产、债务、业务以及人员将由上市公司 ST 东源承继，ST 东源承接金科集团相关经营资质。新增股份的发行价格为定价基准日（即 ST 东源第七届董事会 2009 年第二次会议）前 20 个交易日公司 A 股股票交易均价 5.18 元/股，发行数量为 90 849.8204 万股。本次吸收合并前，金科投资持有上市公司总股本的 13.42%，为上市公司第二大股东。本次吸收合并完成后，金科投资将持有 ST 东源总股本的 21.82%，成为 ST 东源第一大股东，收购人金科投资、黄红云、陶虹遐及其他收购一致行动人合计持有的股份占 ST 东源总股本的 58.78%。

2011 年年底，上市公司金科股份（原 ST 东源）的会计主管罗亮召集公司会计人员李欣、吴来、谭金对本次合并所涉及的主要会计问题进行了讨论，会计人员在合并的会计类型以及账务处理上产生了激烈的争论。

二、教学目标

通过本案例的讨论与分析，拟实现以下教学目标：

1. 掌握反向购买的交易特征、判断标准及其实务应用；
2. 掌握构成业务的判断标准及其实务应用；
3. 掌握是否构成业务的反向购买的会计处理原则、实务应用与财务影响；
4. 了解反向购买对利益相关者的影响。

三、教学建议

案例 17 的教学建议见表 17-1。

本案例以企业合并与合并报表会计理论及其实务为基础，参考以下文献：

1. 中华人民共和国财政部．企业会计准则第 2 号——长期股权投资．2014.
2. 中华人民共和国财政部．企业会计准则第 20 号——企业合并．2006.

表 17-1　　案例 17 的教学建议

内容	主角	组织与要求	时间
阅读案例资料	学生	熟悉案例资料，补充并收集相关资料	课前
案例讨论	学生	每个案例小组围绕着思考分析题，分析讨论案例会计类型认定及其影响	课前
演讲	学生	每个案例小组推荐 1 名学生阐述其讨论的情况及达成的共识、产生的分歧	35～45 分钟
点评	老师	点评案例小组讨论情况并引导其对问题的正确理解和深入分析	30～40 分钟

3. 中华人民共和国财政部．企业会计准则第 33 号——合并财务报表．2014.

4. 中华人民共和国财政部．企业会计准则——应用指南［M］．北京：中国财政经济出版社，2006.

5. 财政部会计司编写组．企业会计准则讲解 2010［M］．北京：人民出版社，2010.

6. 财政部．财政部关于做好执行会计准则企业 2008 年年报工作的通知．财会函〔2008〕60 号．

7. 财政部．关于执行会计准则的上市公司和非上市企业做好 2009 年年报工作的通知．财会〔2009〕16 号．

8. 财政部．关于非上市公司购买上市公司股权实现间接上市会计处理的复函．财会便〔2009〕17 号．

9. 中国证监会会计部．上市公司执行企业会计准则案例解析［M］．北京：中国财政经济出版社，2012.

四、建议使用的教学资源

1. ST 东源产业发展股份有限公司 2009 年年度报告．

2. ST 东源产业发展股份有限公司 2010 年年度报告．

3. ST 东源产业发展股份有限公司 2011 年年度报告．

4. ST 东源新增股份吸收合并重庆市金科实业（集团）有限公司暨关联交易报告书（修订稿）．

五、案例分析参考

1. 如果你是会计主管罗亮，对于 ST 东源兼并金科集团的会计类型的认定，请总结李欣、吴来、谭金的意见分歧并进行评价，说明你的意见与理由。

➢ 参考答案：

李欣、吴来、谭金关于会计类型认定的意见分歧见表 17-2。

表 17-2　　李欣、吴来、谭金关于会计类型认定的观点对比

	李欣	吴来	谭金
会计类型	非同一控制下企业合并；主并方是 ST 东源，被合并方是金科集团	同一控制下的企业合并；主并方是 ST 东源，被合并方是金科集团	不构成业务的反向购买；主并方是金科集团，被合并方是 ST 东源
理由	在交易之前，金科集团的控制人为黄红云夫妇，仅持有 ST 东源 13.42% 的股份，为第二大股东，没有达到控制的标准。在交易之后，黄红云夫妇持有的金科投资及其一致行动人持有金科股份（原 ST 东源）58.78%，才达成控制	交易前后公司 9 名董事（含 3 名独立董事）中 6 名非独立董事中有 5 名董事由金科投资提名推荐，占公司董事会成员中非独立董事的 2/3 以上	主导存续公司的主要经营活动与财务活动的决策者是金科集团（或金科投资）的股东及其指派的高管人员；ST 东源资产仅占吸并后资产的 1.7%；ST 东源 2010 年收入仅占吸并后企业收入的 0.011%

➢ 评价与分析：

李欣仅根据企业合并的法律形式与股东持股比例来探讨合并的会计类型，忽略了交易的经济实质以及“控制”判断的实质重于形式原则，因此观点是不全面与不正确的。

吴来考虑了企业并购前后的董事会构成，分析了“控制”判断标准中的实际权力行使情况，但是没有考虑交易目的，因此其观点是不全面的。

谭金注意到交易目的以及交易的经济实质，但是对于构成业务的判断仅从并购双方的规模考虑，没有把握是否构成业务判断标准的关键，因此其观点也是不正确的。

本次交易与 2009 年 4 月黄红云夫妇首次收购 ST 东源股份同时进行，由于证监会审批时间间隔长达 2 年多，从而使得本次交易似乎独立于第一次收购。本次交易的实质是大股东黄红云夫妇将资产“金科集团”注入 ST 东源从而获取控制权的借壳上市。虽然法律上金科集团被注销，但是金科集团的最终控制人黄红云夫妇取得了 ST 东源的控制权，包括董事会的人事控制、业务与技术的控制以及财务控制，此外从并购前后的资产规模也可以看出，金科集团的资产规模远大于法律上的主并方 ST 东源，因此可以判断为反向购买。

但是判断是否构成业务，不能仅根据并购双方的资产规模对比，关键在于（会计上）被并购方 ST 东源的资产与负债是否具有投入、加工处理过程以及产出能力。根据《关于非上市公司购买上市公司股权实现间接上市会计处理的复函》（财会便〔2009〕17 号），业务是指企业内部某些生产经营活动或资产负债的组合，该组合具有投入、加工处理过程和产出能力，能够独立计算其成本费用或所产生的收入等，可以为投资者等提供股利、更低的成本或其他经济利益等形式的回报。有关资产或资产、负债的组合具备了投入和加工处理过程两个要素即可认为构

成一项业务。对于取得的资产、负债组合是否构成业务，应当由企业结合实际情况进行判断。

从资产来看，长期股权投资主要为对银海租赁的投资不具有控制、共同控制或重大影响，不具备加工处理过程，因此不构成一项业务；其他流动资产主要为为委托贷款，重大资产重组过渡期间，公司为了提高闲置资金使用效率，增加公司投资收益而采用的暂时性措施，因同样不具备加工处理过程，不构成一项业务。

但在固定资产中，对外出租的物业分别是“泛华大厦”房产、成都尚品所属房产，能够独立计算其成本费用或所产生的收入。固定资产中主要是2008年6月由在建工程结转的天王星商务大厦，可以预计其具备产出能力。因此，出租的物业构成了一项租赁业务。ST东源2009年至2011年6月利润见表17-3。

表17-3 **ST东源2009年至2011年6月利润表** 单位：万元

项目	2011年1—6月	2010年度	2009年度
营业收入	44.98	66.28	72.34
减：营业成本	35.90	20.03	42.28
营业税金及附加	2.58	7.87	17.03
管理费用	306.32	738.19	919.85
财务费用	-166.29	-586.33	-66.98
资产减值损失	-982.78	-1 443.89	1 685.27
加：投资收益	644.73	563.08	4 036.58
营业利润	1 494.00	1 893.50	1 511.46
加：营业外收入		1 277.74	3.49
减：营业外支出			126.49
利润总额	1 494.00	3 171.25	1 388.46
减：所得税费用	374.63	786.40	-274.28
净利润	1 119.37	2 384.85	1 662.74
其中：归属于母公司所有者的净利润	1 119.37	2 384.85	1 662.74

其中，营业收入系物业租赁收入，2010年营业外收入系固定资产处置利得，投资收益见表17-4。

表 17-4　　　　ST 东源 2009 年至 2011 年 6 月投资收益情况　　　　单位：万元

项目	2011 年 1—6 月	2010 年度	2009 年度
成本法核算的长期股权投资收益——渝展实业			2 804.97
处置长期股权投资产生的投资收益——渝展实业			372.70
权益法核算的长期股权投资收益——银海租赁			1.98
集合资金信托期间取得的收益		563.08	856.93
委托贷款取得的收益	644.73		
合计	644.73	563.08	4 036.58

ST 东源近三年的利润表以及投资收益见表 17-3 与表 17-4。可以看出，ST 东源还是具有一定的产出能力，物业租赁以及股权投资每年均有一定的收入与投资收益。

综上所述，本次交易的会计类型认定为构成业务的反向购买更为合理。

2. 如果你是会计主管罗亮，对于 ST 东源兼并金科集团的会计账务处理，请总结李欣、吴来、谭金的意见分歧并进行评价，说明你的意见与理由。

➢ 参考答案：

李欣、吴来、谭金关于会计账务处理的观点对比见表 17-5。

表 17-5　　　　**李欣、吴来、谭金关于会计账务处理的观点对比**

	李欣	吴来	谭金
会计类型	非同一控制下企业合并；主并方是 ST 东源，被合并方是金科集团	同一控制下的企业合并；主并方是 ST 东源，被合并方是金科集团	不构成业务的反向购买；主并方是金科集团，被合并方是 ST 东源
会计处理	ST 东源的合并成本为发行的权益的公允价值，取得的被合并方金科集团的资产与负债采用公允价值计量，前者大于后者的差额计入商誉	ST 东源的合并成本为发行的权益的账面价值，取得的被合并方金科集团的资产与负债采用原账面价值计量，两者之间的差额计入资本公积	视同金科集团发行权益反向吸收合并 ST 东源的所有资产与负债，被合并方 ST 东源的所有资产与负债以账面价值计量，与发行权益的账面价值之间差额计入资本公积
同期可比财务报表	ST 东源	ST 东源	金科集团

➢ 评价与分析：

李欣（非同一控制下企业合并）与吴来（同一控制下企业合并）的会计处理：在取得资产、负债的计量基础、付出对价的计量基础以及差额处理上均有显著差异。

吴来（同一控制下企业合并）与谭金（同一控制下企业合并）的会计处理：在取得资产、负债的计量基础、付出对价的计量基础以及差额处理上均没有差异，但是其前期的可比报表是不同的，因为其会计主体的认定是不同的。

如果按照构成业务的反向购买进行会计处理，视同金科集团发行权益反向吸收合并 ST 东源的所有资产与负债，则金科集团的资产、负债仍应按照账面价值计量，但是 ST 东源的资产、负债应按照公允价值计量，发行权益的公允价值与 ST 东源的净资产公允价值之间的差额计入商誉，前期可比报表应以金科集团为基准。

3. 如果你是会计主管罗亮，请说明本次并购的会计类型的不同认定及其账务处理对上市公司报表的财务影响，说明你的倾向性意见与理由。

➢ 参考答案：

从表 17-4 可以看出，由于金科集团的资产的公允价值大于账面价值，因此在非同一控制合并下，企业的资产相对较高，这样计算当期的净资产收益率会较小；在未来期间，随着资产的分期摊销以及商誉的减值，未来期间的利润相对较少。

不构成业务的反向购买的资产、负债价值与同一控制下企业合并的财务影响基本一样，但是从对比前期业务与利润的成长性来看，不构成业务的反向购买的成长性较低。

如果认定为构成业务的反向购买，与不构成业务的反向购买相比，虽然 ST 东源的资产的公允价值与账面价值之间的差异很小，但是合并商誉的存在会使得资产的金额较高，这样计算当期的净资产收益率会较小；在未来期间，随着资产的分期摊销以及商誉的减值，未来期间的利润相对较少。

对于上市公司的会计主管而言，如果从当期业绩评价、高管薪酬以及公司股价的角度来考虑，选择同一控制下企业合并的会计处理会较为有利。

4. 如果你是金科集团大股东金科投资的会计人员，请说明对于本次交易应如何进行会计处理。

➢ 参考答案：

对于金科集团大股东金科投资，其以金科集团的股票换取 ST 东源上市公司的股票，属于以股换股的非货币性资产交换，需要考虑该交易是否具有商业实质。本次交易的实质是金科投资通过转让金科集团的股权而借 ST 东源的壳上市。可以有以下两种方法：

一种做法是：贷记“长期股权投资——金科集团”原账面价值，借记“长期股权投资——ST 东源”的入账价值，不确认当期损益。该处理方法的缺点在于未反映本次交易取得 ST 东源的交换价值，价值相关性较低。优点是简便，符合历史成本原则，且与税务处理一致，因此更常为会计实务人员所选择。

另一种会计处理方法是：贷记“长期股权投资——金科集团”原账面价值，借记“长期股权投资——ST 东源”以购买日的公允价值计量，两者之间的差额计入当期损益。该方法的优点在于比较公允地反映了取得 ST 东源股权的交换价值，具有较强的价值相关性。缺点在于与税务处理不一致，会计处理比较复杂。

六、课程中可讨论的其他问题

5.（可选）如果你是金科集团大股东金科投资的会计人员，请说明对于本次交易应如何进行税务处理。

➢ 参考答案：

金科集团大股东金科投资，其以金科集团的股票换取 ST 东源上市公司的股票，应视同处置子公司金科集团的股权，是否当期确认相关损益作为当期应纳税所得额，取决于是否符合财税〔2009〕59 号的特殊性税务处理的相关规定。

根据财税〔2009〕59 号的相关规定，企业重组同时符合下列条件的，适用特殊性税务处理规定：

（1）具有合理的商业目的，且不以减少、免除或者推迟缴纳税款为主要目的。

（2）被收购、合并或分立部分的资产或股权比例符合规定的比例。

（3）企业重组后的连续 12 个月内不改变重组资产原来的实质性经营活动。

（4）企业重组中取得股权支付的原主要股东，在重组后连续 12 个月内，不得转让所取得的股权。

（5）收购企业购买的股权不低于被收购企业全部股权的 75%（根据财税〔2014〕109 号，从 2014 年起，该比例调为 50%），且收购企业在该股权收购发生时的股权支付金额不低于其交易支付总额的 85%，可以选择按以下规定处理：①被收购企业的股东取得收购企业股权的计税基础，以被收购股权的原有计税基础确定。②收购企业取得被收购企业股权的计税基础，以被收购股权的原有计税基础确定。③收购企业、被收购企业的原有各项资产和负债的计税基础和其他相关所得税事项保持不变。

在本次交易中，法律上的购买方为 ST 东源，被收购方为金科投资持有的股权，且占被收购股权的 100%，股权支付方式采取以股换股，因此符合财税〔2009〕59 号的特殊性税务处理的相关规定。这样，金科投资当期可以金科集团的长期股权投资的账面价值作为取得 ST 东源的股权的入账价值，不确认当期损益。

6.（可选）这次并购所涉及的利益相关者主要有哪些？说明哪些人可能从并购中受益？哪些人可能从并购中受损？请说明理由。

➢ 参考答案：

这次并购所涉及的利益相关者主要包括法律上收购方（ST 东源）与法律上被收购方（金科集团）的股东、管理层与投资者、债权人、职工以及监管方、中介机构。

对于收购方 ST 东源的原股东而言，由于金科集团的业务注入，企业的绩效出现颠覆式的变化，因此股价提升而大大受益。

对于被收购方（金科集团）的股东，尤其是对于控制人黄红云夫妇而言，他们通过借壳上市获得了融资平台，扩大了品牌的影响，推动了公司业务的发展，完善了公司治理，财富大大升值。

对于收购方（ST 东源）的债权人，其债权的违约风险大大降低，资产得到保值升值。

对于被收购方（金科集团）的高管层，大部分在上市公司继任，控制的资源与权力有所扩张。

对于中介机构会计师、律师与投行财务顾问，并购的尽职调查、咨询评估与保荐都是其职责、风险与收益所在。

对于收购方（ST 东源）的原高管层与职工，工作被替换与重新安置、部分下岗，他们是主要的受损者。

案例 18

欧朗电器购买资产：是业务合并吗

一、案例概览

为充分利用上海及长三角地区强大的市场、人才、政策等优势，自 2008 年起，上海欧朗电器有限公司（以下简称“欧朗电器”）实际控制人启动了个人护理电器业务由梁州向长三角地区转移的战略性规划。2008 年 6 月，欧朗电器在上海注册成立。2009 年，公司管理总部由梁州迁至上海。自 2010 年下半年起，公司将产品生产陆续转移至在上海和江苏南通投资建立的生产基地。2011 年下半年，为了更好地发挥规模经济效应，增强业务独立性，消除同业竞争，公司实际控制人决定对福建欧朗、梁州欧朗（非欧朗电器下属，实际控制人控制的其他企业）的经营性资产通过欧朗电器子公司进行收购和整合。

2011 年，民营企业欧朗电器有限公司（以下简称“欧朗电器”）旗下全资子公司南通欧朗电器有限公司（以下简称“南通欧朗”）、上海欧朗理发剪制造有限公司（以下简称“上海欧朗理发剪”）以现金收购福建欧朗电器有限公司（以下简称“福建欧朗”）、上海欧朗电吹风有限公司（以下简称“上海欧朗电吹风”）、上海欧朗理发剪收购梁州欧朗生活电器有限公司（以下简称“梁州欧朗”）部分经营性资产，收购后福建欧朗和梁州欧朗不再从事相关业务，并拟进行清算注销。

在 2011 年度财务报告审计过程中，立信会计师事务所审计项目组对本次资产购买的有关会计问题进行了讨论，主要涉及收购部分资产的情况下，如何进行判断是否属于同一控制下业务合并，相关购买资产的会计处理和税务上是否存在差异，以及具体的可比财务报表编制处理方法。该项目组参加业务讨论的主要人员有：合伙人王亮、注册会计师李强和张琳。

二、教学目标

通过本案例的讨论与分析，拟实现以下教学目标：

1. 理解并掌握同一控制下业务合并的认定条件；

2. 理解同一控制下业务合并的会计处理原则，掌握将相关会计准则应用于同一控制业务合并的会计实务；

3. 识别同一控制下业务合并与一般资产购买的会计核算差异及其财务影响。

三、教学建议

案例 18 的教学建议见表 18-1。

表 18-1 案例 18 的教学建议

内容	主角	组织与要求	时间
阅读案例资料	学生	熟悉案例资料	课前
案例讨论	学生	每个案例小组围绕着思考分析题，分析讨论案例会计类型认定及其影响	课前
演讲	学生	每个案例小组推荐 1 名学生演讲其讨论的情况及其达成的共识、产生的分歧	20 ~ 30 分钟
点评	老师	点评案例小组讨论情况并引导其对问题的正确理解和深入分析	15 ~ 25 分钟

本案例以企业合并和合并财务报表的会计理论及其实务为基础，参考以下文献：

1. 中华人民共和国财政部 . 企业会计准则第 2 号——长期股权投资 . 2014.

2. 中华人民共和国财政部 . 企业会计准则第 20 号——企业合并 . 2006.

3. 中华人民共和国财政部 . 企业会计准则第 33 号——合并财务报表 . 2014.

4. 中华人民共和国财政部 . 企业会计准则——应用指南［M］. 北京：中国财政经济出版社，2006.

5. 财政部会计司编写组 . 企业会计准则讲解 2010［M］. 北京：人民出版社，2010.

6. 中华人民共和国国务院 . 中华人民共和国企业所得税法实施条例 . 2007.

四、建议使用的教学资源

1. 福建欧朗电器有限公司、梁州欧朗生活电器有限公司、南通欧朗电器有限公司、上海欧朗理发剪制造有限公司、上海欧朗电吹风有限公司关于资产转让等事项的股东决定，2011 年 11 月 .

2. 福建欧朗电器有限公司与南通欧朗电器有限公司、上海欧朗理发剪制造有限公司签署的《资产转让协议》，2011 年 12 月 .

3. 梁州欧朗生活电器有限公司与上海欧朗电吹风有限公司、上海欧朗理发剪制造有限公司签署的《资产转让协议》，2011 年 12 月 .

4. 福建欧朗电器有限公司与南通欧朗电器有限公司、上海欧朗理发剪制造有限公司签署的关于售后服务费用承担的《协议》，2011 年 12 月 .

5. 梁州欧朗生活电器有限公司与上海欧朗电吹风有限公司签署的关于售后服务费用承担的《协议》，2011 年 12 月 .

五、案例分析参考

1. 在收购部分资产的情况下，如何判断是否构成业务合并？对于李强和王亮的不同意见，你如何看待？请说明理由。

➢ 参考答案：

与会人员关于问题 1 的意见分歧见表 18-2。

表 18-2 **与会人员关于问题 1 的意见分歧**

	李强	王亮
会计类型	不是同一控制下业务合并	是同一控制下的业务合并
理由	仅收购部分有限的实物资产，债权、债务、采购体系均没有纳入收购范围，故不构成独立的投入、加工、产出能力	由于主要生产设备、主要生产经营管理人员以及后续保证正常经营的产供销体系均随资产、负债的转移而转移，实质上构成了完整的业务合并

➢ 评价与分析：

根据《企业会计准则讲解 2010》，有关资产、负债的组合要形成一项业务，通常应具备以下要素：（1）投入，指原材料、人工、必要的生产技术等无形资产以及构成生产能力的机器设备等其他长期资产的投入；（2）加工处理过程，指具有一定的管理能力、运营过程，能够组织投入形成产出；（3）产出，如生产出产成品，或是通过为其他部门提供服务来降低企业整体的运行成本等其他带来经济利益的方式，该组合能够独立计算其成本费用或所产生的收入，直接为投资者等提供股利、更低的成本或其他经济利益等形式的回报。有关资产或资产、负债的组合要构成一项业务，不一定要同时具备上述三个要素，具备投入和加工处理过程两个要素即可认为构成一项业务。

有关资产或资产、负债的组合是否构成一项业务，应结合所取得资产、负债的内在联系及加工处理过程等进行综合判断。

确实如王亮所言，判断资产购买是否属于业务合并，关键不在于收购资产的多少，不能够仅从购买资产交易表面分析是否构成业务合并，要了解企业业务经营特点和生产经营运行体系。业务转移、收购形式本就是多样化的，要从实质分析部分资产、负债未转移的原因，未转移部分的资产、负债对于今后业务独立开展的影响程度，以及其他形式的隐形实质转移的产供销体系等，从而最终判断转移的业务是否构成独立的投入、加工、产出能力。

与一般性资产购买相比，业务合并不仅仅涉及相关资产，还有相关负债以及管理人员，能独立核算收入与成本，具有独立的现金产出能力。本案例的特殊性在于被收购资产与负债所涉及的业务的主要销售商是母公司，主要供应商也是由母公司统一安排，因此需要考虑交易的目的以及相应业务的产供销体系的完整性与独立性。

2. 在收购部分资产的情况下，如果构成同一控制下的业务合并，那么业务合并是否需要将被合并方与该业务相关的所有资产和负债均纳入前期可比合并财务报表？

➢ 参考答案：

与会人员关于问题 2 的意见分歧见表 18-3。

表 18-3　　与会人员关于问题 2 的意见分歧

持不同观点者	张琳	李强
是否需要将所有资产负债均纳入可比合并财务报表	不需要，可比合并财务报表仅包括直接收购的部分资产即可	需要将所有与业务转移相关的经营性资产负债损益纳入可比财务报表范围，包括形式上没有转移的其他经营性资产负债（例如债权、债务、应付税款、应付职工薪酬等）
理由	同一控制下业务合并是参照同一控制下企业合并处理，既然实质交易内容仅是收购部分资产，那么按照“视同合并后的报告主体从开始就是一个整体”的原则处理，未纳入收购范围的资产、负债均不应纳入可比财务报表	同一控制下业务合并的可比财务报表的编制目的是为了确保基于业务编制的财务报表自始至终整体上可比，既然其实质是业务完整转移，已经构成同一控制下业务合并，不应该将因为考虑资产转移不便性、考虑结算便利性等原因未收购的其他经营性资产负债不纳入可比财务报表范围

➢ 评价与分析：

张琳和李强的分歧本质还是对于业务合并形式和实质判断的差异，以及对于可比财务报表的理解。可比财务报表是为了进行财务数据同期比较而使用的，所以在同一控制业务合并的情况下，假设本次业务合并于一开始就发生，要综合考虑前后各期业务的一惯性、可比性，既然判断为同一控制下业务合并，就应该不拘泥于形式上转移的资产负债，而是要从根本实质上进行判断。因此，李强的观点更为合理。

3. 对梁州欧朗的业务合并是否需要考虑梁州欧朗 20% 少数股东权益和损益？张琳和王亮的分歧在哪里？请说明你的观点。

➢ 参考答案：

与会人员关于问题 3 的意见分歧见表 18-4。

表 18-4　**与会人员关于问题 3 的意见分歧**

持不同观点者	张琳	王亮
可比财务报表是否需要考虑梁州欧朗 20%少数股东权益和损益	按照 100% 比例进行可比财务报表编制	需要考虑 20% 少数股东权益和损益，按照 80% 比例进行可比财务报表编制
理由	对于同一控制下的业务合并比照同一控制下的企业合并处理，同一控制下的企业合并编制可比财务报表时所采用的合并股权比例均是参考现有股权结构进行模拟编制，所以无需考虑梁州欧朗 20% 少数股东权益和损益，直接按照 100% 比例进行可比财务报表编制	同一控制下企业合并，也是假设现有股权结构是因为现有的股权收购一开始即存在，假设上海欧朗理发剪、上海欧朗电吹风现在是收购梁州欧朗股权，那么对于 20% 股权收购也是属于收购少数股东股权，不属于同一控制下企业合并规范范畴，所以编制可比财务报表时，20% 股权仍旧属于少数股东股权和损益，需要单独考虑

➢ 评价与分析：

同一控制下企业合并的理念是从最终控制方角度进行会计处理，因此，合并中纳入合并日之前财务报表合并范围的股权比例，应为合并中向最终控制方购买的股权比例，不应包括从外部独立第三方取得的被合并方股权。基于此，同一控制下业务合并参照执行，也不应该包括从外部独立第三方取得的业务份额。因此，王亮的观点更为合理。

4. 若案例中收购部分资产构成同一控制下业务合并，在资产购买方个别财务报表中，相关资产的会计处理和相应税务处理是否存在差异？请说明你的观点和理由。

➢ 参考答案：

与会人员关于问题 4 的意见分歧见表 18-5。

表 18-5　**与会人员关于问题 4 的意见分歧**

持不同观点者	李强	王亮
业务合并下购买资产的会计处理和相应税务处理是否存在差异	按一般资产购买会计原则进行处理，会计和税务处理一致	应按出让方账面价值作为资产初始确认成本，差额冲减所有者权益，会计和税务处理存在差异
理由	准则未规定构成业务合并的购买资产的会计处理方式。从个别财务报表看，该购买资产的行为系按照公允价格达成，与一般购买资产无本质差异，与是否构成业务合并没有关联。因此，个别报表中资产入账价值应按协议约定交易价格和实际支付款项确认，所购资产账面价值和计税基础一致，不存在差异	企业会计准则对同一控制下企业合并规定了会计处理的原则，同一控制下业务合并参照执行，构成同一控制下业务合并的购买资产也应按照出让方账面价值作为资产购买初始成本，实际交易价格与出让方账面价值的差额应调整股本溢价，股本溢价不足冲减的，冲减留存收益。因此，购买方个别财务报表中购买的资产按照出让方账面价值记账，而按照税法规定，资产的计税基础应以实际公允交易价格为准，两者差异需要在存货对外销售和资产折旧时调整当期应纳税所得额

➢ 评价与分析：

对于同一控制下企业合并，准则规定应在合并日按照取得被合并方所有者权益账面价值的份额作为长期股权投资的初始投资成本，实际支付的价款与初始投资成本之间的差额，调整股本溢价，股本溢价不足冲减的，冲减留存收益。而同一控制下企业合并的理念是从最终控制方角度进行会计处理，而同一控制下业务合并需要参照企业合并的原则进行会计处理，因此，购买资产方应按照出让方的账面价值对购买资产进行会计处理，购买价格高于原出让方账面价值的差额应调整股本溢价，股本溢价不足冲减的，冲减留存收益。因此，王亮的观点是合理的。

5. 请说明是否构成业务合并的不同认定对企业财务报表的影响。

➢ 参考答案：

是否构成业务合并的不同认定对企业财务报表的影响见表18-6。

表18-6　**是否构成业务合并的不同认定对企业财务报表的影响**

	构成业务合并	不构成业务合并
合并方个别报表	购入的资产与负债按照账面价值计量，与支付现金的差额计入资本公积； 资产的账面价值与计税基础之间的差额计入递延所得税资产	购入资产（与负债）按照公允价值（评估价）计量； 支付现金低于资产公允价值的金额计入营业外收入
欧朗电器 合并报表	购入的资产与负债按照账面价值计量，与支付现金的差额计入资本公积； 资产的账面价值与计税基础之间的差额计入递延所得税资产	购入资产（与负债）按照公允价值（评估价）计量； 支付现金低于资产公允价值的金额计入营业外收入

在合并当期，构成业务合并的情况下，资产金额较小，所有者权益较小。

在合并以后期间，随着资产的出售与摊销，构成业务合并情况下的利润较高。

六、课程中可讨论的其他问题

6.（可选）请评述资产出售方（福建欧朗与梁州欧朗）在本次交易中的纳税筹划空间。

➢ 参考答案：

根据财税〔2009〕59号，企业重组同时符合下列条件的，适用特殊性税务处理规定：（1）具有合理的商业目的，且不以减少、免除或者推迟缴纳税款为主要目的。（2）资产收购，受让企业收购的资产不低于转让企业全部资产的75%（根据财税〔2014〕109号，从2014年起，该比例调为50%），且受让企业在该资产收购发生时的股权支付金额不低于其交易支付总额的 85%。（3）企业重组后的连续 12 个月内不改变重组资产原来的实质性经营活动。（4）企业重组中取得股权支付的原主要股东，在重组后连续 12 个月内，不得转让所取得的股权。可以选择按以下规定处理：

a. 转让企业取得受让企业股权的计税基础，以被转让资产的原有计税基础确定。

b. 受让企业取得转让企业资产的计税基础，以被转让资产的原有计税基础确定。

在本例中，转让企业有两个条件明显不符合该规定：（1）支付方式采用现金，而不是股权；（2）转让的资产低于企业全部资产的 75%。因此，资产出让方需要按照一般性税务处理，把资产转让所得计入当期应纳税所得缴纳所得税。

本次交易主要收购内容见表 18-7，实际上资产转让方福建欧朗与梁州欧朗本次转让资产的所得并不高，福建欧朗的转让所得为 168.18 万元（1 676.36－1 508.18），梁州欧朗的转让所得为 185.56 万元（1 922.86－1737.3）。考虑到发行股权也具有交易成本，因此本次交易的纳税筹划空间不大。

表 18-7　**本次交易主要收购内容**　单位：万元

被收购方	资产类别	账面值	评估值	交易价格	具体内容
福建欧朗	存货	852.88	997.87	997.83	线路板、包装盒等原材料；刀架、充电器等半成品
	设备	655.30	695.25	678.53	电脑、数控切割机、空调等机器设备
	小计	1 508.18	1 693.12	1 676.36	—
梁州欧朗	存货	31.20	36.51	36.51	微电机、负离子发生器等原材料；手柄、机身等半成品
	设备	197.93	223.09	209.99	电脑、稳压器等机器设备
	小计	229.13	259.60	246.50	—
合计		1 737.31	1 952.72	1 922.86	

案例 19

上海祥润受托经营沪江金润：是无支付对价的合并吗

一、案例概览

2012 年 1 月，上海祥润新型建材股份有限公司（以下简称“上海祥润”）接受沪江金润混凝土有限公司（以下简称“沪江金润”）的股东江海、李金、王睿的委托经营沪江金润，并按协议获得报酬和承担风险①。

上海祥润与沪江金润之间不存在基于股权投资的母子公司关系，上海祥润是否借此控制了沪江金润？能否将沪江金润纳入其合并财务报表范围？上海祥润内部存在意见分歧。随着经济效益的显现，该经营模式可能会被上海祥润管理层推广，因此该公司对此十分重视。2012 年 2 月，财务部经理高雄召集了公司的会计人员夏萍、张顺、刘军、田盛，并邀请了为上海祥润提供审计服务的华审会计师事务所业务部门经理康健、审计项目负责人黎理和该公司审计报告签字注册会计师金民就该事项的主要会计问题进行讨论与沟通。

二、教学目标

通过本案例的讨论与分析，拟实现以下教学目标：

1. 掌握对无转移对价实现企业合并的一种形式——仅依据合同达成企业合并的判断标准；

2. 掌握如何应用“控制”原则，以辨认受托经营方是否控制被托管企业，以确定是否将被托管方纳入合并范围；

3. 掌握仅依据合同达成企业合并的有关计量及会计处理方法；

4. 掌握仅依据合同达成企业合并的合并财务报表编制方法。

---

① 为了客户保密的需要，本案例的公司名称与相关资料进行了化名处理。

三、教学建议

案例 19 的教学建议见表 19-1。

表 19-1　　案例 19 的教学建议

内容	主角	组织与要求	时间
阅读案例资料	学生	熟悉案例资料，补充并收集相关资料	课前
案例讨论	学生	每个案例小组围绕着思考分析题，分析讨论案例会计类型认定及其影响	课前
演讲	学生	每个案例小组推荐 1 名学生演讲其讨论的情况及其达成的共识、产生的分歧	40~50 分钟
点评	老师	点评案例小组讨论情况并引导其对问题的正确理解和深入分析	30~40 分钟

本案例以企业合并与合并报表会计理论及其实务为基础，参考以下文献：

1. 中华人民共和国财政部．企业会计准则第 2 号——长期股权投资．2014.

2. 中华人民共和国财政部．企业会计准则第 20 号——企业合并．2006.

3. 中华人民共和国财政部．企业会计准则第 33 号——合并财务报表．2014.

4. 中华人民共和国财政部．企业会计准则——应用指南［M］．北京：中国财政经济出版社，2006.

5. 财政部会计司编写组．企业会计准则讲解 2010［M］．北京：人民出版社，2010.

6. 中华人民共和国财政部会计司．财政部关于执行企业会计准则的上市公司和非上市企业做好 2010 年年报工作的通知．财会〔2010〕25 号．

7. 中国证监会会计部．中国证监会公告〔2011〕41 号．

四、案例分析参考

1. 对于上海祥润受托经营沪江金润的会计类型如何认定以及如何进行账务处理，请评价夏萍、张顺、刘军、田盛的相关观点，指出其正确与不当之处，说明你的倾向性意见。

与会人员关于问题 1 的意见分歧见表 19-2。

表 19-2　　与会人员关于问题 1 的意见分歧

	夏萍	张顺	刘军	田盛
观点	经营租赁租入经营特许权	融资租赁租入经营特许权	融资租赁租入一揽子资产	长期股权投资
会计处理	每年支付的租金计入当期损益，即“管理费用”	借记“无形资产”，金额按照未来需要支付的 10 年租金的现值计量	借记“××资产”，总金额按照未来需要支付的 10 年租金的现值计量，各项资产的金额按照该资产的公允价值占总资产公允价值的比例进行分摊	借记“长期股权投资”，金额待定
理由及依据	租赁标的是企业经营权，企业经营权的使用期限原则上可以是无限期，而本次租赁的期限为 10 年	租赁标的是企业经营特许权，租赁期占租赁标的剩余使用期限的全部	租赁标的是一揽子资产，这一揽子资产的风险与报酬已经转移	委托经营协议赋予的权利远超于租赁资产的使用权，还包括人、财、物的支配权

➢ 评价与分析：

夏萍、张顺、刘军都认定为租赁，但是对于租赁标的以及标的资产的风险与报酬承担者的认定不同。田盛认定为长期股权投资。该交易的会计类型认定以及账务处理，应注意把握以下原则：

（1）夏萍与张顺都认定该交易租赁标的为企业经营特许权，一般企业营业执照上存在着经营期限，那么该期限是否应该作为标的资产使用期限的判定标准呢？企业营业执照上的经营期限属于法律形式，而会计上采用持续经营假设以及实质重于形式原则，因此企业营业执照上的经营期限并不能作为资产标的使用期限的判定标准。类似的，在企业合并中，会计上确认的商誉不会按照企业营业执照上的经营期限来确定摊销期限。

（2）夏萍、张顺与刘军的分歧在于租赁标的是特许经营权，还是一揽子资产。对于一揽子资产的认定，可以参考资产后续计量（资产减值）中资产组的认定。资产组是企业可以认定的最小资产组合，其产生的现金流入应当基本上独立于其他资产或者资产组。资产组应当由与创造现金流入相关的资产构成。这样可以看出，刘军是要求拆分各资产组进行确认与计量，而前者（夏萍与张顺）实际上是把各现金产出单元（资产组）汇总为一笔资产——特许经营权进行确认与计量。从会计核算的准确性而言，按照各资产组分别确认与计量，刘军的账务处理更能真实反映企业财务状况。而前者（夏萍与张顺）的做法更加简便。

但是在后续计量中，企业还是应该按照各资产组进行减值测试，确定资产的可收回价值。因此这两者在总量上应该一致。

（3）本例中，最大（夏萍、张顺、刘军与田盛）的分歧在于交易的实质是租赁，还是投资。根据《企业会计准则讲解 2010》，确定一项协议是否属于或包含租赁业务，应重点考虑以下两个因素：一是履行该协议是否依赖某特定资产；二是协议是否转移了资产的使用权。本例中，协议并不依赖某特定资产，而且委托经营协议赋予的权利远超于租赁资产的使用权，还包括对企业人、财、物的整体支配权。因此，我们更倾向于认为这是一笔长期股权投资。

需要指出的是，如果认定为分期付款方式下的投资，那么合并报表的列报实际上与刘军的账务处理殊途同归。

2. 请说明夏萍、张顺、刘军、田盛指出的不同账务处理方式对上市公司财务报表的不同影响。如果你是上市公司的财务总监，你的倾向性意见是什么？

与会人员关于问题 2 的意见分歧见表 19-3。

表 19-3　**与会人员关于问题 2 的意见分歧**

人员	夏萍	张顺	刘军	田盛
观点	经营租赁租入经营特许权	融资租赁租入经营特许权	融资租赁租入一揽子资产	长期股权投资
会计处理	每年支付的租金计入当期损益，即“管理费用”	借记“无形资产”，金额按照未来需要支付的 10 年租金的现值计量	借记“××资产”，总金额按照未来需要支付的 10 年租金的现值计量，各项资产的金额按照该资产的公允价值占总资产公允价值的比例进行分摊	借记“长期股权投资”，金额待定
财务影响	不确认相关资产与负债，每年确认一笔资产租赁的使用费	初始计入一项无形资产与长期应付款，每年确认无形资产摊销以及财务费用	初始计入一项相关资产与长期应付款，每年确认相关资产摊销、成本结转以及财务费用	可以有两种处理方式

田盛的账务处理中（参见以下的讨论），可以有两种方式：

（1）个别报表，初始确认“长期股权投资”与长期应付款，金额按照未来需要支付的 10 年租金的现值计量，合并报表的结果与刘军的结果类似。

（2）个别报表仅确认当期费用，不确认负债与资产，合并报表以账面价值计量。

作为上市公司的财务总监，考虑到本例中的沪江金润企业经营的不确定性，未来该协议持续执行的不确定性，采用长期股权投资的第（2）种会计处理方式较稳健。

3. 对于沪江金润是否纳入合并报表，请评价讨论各方的主要观点，发表你的意见，并说明理由。

与会人员关于问题 3 的意见分歧见表 19-4。

表 19-4　与会人员关于问题 3 的意见分歧

人员	高雄	金民	康健	黎理
观点	上海祥润取得了对沪江金润的控制权；纳入合并报表	上海祥润未取得沪江金润的控制权；不能纳入合并报表	上海祥润未取得对沪江金润的控制权；不能纳入合并报表	上海祥润取得了对沪江金润的控制权；纳入合并报表
理由及依据	1. 协议赋予受托方在受托经营期间有实际能力主导被投资方相关活动的实质性权利。 2. 上海祥润几乎承担了沪江金润全部经营风险和享有扣除委托方固定收益后的所有可变回报	完全没有股权投资关系；上海祥润仅仅是沪江金润股东的代理人，获取受托管理的报酬	权力受限，只是取得了经营与财务决策权，并未取得资产处置权	仅享有保护性权利的委托人在委托经营期间不拥有对被投资方的控制权，而上海祥润几乎拥有对沪江金润资产的实质性权利

➢ 评价与分析：

合并财务报表的合并范围应当以控制为基础予以确定。委托经营通过协议安排在委托方与受托方之间形成了一种契约关系。在判断是否将被托管经营的企业纳入受托方的合并范围时，应根据委托经营协议谨慎判断其是否拥有控制权。控制，是指投资方拥有对被投资方的权力，通过参与被投资方的相关活动而享有可变回报，并且有能力运用对被投资方的权力影响其回报金额。

（1）谁拥有对被托管方的权力

按照委托经营协议，上海祥润在受托经营期间具有实际能力单方面主导沪江金润相关活动的实质性权利，包括在沪江金润依法经营范围内的业务经营决策权、发展规划调整权；高管人员委派及任免权；内部机构设置、人员聘用、保险缴纳、工资福利待遇调整权；设施及设备更新改造权；财务会计决策权；正常生产经营活动所需资金的融资计划权等。沪江金润的相关活动主要包括商品混凝土、混凝土制品、建筑材料等产品的生产与销售业务，资产的购买、维护、更新改造和处置，以及正常生产经营活动所需资金的融资活动等。

与此相对照的是，根据委托经营协议，委托方即沪江金润股东不能干涉受托方上海祥润的经营权，至于已达到有效使用年限的原相关设施、设备报废的处置，正如高雄所说，沪江金润股东拥有的是保护性权利，仅为了保护其利益和知情权，在经营期满时便于移交验收。委托经营协议未赋予委托人对相关活动的决策权，该协议明确约定，未经受托方上海祥润同意，委托方江海、李金、王睿不得自行或委托任何第三方或以其他任何形式运营沪江金润。仅享有保护性权利的委托人在委托经营期间不拥有对被投资方的控制权。此外，根据委托经营协议，在委托经营期间，若委托方拟转让股权受托方享有优先购买委托拟转让股权的权利；若委托方拟转让股权，应当保证股权受让方认可和遵守本协议，否则，受托方拥有选择继续履行本委托经营协议或终止本委托经营协议并要求委托方赔偿的权利。上述约定表明标的资产沪江金润的股东无权单方面终止委托关系。

根据委托经营协议判断，上海祥润拥有现时权利使其目前有能力主导被投资方的相关活动。

（2）谁享有被托管方的可变回报且有能力运用对其的权力影响回报金额

根据委托经营协议，在委托经营期间，受托方上海祥润确保委托方每年获取固定收益 450 万元，沪江金润在被托管期间内实现的收益超额部分由上海祥润享有，若发生经营亏损，则上海祥润仍需向委托方支付该 450 万元，同时承担全部经营亏损。此外，该协议还约定，在托管结束时对被托管的资产仅要求按照《设施资产清单》移交实物，如因受托方正常经营使用财产而造成的磨损并符合设施资产的折旧年限，或者因市场原因导致相关设施资产贬值的，委托方不得要求受托方补偿。可见，委托经营协议并未要求受托方确保被托管的资产或净资产不低于托管开始前的金额。换言之，在本案例中，不是委托方而是受托方有权获取托管结束日被托管企业的净资产额与托管开始时相比的可变增值部分。

受托方与被托管企业的股东（委托方）之间的利益分配关系，有助于区分受托方是以主要责任人还是以代理人的身份行使决策权。例如，被托管企业的经营盈亏是否全部或者绝大部分归属于受托方。本案例委托经营协议中有关收益分配条款以及托管结束资产移交等条款，表明上海祥润参与沪江金润的相关活动获取的不是固定回报，而是随着沪江金润的业绩而变动的回报，它几乎承担了沪江金润特定期间的全部经营风险和可变收益，并且有能力运用对沪江金润的权力影响其回报金额。由此可以判断受托方上海祥润的地位更接近于所有者，是主要责任人而非代理人。在受托经营期间，上海祥润应将沪江金润的资产、负债、损益和现金流量纳入合并财务报表。

4. 对于上海祥润受托经营沪江金润交易的支付对价如何计量？请评价讨论各方的主要观点，发表你的意见，并说明理由。

与会人员关于问题 4 的意见分歧见表 19-5。

表 19-5　**与会人员关于问题 4 的意见分歧**

人员	黎理	高雄
观点	上海祥润取得控制权发生了合并对价	上海祥润未发生合并对价
理由及依据	承诺未来每年需支付的固定收益，折现后可视为取得控制权的对价	（1）未支付任何对价； （2）支付固定收益的来源，首先是上海祥润的收益； （3）支付固定收益并非合并日的现时义务

➢ 评价与分析：

实质上，委托人即沪江金润股东并未真正放弃对沪江金润的收益权，在委托经营期间享有固定收益，其对于沪江金润收益的享有，类似于某种归类为金融负债的优先股，并且它不承担沪江金润的亏损，如果沪江金润未实现足够的利润或发生亏损，则由上海祥润予以补偿。但是，沪江金润是否会发生亏损或不足支付固定回报，上海祥润究竟承担多少责任和义务，存在很大的不确定性，且未构成上海祥润的现时义务。所以，可以比照通过协议安排取得控制权的无对价达成合并进行处理，即不按照每年450万元固定收益折现作为取得控制权的对价进行相应的处理。

根据委托协议“15.1 委托经营期间，乙方确保甲方每年从乙方获取固定收益450万元，并归属甲方所有，沪江金润托管期实现的收益超额部分作为委托经营期间的受托管理费由乙方享有，若发生经营亏损，则乙方仍需向甲方支付该450万元，同时承担全部经营亏损”，沪江金润原股东实际上不再承担企业经营相关风险与报酬，而转变为纯粹的债权人（资金提供者），享有固定的（利息）收益，而上海祥润（乙方）已承担了企业经营的相关风险与可变（剩余）收益，而且未来无论沪江金润是否盈利，上海祥润都需要预付900万/2年。该合同还有一个未明确的事项，即如果沪江金润连续亏损，受托经营合同的终止权力是由上海祥润单方面享有，还是由沪江金润的原股东确定，即该支付义务是否不可撤销。如属于后者，那么未来10年的4 500万元（总额）就构成了上海祥润（乙方）的现时义务，如属于前者，未来10年的4 500万元（总额）就不构成上海祥润（乙方）的现时义务。

如果该支付义务不可撤销，那么上海祥润（乙方）应按照预付900万/2年折现作为取得控制权的对价处理。诚如此，该交易类似于分期付款的股权购买合同，个别报表与合并报表的账务处理与一般的现金购买相似，以下不再赘述。

如果受托经营合同的终止权力由上海祥润单方面享有，沪江金润是否会发生亏损或不足支付固定回报，上海祥润究竟承担多少责任和义务，存在很大的不确定性，且未构成上海祥润的现时义务。所以，可以比照通过协议安排取得控制权的无对价达成合并进行处理，即不按照每年450万元固定收益折现作为取得控制权的对价进行相应的处理。在本协议中，上市公司居于主导地位，有更大的谈判能力与操作空间。鉴于此，以下的讨论基于此情况展开。

5. 对于合并报表中沪江金润资产、负债入账价值如何计量，请评价讨论各方的主要观点，发表你的意见，并说明理由。

与会人员关于问题5的意见分歧见表19-6。

表19-6 **与会人员关于问题5的意见分歧**

人员	黎理	高雄
观点	按照公允价值入账	按照账面价值入账
理由及依据	属于非同一控制下企业合并，且交易存在对价	(1) 属于无转移对价实现的合并。 (2) 上海祥润不享有资产、负债的处置收益，按照公允价值入账毫无意义

➢ 评价与分析：

一般而言，非同一控制下企业合并的合并方都支付了一定的对价购买被合并方的股权，交易双方在进行定价时，是经过充分的议价和协商的，交易价格可以看作是被合并方股权的公允价值，而且通过该交易，合并方不仅能够控制被合并方，还能取得被合并方相关资产、负债的所有权，未来能够享有相关资产、负债处置的收益或承担相关损失，所以，非同一控制下企业合并通常要求合并方按照公允价值将被合并方资产、负债纳入合并范围。

但是本案中，上海祥润通过协议将沪江金润纳入合并范围，未支付任何对价，而且上海祥润取得的仅是沪江金润的控制权，并未取得相关资产、负债的所有权，未来受托经营期满相关资产移交时，委托经营协议没有增值的要求。所以，赞同高雄经理的意见，本案上海祥润将沪江金润的资产、负债纳入合并范围，仅需按照原账面价值入账。

6. 对于沪江金润受托经营前净资产在上海祥润合并财务报表中的列报问题，请评价讨论各方的主要观点，发表你的意见，并说明理由。

与会人员关于问题 6 的意见分歧见表 19-7。

表 19-7 与会人员关于问题 6 的意见分歧

人员	黎理	高雄	康健
观点	作为少数股东权益列报	作为归属于母公司的所有者权益列报	作为负债列报
理由及依据	委托前净资产并不属于受托方所有，协议到期需归还	(1) 委托方合计拥有沪江金润 100% 股权，其拥有的权益作为少数股东权益列报容易引起误解。 (2) 视同取得沪江金润的 100% 股权	受托方上海祥润对于受托经营前净资产不拥有所有权，协议到期需归还委托方

➢ 评价与分析：

委托经营前沪江金润的净资产并不属于受托方上海祥润所有，协议到期上海祥润需归还委托方，属于委托方的所有者权益，在合并方沪江金润的合并财务报表中，不是“归属于母公司的所有者权益”，故只能作为“少数股东权益”列报。将拥有沪江金润 100% 股权的委托方称为少数股东，可能不太容易被报表使用者或委托方接受，削弱了有关信息的可理解性。但其实国际会计准则理事会已将“少数股东权益”更名为“非控制性权益”，使得其名称更加符合其内涵。我国的合并财务报表中的“少数股东权益”只是名称尚未更改，其内涵与国际财务报告准则中的“非控制性权益”相同。在本案仅依据合同形成企业合并的情况下，“非控制性权益”的名称确实显得更为贴切，将“少数股东权益”理解为“非控制性权益”就解决了名称与内涵的不匹配问题。所以，同意黎理的观点。

对于康健的观点，将委托经营前沪江金润的净资产在上海祥润的合并财务报表中作为负债列报，沪江金润受托经营前净资产主要是一些存货、应收账款以及应退货款、应付维修费（预计负债），这些净资产的所有权归属于沪江金润原股东，可能有两种情况：（1）如果这些资产、负债属于独立的业务单元（现金产生单元），那么该业务单元相关的资产与负债不纳入合并报表，因为不属于上海祥润所拥有或控制的经济资源；（2）如果这些资产、负债不能独立于上海祥润接管的业务（资产与负债），那么应纳入上海祥润的合并报表，究竟列报为“少数（非控制）股东权益”还是“负债”，取决于我们采用的合并报表理论。在母公司理论下，列报为一项负债；在经济实体理论下，列报为“少数股东权益”。目前我国会计准则更多地采用经济实体理论（例如少数股东权益的列报），同时部分采用了母公司理论（例如合并商誉的计量），因此，我们更倾向于列报为“少数股东权益”。

五、课程中可讨论的其他问题

7.（可选）对于支付给委托方的固定收益的列报问题，请发表你的意见，并说明理由。

与会人员关于问题 7 的意见分歧见表 19-8。

表 19-8　**与会人员关于问题 7 的意见分歧**

人员	黎理	高雄
观点	作为少数股东损益列报	作为期间费用列报
理由及依据	视同对少数股东的利润分配	（1）如归属于母公司的净利润为负数，但少数股东损益却仍为 450 万元，投资者可能很难理解和接受。 （2）支付委托方的固定收益视同受托经营沪江金润而付出的必要代价

➢ 评价与分析：

对普通股股东的利润分配通常是视被投资单位的盈利情况进行确定的，但本案协议约定无论盈亏，沪江金润均需向委托方支付该固定收益，这与对普通股股东的利润分配不同，而更类似于对优先股股东的利润分配，实务中对优先股股东的利润分配通常作为公司期间费用反映，上海祥润可参照处理。

对于归类为金融负债的金融工具，无论其名称中是否包含“股”，其利息支出或股利分配原则上按照借款费用进行处理，其回购或赎回产生的利得或损失等计入当期损益。

形式上看，上海祥润每年向沪江金润原股东支付 450 万元的利润分配，但是该笔款项独立于企业的经营风险与利润报酬，并非企业的剩余索取权，而是对其提供（债权）资金的固定补偿，不能视同为对普通股股东的利润分配，而更类似于对债权人的利息费用支出，因此上海祥润支付给委托方的固定收益确认为当期（财务）费用。

下篇　企业重组业务

案例 20

精良印包兼并原子公司：同一控制合并还是公司清算

一、案例概览

上海精良印刷包装机械有限公司（以下简称精良印包）拥有两家子公司——上海精达机械有限公司（以下简称精达机械）和上海精美印刷机械有限公司（以下简称精美印刷），2011 年，精良印包将其中一家子公司——精美印刷的法人资格予以注销，使其变为了分公司①。

从子公司变成了分公司，经营业务照旧，公司员工不变，仍然受原来的母公司控制，但是，从会计和审计的角度是如何看待这个问题的呢？精良印包为上市公司，该上市公司的审计委员会、财务部门在与审计机构——中信会计师事务所进行 2011 年年报审前沟通时，就精良印包的全资子公司精美印刷注销变为分公司的经济实质及其会计问题进行了激烈的讨论。参加讨论的人员有：审计委员会主任、独立董事张三；精美印刷财务部经理李四；会计师事务所审计项目经理王五和注册会计师马六。

二、教学目标

通过本案例的讨论与分析，拟实现以下教学目标：

1. 了解注销子公司变为分公司的动机；
2. 判断子公司变为分公司的经济实质；

---

① 为了客户保密的需要，本案例的公司名称与相关资料进行了化名处理。

3. 掌握子公司变为分公司有关资产、负债的计量和损益的确认，评价不同计量方法的优劣；

4. 了解与子公司变为分公司有关的所得税影响。

三、教学建议

案例20的教学建议见表20-1。

表20-1 案例20的教学建议

内容	主角	组织与要求	时间
阅读案例资料	学生	熟悉案例资料，补充并收集相关资料	课前
案例讨论	学生	每个案例小组围绕着思考分析题，分析讨论案例会计类型认定及其影响	课前
演讲	学生	每个案例小组推荐1名学生演讲其讨论的情况及达成的共识、产生的分歧	25~35分钟
点评	老师	点评案例小组讨论情况并引导其对问题的正确理解和深入分析	20~30分钟

本案例以企业合并与合并报表会计理论及其实务为基础，参考以下文献：

1. 中华人民共和国财政部. 企业会计准则第2号——长期股权投资. 2014.

2. 中华人民共和国财政部. 企业会计准则第20号——企业合并. 2006.

3. 中华人民共和国财政部. 企业会计准则第33号——合并财务报表. 2014.

4. 中华人民共和国财政部. 企业会计准则——应用指南 [M]. 北京：中国财政经济出版社，2006.

5. 财政部会计司. 企业会计准则讲解2010 [M]. 北京：人民出版社，2010.

6. 财政部会计司. 企业会计准则解释第5号. 财会〔2012〕19号.

7. 中华人民共和国财政部. 企业会计准则解释第6号. 财会〔2014〕1号.

四、建议使用的教学资源

1. 李朋，杨悦. 吸收合并涉及的股权投资差额会计处理 [J]. 财会通讯·综合，2005（12）.

2. 杨志军，刘绍军. 子公司转为分公司时合并会计报表管见 [J]. 财会月刊（会计），2006（11）.

3. 张维宾，章丽娟. 子公司注销变为分公司的会计实务探析 [J]. 财务与会计，2012（8）.

五、案例分析参考

1. 对张三、王五与马六关于子公司变为分公司的经济实质的争论，你赞同谁的观点？请说明理由。

与会人员关于问题 1 的意见分歧见表 20-2。

表 20-2 与会人员关于问题 1 的意见分歧

人员	观点	理由
马六	不具有商业实质的非货币性资产交换	这一事项是以长期股权投资换回经营性净资产，但经营业务和人员不变，换入资产与换出资产的未来现金流量在风险、时间和金额方面没有明显不同
王五	同一控制下的吸收合并	子公司精美印刷在注销成为分公司的前后均受精良印包的控制
张三	视同收回对子公司的股权投资或者子公司解散清算	终止对子公司的股权投资，接受原有子公司的资产、负债属于收回投资成本并进行清算。不存在控制权转移

➢ 评价与分析：

在本案例的事项中，没有发生对精美印刷的长期股权投资与精美印刷有关资产及负债的非货币性资产交换，不属于非货币性交易；未改变母公司所能控制的经济资源，未发生控制权转移，所以也不是企业合并，精良印包之前已经控股合并精美印刷，不存在发生两次合并的问题。该事项的实质与子公司清算较为接近，精良印包接受原有子公司的资产、负债属于该项投资的清算所得，扣除投资成本后确认清算损益。

2. 在精良印包个别财务报表中，对接受精美印刷的资产和负债如何计量，张三、王五与李四分别提出了不同方法，请予以分析和评价。

与会人员关于问题 2 的意见分歧见表 20-3。

表 20-3 与会人员关于问题 2 的意见分歧

人员	观点	理由
王五	按照精美印刷个别财务报表中的账面价值入账	精美印刷的资产和负债仍然处于精良印包的控制之下，不应当改变其计量基础，对同一控制下吸收合并中取得的资产、负债应当按照相关资产、负债在被合并方的原账面价值入账
张三	按照其注销时的公允价值计量	从清算的角度来解决会计计量问题
李四	采用“下推”的简化方法处理	按其在合并财务报表中以当初购买日公允价值持续计算的结果，“下推”到精良印包的个别财务报表中，能使精良印包在没有其他子公司，无需编制合并财务报表的情况下，保持相同的计量基础

➢ 评价与分析：

对王五观点的分析。首先，应区分是否同一控制下吸收合并与能否比照同一控制下吸收合并进行会计处理是两回事。子公司注销变为分公司，不是企业合并。其次，由于精美印刷注销法人资格后其资产和负债仍然处于精良印包的控制之下，精良印包所控制的经济资源未发生变化，不应当改变计量基础，因此，可以比照同一控制下吸收合并进行会计处理。但是，对该子公司各项资产、负债的原账面价值应该这样理解：若该子公司当初系同一控制下企业合并所取得，即为其在子公司个别财务报表中的账面价值；若该子公司当初系非同一控制下企业合并所收购，且当初购买日该子公司的净资产账面价值与公允价值不一致的，即为其在合并财务报表中的账面价值（以购买日公允价值持续计量的结果）。

对张三观点的分析。符合清算的会计处理原则，但实务操作比较麻烦。一方面需要在子公司注销时对其资产、负债进行估值；另一方面在编制合并财务报表时，需要对个别财务报表中有关资产、负债的计量按当初购买日公允价值持续计算的结果再进行调整，工作量较大。同时，全资子公司转换为分公司与子公司清算具有本质区别，前者并没有转移原子公司资产与负债的控制权，没有涉及任何现金的流入与流出，仅是企业组织结构的调整。

对李四观点的分析。其提出的方法比较合理且可操作性较强。这样处理的结果是：无论将该笔交易视为同一控制下吸收合并，还是对子公司清算，在个别财务报表中都是按照从合并报表“下推”的账面价值确认资产、负债。这种将有关资产、负债在合并财务报表中以当初购买日公允价值持续计量的结果“下推”到母公司个别财务报表的方法，不仅简便，而且有以下优点：无论该母公司是否还有其他子公司，是否需要编制合并财务报表，均不改变该母公司所控制经济资源的计量属性。否则，在该母公司无其他子公司的情况下，很可能会出现控制权未发生转移，其财务报表所反映的有关经济资源计量基础却发生变化的不合理现象。会计计量的结果，应反映经济事项的实质，而不应当受母公司是否有其他子公司的影响。

根据《企业会计准则解释第 7 号》，原母公司（即子公司改为分公司后的总公司）应当对原子公司（即子公司改为分公司后的分公司）的相关资产、负债，按照原母公司自购买日所取得的该原子公司各项资产、负债的公允价值（如为同一控制下企业合并取得的原子公司则为合并日账面价值）以及购买日（或合并日）计算的递延所得税负债或递延所得税资产持续计算至改为分公司日的各项资产、负债的账面价值确认。在此基础上，抵销原母公司与原子公司内部交易形成的未实现损益，并调整相关资产、负债，以及相应的递延所得税负债或递延所得税资产。

因此，李四的观点与《企业会计准则解释第 7 号》所规定的会计处理方法一致。

3. 精美印刷注销法人资格成为分公司后，当初精良印包收购精美印刷时在合并财务报表中确认的商誉，是否需要转销，请说明你的观点及依据。

与会人员关于问题 3 的意见分歧见表 20-4。

表 20-4　　与会人员关于问题 3 的意见分歧

人员	观点	理由
王五、马六	原先确认的商誉应转销	(1) 子公司注销变为分公司不是非同一控制下企业的吸收合并，而作为同一控制下的吸收合并，是不会产生商誉的。 (2) 子公司的法律主体已经不复存在，应当终止确认相关商誉，作为吸收合并当期的投资损失处理
张三	商誉不应当转销	子公司注销变为分公司的事项不属于企业合并。商誉的存在主要与资产组和业务相关，形成商誉的因素并未因为子公司变为分公司而发生改变

➤ 评价与分析：

正像张三所说，商誉的存在主要与资产组和业务相关。在本案例中，产生商誉的资产组和业务依然存在，且可以单独核算该资产组产生的现金流量。商誉并不因为法人地位的注销而丧失。例如，发生非同一控制下的企业吸收合并，也可能导致在个别财务报表中确认商誉。这与《企业会计准则解释第 7 号》的相关规定一致。

根据《企业会计准则解释第 7 号》，原母公司购买原子公司时产生的合并成本大于合并中取得的可辨认净资产公允价值份额的差额，应按照原母公司合并该原子公司的合并财务报表中商誉的账面价值转入原母公司的商誉。原为同一控制下企业合并取得的子公司改为分公司的，原母公司在合并财务报表中确认的最终控制方收购原子公司时形成的商誉，按其在合并财务报表中的账面价值转入原母公司的商誉。

在个别财务报表层面，精良印包对该事项进行会计处理时，需对该项商誉进行减值测试，如果未发生减值，该项商誉可以从合并财务报表“下推”到精良印包个别财务报表中，即在精良印包个别财务报表中确认。

在合并财务报表层面，原全资子公司精美印刷的资产、负债和损益无论其注销前后都在合并财务报表范围内（精良印包还有其他子公司仍需编制合并财务报表），有关资产组和业务未因此而发生影响，合并财务报表主体也未发生变化，所以在合并财务报表中该项商誉继续予以保留。所不同的是，精美印刷注销前，与其相关的商誉是在合并财务报表中确认的，即合并抵销时将隐含在长期股权投资中的商誉予以确认；精美印刷注销后，是在精良印包个别财务报表中确认，随后并入合并财务报表。

4. 请根据本案例所提供资料，分别按照王五与李四关于资产计量和损益确认的观点，计算精良印包接受精美印刷资产、负债对其个别财务报表的影响。对张三、李四、王五与马六关于注销子公司变为分公司时能否确认损益的讨论，你持什么看法？为什么？

与会人员关于问题 4 的意见分歧见表 20-5。

表 20-5 与会人员关于问题 4 的意见分歧

人员	观点	理由
王五	不能确认损益	子公司精美印刷只是注销变为分公司，并非实际处置，在个别财务报表和合并财务报表中均不能确认损益。在个别财务报表中，对于取得注销子公司的净资产入账价值与相关长期股权投资账面价值之间的差额应当比照同一控制下的企业合并转入所有者权益
张三、李四	应当确认清算损益	（1）在个别财务报表中，母公司取得子公司的资产、负债实质上为对子公司的清算，应当确认清算损益。 （2）如果子公司注销变为分公司当期不确认损益而转入所有者权益，则以前年度的未分配利润都变成了资本公积，股东再也无法从中分利，投资方应享有的权益得不到保障
马六	调整留存收益	参照长期股权投资由成本法改按权益法时在个别财务报表中的处理方法

计算精良印包接受精美印刷资产、负债对其个别财务报表的影响。

按照王五的观点：

精良印包按照精美印刷资产、负债的账面价值入账，精美印刷净资产账面价值197 301 510 元与精良印包对其长期股权投资 195 250 000 元的差额为 2 051 510 元，计入资本公积。由此，精良印包个别财务报表中除按账面价值接受精美印刷资产、负债外，其资本公积将增加 2 051 510 元。

按照李四的观点：

精良印包按照合并财务报表中精美印刷的资产（包括商誉）、负债的账面价值入账，精美印刷自购买日持续计量的净资产公允价值 202 101 510 元（197 301 510+6 000 000-300 000×4）加上商誉 11 483 500 元，共 213 585 010 元，与精良印包对其长期股权投资 195 250 000 元的差额为 18 335 010 元，其中包含的其他综合收益-800 000 元，应当在精良印包个别财务报表中仍然确认为资本公积——其他综合收益-800 000 元，其余差额 19 135 010 元应确认为当期投资收益。由此，精良印包个别财务报表中除按自购买日持续计量的公允价值接受精美印刷资产、负债外，将确认商誉 11 483 500 元，确认资本公积——其他综合收益-800 000 元，增加投资收益 19 135 010 元。

➢ 评价与分析：

在母公司精良印包个别财务报表中，对于取得所注销子公司精美印刷的净资产入账价值与相关长期股权投资账面价值之间的差额，应分别进行处理：原取得该子公司时形成的商誉，经测试未发生减值的，仍确认为商誉；原有子公司的其他综合收益部分，仍确认为资本公积，待有关资产处置时转入损益；其余差额视同该子公司的处置损益计入注销当期的投资损益。即可以认为是子公司将其全部净资产作为对母公司的分配，母公司在扣除原先投资成本后确认投资损益。这实际上是精美印刷终结子公司阶段的清算损益。根据《企业会计准则解释第 7 号》，原为非同一控制下企业合并取得的子公司改为分公司的，应将购买日至改为分公司日原子公司实现的净损益，转入原母公司留存收益；原为同一控制下企业合并取得的子公司改为分公司的，应将合并日至改为分公司日原子公司实现的净损益，转入原母公司留存收益。这里，将原子公司实现的净损益转入原母公司留存收益时，应当按购买日（或合并日）所取得的原子公司各项资产、负债公允价值（或账面价值）为基础计算，并且抵销原母子公司内部交易形成的未实现损益。原子公司实现的其他综合收益和权益法下核算的其他所有者权益变动等，应参照上述原则计算调整，并相应转入原母公司权益项下其他综合收益和资本公积等项目。

在个别财务报表中，母公司对子公司的投资一直采用成本法核算，除了分得现金股利外，未确认投资收益。如果子公司注销变为分公司，当期不确认损益而转入资本公积，会直接影响对股东的投资回报（利润分配）；如果将注销子公司以前年度的损益直接调整留存收益，则投资方对于精美印刷处于子公司阶段的投资收益不能如实在利润表中反映。

需要注意的是，在合并财务报表层面，子公司注销变为分公司，没有实际处置，只是经济资源在合并财务报表范围内部的重新布局，不改变控制权，不改变计量基础。除了递延所得税资产或递延所得税负债可能重新计量外，不存在确认处置损益的问题。

5. 请对李四与王五关于子公司变为分公司是否会产生暂时性差异的讨论进行评价或发表意见。

与会人员关于问题 5 的意见分歧见表 20-6。

表 20-6　**与会人员关于问题 5 的意见分歧**

人员	观点	理由
王五	不会产生暂时性差异，无需确认递延所得税影响	精良印包选择了以原有计税基础确定，而该公司对于所接受的精美印刷资产、负债在会计上以账面价值入账，与其计税基础是一致的，不会产生暂时性差异，无需确认递延所得税影响
李四	会产生暂时性差异，确认递延所得税负债	精良印包在税务上选择了按原有计税基础确定，而在会计上对于所接受的精美印刷资产、负债按公允价值入账，与其计税基础不一致，会产生暂时性差异

➢ 评价与分析：

注销子公司变为分公司，是否会产生暂时性差异，取决于税务上对有关资产、负债的计税基础如何认定，以及会计上对接受有关资产、负债的入账价值怎样计量。如果两者不一致，就会产生差异，就可能涉及确认递延所得税资产或递延所得税负债。在本案例中，由于在会计上对于所接受的精美印刷资产、负债视同子公司清算按公允价值入账，而其计税基础未因此而发生改变，会导致发生暂时性差异和确认递延所得税资产或递延所得税负债。

此外，子公司精美印刷注销变为分公司时，其原有的递延所得税资产或递延所得税负债，因纳税主体改变（由精美印刷变为精良印包），需要根据母公司所在税务机构认定的计税基础重新计算确定。如果因此而发生暂时性差异，也应按规定确认递延所得税影响。

六、课程中可讨论的其他问题

6.（可选）如果精美印刷在注销法人资格前的资产负债表中“商誉”项目有余额，系该公司在被精良印包控股合并之前吸收合并其他公司形成的商誉，则精良印包接受精美印刷的净资产时应如何处理该项商誉？

➢ 参考答案：

该项商誉应当转销。因为精美印刷吸收合并其他公司在先，精良印包控股合并精美印刷在后，所以，精良印包在控股合并精美印刷时关于合并对价高于精美印刷可辨认净资产公允价值的差额所确认的商誉，已经涵盖了精美印刷吸收合并其他公司所形成的商誉。后者由于被吸收合并的其他公司有关资产、负债及业务早已融入精美印刷的经营运作，很可能无法重新计量了，而且已经被前者涵盖也没有必要重新计量了。即使精美印刷不注销，在精良印包编制合并财务报表对其个别财务报表按合并日公允价值进行调整时，也应当转销该项商誉，否则会导致重复计量。现在精美印刷注销法人资格成为分公司，精良印包在接受其资产、负债时，对于控股合并精美印刷时确认的商誉，按经减值测试后确定的账面价值计量；对于精美印刷吸收合并其他公司确认的商誉，予以转销，从而调整清算损益。这样，无论精美印刷注销法人资格与否，对该项商誉的最终列报结果是相同的。

案例 21

银河股份股权转让：丧失控制权后的股权如何计量

一、案例概览

为了理顺主业，缓解宏观调控带来的压力，银河股份向盛宏股份转让龙洲房产31%的股权。转让后，银河股份与盛宏股份分别持有龙洲房产20%和80%的股权，龙洲房产的控股方由原来的银河股份变更为盛宏股份，银河股份仅能够对其实施重大影响[①]。

在2011年年报审计前的沟通例会上，久远会计师事务所审计人员与银河股份的财务人员对丧失控制权后剩余股权在合并财务报表中如何计量，剩余股权的公允价值如何认定，如果重新计量剩余股权对所得税会产生哪些影响，以及原未实现内部交易后续如何认定等问题产生了分歧，并因此进行了充分的讨论。参加本次会议的人员包括年报主审刘誉、注册会计师方永及公司财务经理章辉、财务经理助理杨光等。

二、教学目标

通过本案例的讨论与分析，拟实现以下教学目标：

1. 掌握丧失控制权下的股权转让形成的剩余股权的计量原则及其实务应用；
2. 了解丧失控制权下的股权转让可能产生的后续影响；
3. 掌握丧失控制权后原未实现内部交易的抵销与列报。

三、教学建议

案例21的教学建议见表21-1。

---

① 为了客户保密的需要，本案例的公司名称与相关资料进行了化名处理。

表 21-1 案例 21 的教学建议

内容	主角	组织与要求	时间
阅读案例资料	学生	熟悉案例资料，补充并收集相关资料	课前
案例讨论	学生	每个案例小组围绕着思考分析题分析讨论案例会计核算及其影响	课前
演讲	学生	每个案例小组推荐 1 名学生演讲其讨论的情况及其达成的共识、产生的分歧	20～30 分钟
点评	老师	点评案例小组讨论情况并引导其对问题的正确理解和深入分析	15～20 分钟

本案例以企业合并和合并财务报表的会计理论及其实务为基础，并参考以下文献：

1. 中华人民共和国财政部．企业会计准则第 2 号——长期股权投资 . 2014.

2. 中华人民共和国财政部．企业会计准则第 33 号——合并财务报表 . 2014.

3. 中华人民共和国财政部．企业会计准则——应用指南［M］．北京：中国财政经济出版社，2006.

4. 财政部会计司编写组．企业会计准则讲解 2010［M］．北京：人民出版社，2010.

5. 中华人民共和国财政部．企业会计准则解释第 4 号．财会〔2010〕15 号．

6. 国际会计准则理事会．国际财务报告准则第 10 号——合并财务报表 . 2011.

四、案例分析参考

1. 对于银河股份转让子公司龙洲房产 31% 的股权，在银河股份的个别报表中应如何进行会计核算？

➢ 参考答案：

对于转让龙洲房产 31% 的股权，在银河股份个别财务报表中应按处置 31% 投资的比例结转应终止确认的长期股权投资成本，收到的股权转让款与结转的长期股权投资成本之间的差额计入投资收益。具体会计分录如下：

借：银行存款	788 919 000	
贷：长期股权投资——龙洲房产		310 000 000
投资收益		478 919 000

而对于剩余的 20% 股权，首先比较剩余长期股权投资的成本与按照剩余持股比例计算原投资时应享有被投资单位可辨认净资产公允价值的份额，前者大于后者的，属于投资作价中体现的商誉部分，不调整长期股权投资的账面价值；前者小于后者的，在调整长期股权投资成本的同时，调整留存收益。然后，因银河股份能够

对原子公司龙洲房产实施重大影响，故按有关成本法转为权益法的相关规定进行会计处理：对于原取得投资时至处置投资当期期初龙洲房产实现的净损益（扣除已宣告发放的现金股利和利润）中应享有的20%份额，调整留存收益；对于处置投资当期期初至处置投资之日龙洲房产实现的净损益中应享有的20%份额，调整当期损益；对于在被投资单位其他综合收益变动中应享有的份额，在调整长期股权投资账面价值的同时，计入其他综合收益；除净损益、其他综合收益和利润分配外的其他原因导致被投资单位其他所有者权益变动中应享有的份额，在调整长期股权投资账面价值的同时，计入资本公积（其他资本公积）。在个别财务报表中不需要对丧失龙洲房产控制权后的剩余股权再按公允价值重新计量。

2. 章辉和刘誉关于剩余20%股权在合并财务报表中是否需要重新计量的意见分歧在哪里？请进行评价，说明你的观点及依据。

➢ 参考答案：

关于剩余20%股权在合并财务报表中是否需要重新计量，章辉与刘誉所持的观点及理由见表21-2。

表21-2 **章辉与刘誉关于问题2的不同观点及理由**

持不同观点者	章辉	刘誉
剩余20%股权在合并财务报表中如何计量	剩余20%股权在合并财务报表中以初始投资时的公允价值为基础持续计量	剩余20%股权在合并财务报表中按丧失控制权时的公允价值重新计量
理由	剩余20%股权是原先股权投资的部分延续，没有处置，未实现收益	在合并财务报表中，处置子公司部分股权而丧失控制权视同原子公司处置并取得一项新的股权投资

➢ 评价与分析：

刘誉说得对，在处置子公司部分股权而丧失控制权的情况下，原有的母子公司关系被新的投资者与被投资者关系所替代，这种新的投资关系与之前的母子公司关系显著不同，应当在丧失控制权日进行初始确认与计量。从企业集团的角度看，对子公司控制权的丧失，意味着对子公司单项资产和负债的控制权的丧失。上述重大变化在合并财务报表中反映为：终止确认原子公司资产（包括商誉）和负债，立即按公允价值购买一项长期股权投资或金融资产并予以初始确认和计量，由此产生的利得或损失应确认为当期损益。这与不丧失控制权的交易事项截然不同。在保持控制权前提下的股权变动根据主体理论作为权益性交易在股东权益中列报，引起控制权转移的权益变化则作为损益交易列报。控制权转移是会计处理尤其是计量基础改变与否的分界线。

3. 章辉与方永关于剩余股权的公允价值如何计量的意见分歧在哪里？请进行评价，说明你的意见及理由。如果银河股份根据注册会计师方永的建议对20%剩

余股权进行了评估，确定的评估价是 47 250 万元，请在不考虑其他因素的情况下，分析不同计量方法对丧失控制权当期投资收益的影响，并分析重新计量对未来如果处置剩余 20% 股权时的损益影响。

➢ 参考答案：

关于剩余股权的公允价值如何计量的问题，章辉与方永所持的观点及理由见表 21-3。

表 21-3　　章辉与方永关于问题 3 的不同观点及理由

持不同观点者	章辉	方永
剩余股权的公允价值如何计量	根据盛宏股份受让龙洲房产 31% 股权的交易价推算	按龙洲房产股权转让项目的股东部分权益价值评估报告确定
理由	可通过市场交易价进行验证	对被投资单位的影响不同，很可能会影响股权转让的交易价格

➢ 评价与分析：

支持方永的观点。盛宏股份原来持有龙洲房产 49% 的股权，为了达到控制龙洲房产的目的，盛宏股份受让龙洲房产 31% 的股权，受让的交易价中很可能包含了为取得控制权多付出的代价，如果直接根据交易价推算，有可能高估了剩余 20% 股权的公允价值。

上述对第 1、第 2 两个问题的讨论中，三种不同计量方法对投资收益的影响见表 21-4。

表 21-4　　三种不同计量方法对投资收益的影响　　金额单位：万元

计量方法	以初始投资时的公允价值为基础持续计量	按盛宏股份受让龙洲房产部分股权的交易价推算	按龙洲房产股权转让的股东部分权益价值评估确定
对合并财务报表中投资收益项目的影响（不考虑其他因素）	影响金额 48 364.65 = 转让对价 78 891.90 + 剩余股权公允价值 19 695（98 475×20%）- 按原持股比例计算应享有原子公司自购买日开始持续计算至转让日的净资产份额 50 222.25（98 475×51%）	影响金额 79 567.65 = 转让对价 78 891.90 + 剩余股权公允价值 50 898 - 按原持股比例计算应享有原子公司自购买日开始持续计算至转让日的净资产份额 50 222.25（98 475×51%）	影响金额 75 919.65 = 转让对价 78 891.90 + 剩余股权公允价值 47 250 - 按原持股比例计算应享有原子公司自购买日开始持续计算至转让日的净资产份额 50 222.25（98 475×51%）

从表 21-4 中可以看出，银河股份丧失对龙洲房产的控制权后，对持有龙洲房产的剩余 20% 股权重新计量，将增加丧失控制权当期合并财务报表中的投资收益约 3 亿元，而采用不同的标准计量其公允价值将相差 3 600 多万元。

需要关注的是，剩余股权的重新计量还会影响未来如果处置这部分剩余股权时的损益。由于个别财务报表中未对剩余股权重新计量，因此本案例中，未来如果处置剩余股权时在合并财务报表中确认的处置收益，将远低于在个别财务报表中确认的处置收益。实质上，在丧失控制权当期的合并财务报表中，已经提前确认了相当部分的处置收益，其对于未来可能产生较大的影响。

4. 试分析剩余 20% 股权重新计量的所得税影响。

➢ 参考答案：

在合并财务报表中，剩余的 20% 股权在丧失控制权日以评估价值 47 250 万元重新计量，所确定的新账面价值比评估前账面价值 19 695 万元增值 27 555 万元，而该项股权投资的计税基础并未变化，账面价值大于计税基础的部分即形成合并财务报表层面的应纳税暂时性差异，待以后实际处置剩余股权时转销。这就意味着，在丧失控制权当期合并财务报表中应当确认一项未来的纳税义务，即递延所得税负债（金额为评估增值 27 555 万元×适用的所得税税率）。

由于剩余股权并未在个别财务报表中进行重新计量，所以这项未来的纳税义务与个别财务报表无关。

五、课程中可讨论的其他问题

5. （可选）对于丧失控制权后原先有关的未实现内部交易损益在合并财务报表中如何列报的争论，你持哪一种观点？请说明理由。

➢ 参考答案：

本案例中存在的三种不同观点及理由见表 21-5。

表 21-5　　**杨光、章辉和刘誉关于问题 5 的不同观点及理由**　　金额单位：万元

杨光的观点：未实现内部交易损益在丧失控制权当期全都转销，并且从年初未分配利润转至营业成本	章辉的观点：未实现内部交易损益在丧失控制权当期转销 80%，转入各相关损益项目	刘誉的观点：未实现内部交易损益在丧失控制权当期转销 80%，转入投资收益
理由：因为自 2011 年丧失控制权后，相应的存货不再纳入合并财务报表，所以该项内部交易在 2011 年全部实现对外销售	理由：银河股份仍然持有剩余 20% 的股权，该项内部交易有 80% 在 2011 年对外实现销售，通过抵减营业成本反映其实现，剩余 20% 的内部交易损益尚未实现	理由：该项内部交易有 80% 在 2011 年对外实现销售，实现的途径是转让股权，与存货实际出售存在区别
(1) 转销内部提供劳务交易（银河股份提供给龙洲房产） 借：未分配利润——年初 1 998（4 995×40%×100%） 贷：营业成本　1 998 (2) 转销内部提供劳务交易的所得税影响 借：所得税费用 499.5（1998×25%） 贷：未分配利润——年初　499.5	(1) 转销内部提供劳务交易（银河股份提供给龙洲房产） 借：未分配利润——年初 1 598.4（4 995×40%×80%） 贷：营业成本　1 598.4 (2) 转销内部提供劳务交易的所得税影响 借：所得税费用 399.6（1 598.4×25%） 贷：未分配利润——年初　399.6	(1) 转销内部提供劳务交易（银河股份提供给龙洲房产） 借：未分配利润——年初 1 598.4（4 995×40%×80%） 贷：投资收益　1 598.4 (2) 转销内部提供劳务交易的所得税影响 借：投资收益 399.6（1 598.4×25%） 贷：未分配利润——年初　399.6

➢ 评价与分析:

分歧之一为丧失控制权之前发生的未实现内部交易损益在丧失控制权之后是否实现。在银河股份丧失对龙洲房产的控制权后，其之前向龙洲房产提供绿化劳务的顺流内部交易未实现损益应扣除持有剩余股权的比例予以转销，即反映非持有股权比例相对应的内部交易损益得以实现。这样处理符合权益法下对未实现内部交易损益的处理原则。

分歧之二为视同实现的内部交易损益在合并财务报表中如何列报（即在哪一个项目下列报）。关于这个问题，企业会计准则没有具体规定。从形式上看，在丧失控制权后的合并财务报表中，由银河股份向龙洲房产提供绿化劳务而形成的存货，随着对龙洲房产控制权的丧失而退出了合并财务报表，从这个角度出发，认为应当视同存货处置进行列报，即通过抵减营业成本反映未实现损益的实现，有一定道理。从实现的途径分析，该项存货减少并非存货本身销售所致，而是处置子公司部分股权并丧失控制权带来的影响，从这个角度出发，认为应当作为投资处置进行列报，即通过调整投资收益反映未实现损益的实现，也有一定道理。两者相比，后者更加合理，尤其是在未实现损益金额较大的情况下，有助于比较准确地揭示和分析营业毛利。

6.（可选）如果银河股份转让子公司龙洲房产41%的股权，那么银河股份的个别报表应如何进行会计核算?

➢ 参考答案:

转让龙洲房产41%股权与转让31%股权的交易相比较，在个别财务报表中对于处置股权投资的会计处理原则是相同的，即银河股份个别财务报表中按处置投资的比例结转应终止确认的长期股权投资成本，收到的股权转让款与结转的长期股权投资成本之间的差额计入投资收益。

如果转让龙洲房产41%的股权，对于继续持有的剩余10%的股权，一般情况下银河股份已经不能对龙洲房产实施重大影响，更不能进行控制，所以该10%的股权应按照《企业会计准则第22号—金融工具确认和计量》进行会计处理。龙洲房产为非上市公司，在活跃市场中没有报价，故将持有的龙洲房产10%的股权作为可供出售金融资产确认，并按公允价值进行初始计量，除非确实无法取得其公允价值时才按成本计量。

7.（可选）对于盛宏股份购买31%的龙洲房产股权，盛宏股份的个别报表应如何进行会计核算?

➢ 参考答案:

盛宏股份原持有龙洲房产49%的股权，采用权益法核算；增持31%的股权后，盛宏股份对龙洲房产实施控制，构成通过多次交易分步实现非同一控制下的企业合并。在盛宏股份个别财务报表中，增持后该项股权投资的成本为购买日前持有的龙洲房产股权投资账面价值与购买日新增投资成本之和。

8. （可选）在盛宏股份购买 31% 的龙洲房产股权后，盛宏股份的 2011 年年末合并报表中应如何抵销其长期股权投资与投资收益部分（按照全年的投资收益还是并购后的投资收益抵销），期初的比较报表应按什么原则编制？

➢ 参考答案：

（1）在合并财务报表中如何抵销其长期股权投资与投资收益

对于盛宏股份编制 2011 年合并财务报表中如何抵销关于龙洲房产的长期股权投资与投资收益，实务中存在两种不同的观点。

观点之一，认为应按盛宏股份享有龙洲房产的 2011 年全年投资收益进行抵销。其理由为：2011 年年初至购买日应享有龙洲房产的净利润份额，盛宏股份已按权益法计入投资收益和长期股权投资，取得控制权后至当年年末应享有龙洲房产的净利润份额，盛宏股份也在编制合并财务报表时按权益法调整计入投资收益和长期股权投资，既然龙洲房产已经成为盛宏股份的子公司，就应当将内部的这种股权投资关系完全抵销。

观点之二，认为应抵销自购买日至当年年末在龙洲房产实现的净利润中盛宏股份应享有的份额。其理由为：盛宏股份只是自购买日起才取得对龙洲房产的控制权，因此只能将龙洲房产在该时间段内的收益视同盛宏股份自己的收益，按各收入收益和费用损失项目详细列报。2011 年年初至购买日盛宏股份应享有龙洲房产净利润的份额，在合并财务报表中仍然应当作为对外投资收益列报。

两种观点分歧的实质在于：在合并财务报表中何时确认控制权及其影响。两种观点相比较，第二种观点及其处理结果符合编制合并财务报表的确定合并报告主体原则，能够如实反映企业合并涉及的控制权影响。

（2）期初的比较报表应按什么原则编制

基于相同的理由，盛宏股份期初合并比较报表不将龙洲房产纳入合并范围，仍反映持有龙洲房产 49% 的股权。在编制 2011 年合并财务报表抵销对龙洲房产长期股权投资与有关投资收益时，应当将购买日视同期初处理。例如，抵销子公司龙洲房产的期初未分配利润时，应当抵销的是龙洲房产购买日的未分配利润，而非其年初未分配利润。

案例22

广钢股份股权换电炉：具有商业实质吗

一、案例概览

2009年3月10日，广州钢铁股份有限公司（以下简称“广钢股份”）发布了《资产置换暨关联交易报告书》，广钢股份将持有的账面价值3 690.44万元的广州贸易公司90%股权作价4 102.46万元，与控股股东广钢集团电炉资产（评估价值4 023万元）进行互换，差额部分（79.46万元）由广钢集团以现金补足。

在年度财务报告的预审中，上市公司财务总监张新、会计主管赵敏以及审计师陈运围绕着本次交易的会计处理进行了讨论，就应该如何确认换入资产的账面价值以及相关损益存在着分歧。

二、教学目标

通过本案例的讨论与分析，拟实现以下教学目标：

1. 掌握非货币性资产交换的会计处理原则及其实务应用；
2. 理解不同非货币性资产交换的会计政策选择对企业的财务影响；
3. 掌握商业实质的判断标准以及在非货币性资产交换交易的会计实务应用；
4. 识别非货币性资产交换的会计政策选择的可能动机；
5. 理解非货币性资产交换会计准则变迁的经济后果。

三、教学建议

案例22的教学建议见表22-1。

本案例以企业合并与合并报表会计理论及其实务为基础，并参考以下文献：

1. 中华人民共和国财政部．企业会计准则第7号——非货币性资产交换．2006.
2. 中华人民共和国财政部．企业会计准则第20号——企业合并．2006.

表 22-1　　案例 22 的教学建议

内容	主角	组织与要求	时间
阅读案例资料	学生	熟悉案例资料，补充并收集相关资料	课前
案例讨论	学生	每个案例小组围绕着思考分析题分析讨论案例会计类型认定及其影响	课前
演讲	学生	每个案例小组推荐 1 名学生演讲其讨论的情况及其达成的共识、产生的分歧	30 ~ 40 分钟
点评	老师	点评案例小组讨论情况并引导其对问题的正确理解和深入分析	20 ~ 30 分钟

3. 中华人民共和国财政部．企业会计准则第 33 号——合并财务报表 . 2014.

4. 中华人民共和国财政部．企业会计准则——应用指南［M］. 北京：中国财政经济出版社，2006.

5. 财政部会计司编写组．企业会计准则讲解 2010［M］. 北京：人民出版社，2010.

6. 中华人民共和国财政部．企业会计准则第 2 号——长期股权投资 . 2014.

四、建议使用的教学资源

1. 广州钢铁股份有限公司资产置换暨关联交易报告书，2009 年 3 月 10 日 .
2. 广州钢铁股份有限公司 2008 年年度报告 .
3. 广州钢铁股份有限公司 2009 年年度报告 .
4. 广州钢铁股份有限公司 2009 年第一季度报告 .

五、案例分析参考

1. 广钢股份公司对本次资产重组（非货币性资产交换）可采取哪些会计核算方法？

➢ 参考答案：

广钢股份公司对本次资产重组（非货币性资产交换）可采取两种会计处理方法：

（1）以换入资产的公允价值和应支付的相关税费作为换入资产的成本，换出资产的账面价值与公允价值之间的差额计入当期损益。在本次非货币性资产交换中，换出资产的账面价值为 3 690. 44 万元，换出资产的公允价值为 4 102. 46 万元，换入资产以公允价值（资产评估价值）4 023 万元入账，在本次非货币性资产交换的交易中确认损益 412. 02 万元。即会计主管赵敏的观点，以及上市公司目前的做法。

（2）以换出资产的账面价值作为换入资产的入账价值，不确认当期损益。在本次非货币性资产交换中，换出资产的账面价值为 3 690.44 万元，作为换入资产锅炉的入账价值。

2. 结合案例说明，不同资产重组（非货币性资产交换）会计核算方法对广钢股份公司以及广钢集团有何财务影响？

➢ 参考答案：

广钢股份以广州广钢集团贸易有限公司（以下简称“贸易公司”）90%的股权换入 60 吨电炉资产，经过非货币性资产交换，广钢集团的股权结构略有改变，具体如图 22-1 所示。

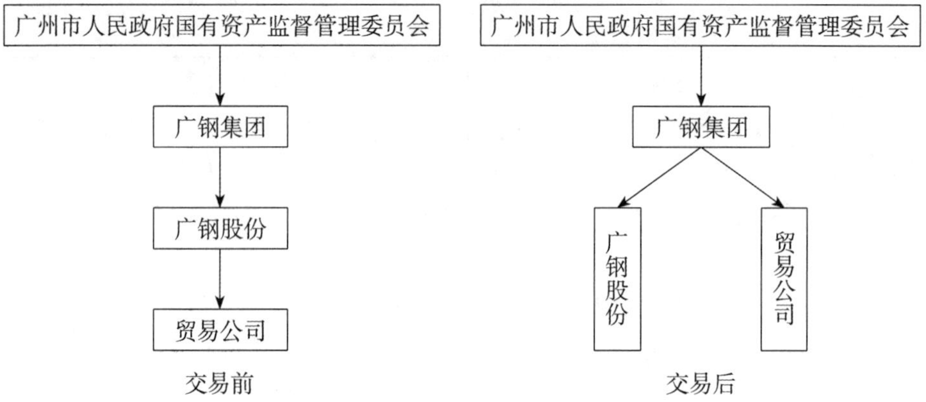

图 22-1　广钢集团关联关系变动图（2009 年 3 月 31 日）

广钢股份以长期股权投资换取母公司广钢集团的 60 吨电炉资产，该项固定资产与该项长期股权投资的公允价值不同，涉及补价，补价金额为 79.46 万元，补价所占换出资产公允价值的比例为 1.9%（79.46÷4 102.46×100%），远远小于准则规定的 25%的比例，因此，可以确定该项交易为非货币性资产交换。

2009 年广钢股份非货币性资产交换的财务影响见表 22-2。

表 22-2　　**2009 年广钢股份非货币性资产交换的财务影响**

企业	广钢股份	广钢集团
用于交换的资产	贸易公司 90%的股权	60 吨电炉资产
公允价值（评估基准日）	4 102.46 万元	4 023 万元
历史成本（评估基准日）	3 669.76 万元	
历史成本（交易实现日）	3 690.44 万元	
换出资产占非流动资产的比重	2.17%	
换出资产占总资产的比重	0.87%	
非货币性资产交换损益	412.02 万元	
净利润	3 706 万元	
占总利润的比重	11.29%	
占净利润的比重	11.36%	

3. 作为会计师事务所技术标准部的负责人，请评述上市公司财务总监张新、会计主管赵敏以及审计师陈运对本次资产重组会计处理的不同观点，说明其合理与不足之处，陈述你的倾向性意见。

➢ 参考答案：

张新、赵敏以及陈运对本次交易会计处理的观点对比见表 22-3。

表 22-3 **张新、赵敏以及陈运对本次交易会计处理的观点对比**

持不同观点者	张新	赵敏	陈运
会计判断	具有商业实质	具有商业实质	不具有商业实质
换入资产入账价值	以换入资产的公允价值和应支付的相关税费 4 023 万元作为换入资产的成本	以换入资产的公允价值和应支付的相关税费 4 023 万元作为换入资产的成本	以换出资产的账面价值 3 690.44万元入账
当期损益	换出资产的账面价值与公允价值之间的差额 412.02 万元计入当期损益	换出资产的账面价值与公允价值之间的差额 412.02 万元计入当期损益	不确认损益
理由	换入、换出资产的未来现金流量在风险、时间和金额方面有显著不同		在确定非货币性资产交换是否具有商业实质时，企业应当关注交易各方之间是否存在关联方关系

➢ 评价与分析：

根据非货币性资产交换准则的规定，同时满足“该项交换具有商业实质”和“换入或换出资产的公允价值能够可靠计量”两个条件，以公允价值和应支付的相关税费作为换入资产的成本，其差额计入当期损益；未能同时满足上述两个条件，以换出资产的账面价值和应支付的相关税费作为换入资产的成本，不确认损益。由于非货币性资产交换具有商业实质，是换入资产能够采用公允价值计量的重要条件之一，影响着会计处理的方式，所以对于商业实质的判断是否正确至关重要，对此，应该综合考虑以下三个方面：

第一，从商业实质的判断条件分析。

准则规定非货币性资产交换满足两个条件之一的才具有商业实质：

（1）换入、换出资产的未来现金流量在风险、时间和金额方面有显著不同。这种情形主要包括以下几个方面：①未来现金流量的风险、金额相同，时间不同；②未来现金流量的时间、金额相同，风险不同；③未来现金流量的风险、时间相同，金额不同。

（2）换入、换出资产预计未来的现金流量现值不同，且其差额与换入、换出资产的公允价值相比是重大的。

广钢股份换入资产为固定资产（电炉设备），而换出资产为长期股权投资（贸易公司90%的股权）。对于未来现金流量的时间方面：固定资产是有固定使用寿命的，而长期股权投资的使用时间是不确定的，因此是存在差异的。对于未来现金流量的风险方面：固定资产为内部投资，而长期股权投资为外部投资，外部投资的风险要高于内部投资，因此二者也是存在差异的。然而，对于准则规定的“显著不同”的界定比较抽象，所以我们一般更多地从资产类别与商业实质的关系分析非货币性资产交换是否具有商业实质。

第二，从交换涉及的资产类别与商业实质的关系分析。

企业在判断非货币性资产交换是否具有商业实质时，还可以从资产是否属于同一类别进行分析，因为不同类别的非货币性资产因其产生经济利益的方式不同，一般来说其产生的未来现金流量的风险、时间和金额也不相同，因而不同类别的非货币性资产之间的交换是否具有商业实质，通常较易判断。

很明显，广钢股份此次非货币性资产交换中，固定资产与长期股权投资这两项资产为不同类别的非货币性资产，其产生经济利益的方式不同，因而其产生的未来现金流量的风险、时间和金额都存在着较大差异。对于广钢股份而言，换入的电炉设备能够解决生产中的设备难题，从而对换入企业的特定价值即预计未来现金流量现值与换出的长期股权投资存在明显差异，因而两项资产的交换符合商业实质的判断条件。

第三，从关联方之间交换资产与商业实质的关系分析。

满足商业实质判断条件的，同时还要注意交易方是否有关联方关系，关联方关系的存在可能导致发生的非货币性资产交换不具有商业实质。新准则指出：“在确定非货币性资产交换是否具有商业实质时，企业应当关注交易各方之间是否存在关联方关系。关联方关系的存在可能导致发生的非货币性资产交换不具有商业实质。”尽管新准则并未明确规定在何种情况下关联方之间的非货币性资产交换是不具有商业实质的，但是可以从以下两个方面进行分析：

（1）交易双方的计价基础是否相同。

此案例中的非货币性资产交换的主体为关联方关系，对于广钢股份的交易对方广钢集团而言，并非是一次单纯的非货币性资产交换，确切地说，应该是同一控制下的控股合并，由同一控制下企业合并会计处理相关准则所规范。

按照《企业会计准则第2号——长期股权投资》的规定，同一控制下企业合并形成的长期股权投资，合并方应以合并日应享有被合并方账面所有者权益的份额作为形成长期股权投资的初始投资成本。

因此，广钢集团以贸易公司的账面净资产为入账价值，然而广钢股份却以其公允价值计量，两者出现了不对等的关系。这样把此次非货币性资产交换视为不具有商业实质，以换出资产的账面价值和应支付的相关税费作为换入资产的成本，不确认损益，更有利于反映该交易的实质——集团内的资源转移。

（2）交易资产估价是否公允。

尽管双方所交换的资产均由广州中职信资产评估有限公司出具了相应的资产评估报告，但是关联交易资产的公允性往往受到外人的质疑。

在本案例中，换出资产的贸易公司的账面总资产为 22 121.54 万元，负债总额为 17 633.01 万元，净资产为 4 488.53 万元。根据广州中职信资产评估有限公司出具的《资产评估报告书》，贸易公司在评估基准日 2008 年 12 月 31 日的评估价值为 4 558.29 万元。表 22-4 表明贸易公司历年业绩较为良好。

表 22-4 **贸易公司历年净利润** 单位：万元

年份	2004	2005	2006	2007	2008
净利润	718.31	386.10	212.94	271.94	400.04

由于贸易公司置换给了广钢集团，而广钢集团并非上市公司，因此我们无法取得贸易公司 2009 年及 2010 年的业绩数据。但是根据表 22-4 中的历史数据，即可推测出贸易公司正平稳良好地发展着。如此良好业绩的公司其价值仅仅高出净资产价值 69.76 万元，为其评估价值的 1.53%，难免有低估该公司价值的嫌疑。贸易公司 2009 年营业收入比 2008 年营业收入降低 18.74%，其中一个重要的原因在于贸易公司在 2009 年第 2—4 季度的收入未并入广钢股份的合并财务报表，由此可见贸易公司对于广钢股份而言的重要性。

4. 结合案例说明，广钢股份公司资产重组的可能动机。

➢ 参考答案：

在正常情况下，交易双方确实可以通过存货、固定资产、无形资产和长期股权投资等非货币性资产交换来满足各自生产经营的需要，同时减少货币性资产的流入和流出，这是积极有效的。然而上市公司的动机并非都是如此纯正的，有的故意抬高公允价值，进行盈余管理；有的故意降低公允价值，进行有意避税。

在本案例中，广钢股份以货易货的表面动机如其报表所述：首先为了满足战略需要。扩大广钢股份的规模，消除同业竞争，完善了该公司的产品结构，有利于实现钢铁生产工艺流程的完整。该次资产置换完成后，广钢股份在拥有转炉炼钢设施的基础上，将增加电炉炼钢生产设备，有利于该公司对钢铁生产的集中统一管理，从而提升广钢股份的盈利能力和未来的可持续发展能力，同时做大钢铁主业，保持广钢股份强劲的发展后劲。其次为了减少关联交易。实现钢铁业上下游生产系统协调匹配以及钢铁主业的一体化经营，发挥资源的协同效应，从而减少关联交易，增强企业自主经营能力和长期抗风险能力，提高公司业绩。

然而，结果却人相径庭。在 2011 年 1 月 28 日，广钢股份发布了 2010 年度业绩预亏公告，亏损原因是："根据《广东省亚运会期间空气质量保障临时措施和应急预案》和广州市《2010 年亚运会及亚残运会期间广州市空气质量保障工业企业强化减排方案》的要求，公司从 2010 年 11 月 1 日起限产减排，直至 2010 年 12 月

20日。受其影响，公司的产量大幅下降，成本大幅上升，导致2010年度亏损。”

2011年1月10日，广钢股份发布了《广州钢铁股份有限公司重大资产置换及向特定对象发行股份购买资产暨关联交易预案》。若重组成功，公司的主营业务将变为以电梯整机制造、电梯零部件生产以及电梯物流服务为核心的电梯制造相关业务。既然公司决定转型，那么满足战略需要、扩大生产规模便成了无稽之谈。

那么我们有必要去深入挖掘广钢股份的其他动机。

（1）盈余管理动机：扭亏为盈、提升股价帮助大股东减持。

2008年公司大幅亏损，2009年如不能扭亏为盈，公司将被ST，将会给进一步发展与融资带来不利影响。因此，2009年扭亏为盈为当务之急。此次非货币性资产交换所增加的412.02万元的投资收益占2009年净利润的比重为11.36%，似乎并未有实质性的影响。然而，该次交易发生在2009年3月31日，直接影响了2009年第一季度的报告。

由表22-5可见，正是由于此次非货币性资产交换产生了投资收益，使得企业在2009年第一季度的利润转负为正，以表面上的数据来掩饰2008年金融危机带来的损失。同时第一季度确认投资收益增加了利润，从而刺激股价提升，从2008年12月22日到2009年5月5日，前两大股东广州钢铁企业集团有限公司与金钧有限公司减持上市公司股票2 000多万股，大股东具有利用盈余管理操纵股价的嫌疑。

表22-5　**广钢股份2009年第一季度报告盈利状况**　金额单位：万元

时间		2009年1—3月份
营业总收入		136 969.16
营业总成本		137 311.61
其中：投资收益	非货币性资产交换取得的投资收益	412.02
	其他投资收益	207.34
营业利润		276.90
非货币性资产交换取得的投资收益对营业利润的贡献率		148.80%
净利润		242.92
非货币性资产交换取得的投资收益对净利润的贡献率		169.60%

（2）避税动机。

据新准则规定：收到补价方应当以换入资产的公允价值和应支付的相关税费作为换入资产的入账价值。广钢股份2009年年报显示，换入的电炉设备入账价值为4 023万元，在资产负债表中，固定资产项目增加4 023万元，即以该批设备的公允价值入账，未涉及相关增值税。根据相关税法规定：假如企业以使用过的固定资产（不包括房屋建筑物等不动产）进行非货币性资产交换，按照公允价值是否超过原价来决定是否免征或减半征收增值税。尽管该公司的相关公告未披露该批电炉设备的历史成本、折旧、减值等数据，但是根据上述数据可分析得到该批设备的公允价值未超过原价。

广钢股份处置其 90% 的股权，在交易实现日，以成本法对该长期股权投资计量的价值为 3 690.44 万元，未计提减值，因而当日长期股权投资减少 3 690.44 万元；同时在利润表中，投资收益增加了 412.02 万元（4 558.29×90% -3 690.44）。该笔交易须支付所得税 103 万元（412.02×25%）。

根据以上对该笔非货币性资产交换对财务报表影响的分析，该公司有故意降低交换资产的公允价值来达到避税的动机。尽管我们还没有确实的证据说明在评估交换资产中存在着违规现象，但是从其行为结果推断，该企业的行为有着以压低公允价值来达到避税目的的动机。

（3）掏空优良资产。

关联交易是实现利益侵占的一个重要方式，通过有利于自己的关联交易价格，最终控制人可以以隐蔽的方式将上市公司的资源转移出去。

贸易公司可以说是一家业绩良好的企业（见表 22-4），相较之下，60 吨电炉资产被列为广钢股份固定资产中的通用设备，公司对其折旧方法的规定为：专用设备折旧年限为 10～15 年，年折旧率为 6.33% ～10%，由于该批设备为旧设备，如果将其年折旧率估计为 10%，那么 2009 年其折旧额为 301.725 万元（4 023×10%÷12×9）。

广钢股份以贸易公司股权置换 60 吨电炉资产一事并未对公司的战略目标有所贡献，反而可能因为设备折旧成本的增加加重企业的负担。与此同时，失去了一家业绩较为良好的子公司。此次非货币性资产交换并没有达到提升公司的盈利能力和未来的可持续发展能力的目的。然而，由于这是关联方之间的资产置换，因此并未影响整个集团的利益，只是将优质资产注入到大股东一方。因此本次资产置换表面上以战略发展为幌子，其实质是为了进行盈余管理，从而粉饰报表，并且在逆转利润的同时提升股价，帮助大股东减持；通过压低资产的公允价值来达到向大股东输出优质资产的目的。

5. 结合案例说明，非货币性资产交换准则变迁对企业盈余管理的影响。

➢ 参考答案：

从 1999 年有关非货币性资产交换的准则的制定，到 2001 年的修订版，再到 2006 年的修订版，其主要区别是在发布名称、规范范围、对非货币性资产的确认与计量以及披露方面存在着较大的差异（见表 22-6）。

1999 年颁布的准则中关于待售资产和非待售资产的区别，企业很难掌握其具体标准进行准确的判断，而且由于当时市场关于资产“公允价值”的定价机制不成熟，部分上市公司利用对换入资产公允价值的随意确定来进行利润操纵，造成极坏的影响。因此，财政部于 2001 年 1 月 18 日对《企业会计准则第 7 号——非货币性交易》准则进行了修订，取消了公允价值的运用，其出发点是为了提高会计信

息的

表 22-6　　　　有关非货币性资产交换新旧准则之间的差异

项目	旧准则（1999）	修订版（2001）	新准则（2006）
发布时间	1999 年 6 月 28 日	2001 年 1 月 18 日	2006 年 2 月 15 日
准则名称	《企业会计准则——非货币性交易》		《企业会计准则第 7 号——非货币性资产交换》
规范范围	非货币性交易		非货币性资产交换
确认与计量	同类非货币性交易采用账面价值法	以换出资产的账面价值，加上应支付的相关税费，作为换入资产的入账价值	同时满足“该项交换具有商业实质”和“换入或换出资产的公允价值能够可靠计量”两个条件，以公允价值和应支付的相关税费作为换入资产的成本，差额计入当期损益
	不同类非货币性交易采用公允价值法		未能同时满足上述两个条件的，以换出资产的账面价值和应支付的相关税费作为换入资产的成本，不确认损益
披露	1. 非货币性交易的类型 2. 非货币性交易涉及的金额 3. 非货币性交易的计价基础以及实现的损益	换入、换出资产的类别及其金额	1. 换入、换出资产的类别 2. 换入资产成本的确认方式 3. 换入、换出资产的公允价值及换出资产的账面价值

可靠性，防止上市公司利用公允价值进行利润操纵。2001 年非货币性交易准则的出台，使非货币性交易的会计处理更加简单、明确，从而更具可操作性，会计信息的可靠性也有所保障，然而因其未能反映非货币性交易的实质，由此产生的会计信息的相关性和公允性受到了质疑。而且，2001 年的准则与国际会计准则和美国会计准则的做法相去甚远，使之难以取得国际社会的认同。

为了提高会计信息的相关性与可比性，实现与国际会计准则的趋同，促进资本市场健康稳定发展，维护社会主义市场经济秩序和社会公众利益，财政部修订发布了《企业会计准则第 7 号——非货币性资产交换》（以下简称“新准则”），恢复了公允价值计量。在现实中，非货币性资产的账面价值与市场价值相背离的现象是非常普遍的。以可靠的公允价值作为换入资产的入账价值能更加准确地反映资产的实际价值，为企业信息使用者的决策提供有用的财务信息。同时，我国监管层在制定新准则时运用了谨慎性原则，将非货币性资产交换区分为具有商业实质和不具有商业实质两类，针对不同业务实质和表现采取不同的会计处理方法。

与 2001 年的准则相比，新准则引入了商业实质与公允价值的概念，其中商业实质的判断与资产公允价值的计量都包含不少主观因素，这为企业进行盈余管理提供了空间。

6. 结合案例说明，企业资产重组（非货币性资产交换）对利益相关者的影响，为什么本次交易需要关联董事在董事会表决中予以回避，并且要求独立董事出具意见？

➢ 参考答案：

企业资产重组（非货币性资产交换）涉及以货换货，换入资产与换出资产的状况在企业内部人（管理层）与外部人（股东）之间具有较大的信息不对称，其评估价格受到不同评估方法的影响较大，加之我国资产评估市场机制不健全，其价格的真实性、公允性难以得到保证，容易成为管理层盈余管理、掏空公司的手段。本次交易属于上市公司与大股东之间的交易，管理层（关联董事）受到大股东的指派，为了避免大股东通过资产重组换入劣质资产、掏空上市公司，我国监管机构要求关联董事在董事会表决中予以回避，并且要求独立董事出具意见，以维护中小股东的利益。

六、课程中可讨论的其他问题

7. （可选）如果你是广钢集团的会计人员，对于本次资产重组的交易如何在个别报表与合并报表中反映？

➢ 参考答案：

对于广钢集团而言，此次并非是一次单纯的非货币性资产交换，确切地说，应该是同一控制下的控股合并，由同一控制下企业合并会计处理相关准则所规范。

按照《企业会计准则第 2 号——长期股权投资》的规定，同一控制下企业合并形成的长期股权投资，合并方应以合并日应享有被合并方账面所有者权益的份额作为形成长期股权投资的初始投资成本。因此，广钢集团的个别报表是以贸易公司的净资产份额的账面价值为入账价值，与换出资产的账面价值之间的差额计入资本公积。

在合并报表中，广钢集团在交易前直接持有贸易公司 10% 的股权，间接持有 34.515% （38.35% ×90%）的股权；交易后直接持有贸易公司 100% 的股权，因此需要抵销所有内部交易的影响。在广钢股份的合并报表中，需要把广钢股份在此次资产重组的内部损益全部抵销。

案例 23

宝硕股份债务重组：破产重整下收益何时确认

一、案例概要

河北宝硕股份有限公司（以下简称“宝硕股份”）因债务危机，于 2007 年 1 月 25 日被保定市中级人民法院（以下简称“保定中院”）裁定进入破产程序；2008 年 1 月 3 日，经宝硕股份申请，保定中院裁定其进入破产重整程序；2008 年 2 月 5 日，宝硕股份公司的《重整计划草案》获法院批准，重整计划的执行期限为 3 年。

根据重整计划，宝硕股份股东让渡的部分股份将由重组方有条件受让，在对原有债务进行重组的同时，还将实施资产重组以获新生，最终新希望化工投资有限公司（新希望集团有限公司全资子公司，以下简称“新希望化工”）获取宝硕股份 29.85% 的股份，成为重组方。按照重整计划确定的经营方案，重组方新希望化工承诺向宝硕股份注入资产，同时提供资金支持，并对宝硕股份依重整计划所须偿还的债务提供担保，以保障宝硕股份能按期偿还债务，保证公司具有持续经营能力。然而宝硕股份在新希望化工的支持下按期偿还了第一期债务后，由于种种原因，宝硕股份未按重整计划的要求偿还 2009 年 2 月 5 日到期的第二期债务（总额约 2.4 亿元）、2009 年 8 月 5 日到期的第三期债务（总额约 2.5 亿元）。同时重整计划确定的公司第四期债务约 2.4 亿元也已于 2010 年 2 月 5 日到期。

2011 年 4 月 20 日，鉴于宝硕股份部分破产重整债务到期未付，为支持和帮助公司完成重整计划，控股股东新希望化工公告承诺对宝硕股份已到期的尚未履行的重整债务提供保证担保，并与有关重整计划的债权人签订了《债务和解协议》，确认了新的债权债务关系。2011 年 6 月 24 日，保定中院作出（2007）保破字第 014-21 号《民事裁定书》，确认宝硕股份重整计划执行完毕。为此，宝硕股份 2011 年年报确认债务重组收益 2 289 626 115.78 元。

2011 年年底，对宝硕股份进行审计的会计师事务所项目负责人叶涛在年报预审会上召集了审计人员老李、小徐与老张对该事项的会计处理进行了讨论，审计人员就债务重组收益是否应该确认并没有达成一致意见。

二、教学目标

通过本案例的讨论与分析，拟实现以下教学目标：

1. 掌握一般债务重组的会计处理原则及其实务应用；
2. 掌握破产重整下债务重组的特征及其适用的会计处理原则；
3. 掌握破产重整下债务重组的损益如何确认与计量；
4. 掌握资产负债表日后调整事项的特征与判断标准，能够运用于破产重整下债务重组的会计实务；
5. 掌握公司与大股东之间债务重组交易的会计处理原则。

三、教学建议

案例23的教学建议见表23-1。

表23-1 **案例23的教学建议**

内容	主角	组织与要求	时间
阅读案例资料	学生	熟悉案例资料，补充并收集相关资料	课前
案例讨论	学生	每个案例小组围绕着思考分析题分析讨论案例会计类型认定及其影响	课前
演讲	学生	每个案例小组推荐1名学生演讲其讨论的情况及其达成的共识、产生的分歧	30～40分钟
点评	老师	点评案例小组讨论情况并引导其对问题的正确理解和深入分析	20～30分钟

本案例以企业债务重组和破产重整会计理论及其实务为基础，并参考以下文献：

1. 全国人民代表大会常务委员会．中华人民共和国企业破产法.2006.
2. 中华人民共和国财政部．企业会计准则第12号——债务重组.2006.
3. 中华人民共和国财政部．企业会计准则第13号——或有事项.2006.
4. 中华人民共和国财政部．企业会计准则第22号——金融工具确认与计量.2006.
5. 中华人民共和国财政部．企业会计准则——应用指南［M］．北京：中国财政经济出版社，2006.
6. 财政部会计司编写组．企业会计准则讲解2010［M］．北京：人民出版社，2010.
7. 中国证券监督管理委员会．关于印发《上市公司执行企业会计准则监管问题解答》的通知.2009年第2期.
8. 中国证监会会计部．上市公司执行企业会计准则案例解析［M］．北京：中国财政经济出版社，2012.

9. 中华人民共和国财政部．关于做好执行企业会计准则企业 2008 年年报工作的通知．财会函〔2008〕60 号．

四、建议使用的教学资源

1. 河北宝硕股份有限公司重组方案公告（编号：临 2008-044），2008 年 5 月 23 日．

2. 河北宝硕股份有限公司关于收到河北省保定市中级人民法院对公司破产重整计划相关裁定的公告（编号：临 2011-019），2011 年 6 月 27 日．

3. 河北宝硕股份有限公司关于债务偿还情况的公告（编号：临 2011-020），2011 年 6 月 28 日．

4. 河北宝硕股份有限公司 2008 年年度报告．

5. 河北宝硕股份有限公司 2011 年年度报告．

五、案例分析参考

1. 如果你是项目负责人叶涛，根据案例资料，对于破产重整下的债务重组是否适用于《债务重组》准则，请评价老李与小徐观点中的正确与不当之处，说明你的看法。

➢ 参考答案：

与会人员关于问题 1 的意见分歧见表 23-2。

表 23-2　与会人员关于问题 1 的意见分歧

人员	老李	小徐
观点	*ST 宝硕的破产重整就是债务重组，适用于《债务重组》准则	*ST 宝硕不是一般的持续经营下的债务重组，不适用于《债务重组》准则
理由及依据	*ST 宝硕重整计划是在法院主持下由债务人与债权人就债权调整方案和债务受偿方案达成协议，规定在一定期限内，债务人按一定方式全部或部分偿清债务，同时债权人一般会对债务人的债务作出豁免（让步），其重整计划的核心内容就是在部分清偿原有债务的基础上，由公司股东让渡部分股份，经重组方提供资产注入、资金担保等支持而获得新生。*ST 宝硕破产重整是一种典型的组合方式债务重组	(1)《债务重组》准则适用的前提是企业处于正常经营或持续经营情形，而目前宝硕股份处于破产重整中，远非正常经营，持续经营的前提已经不存在了，因此不是一般的持续经营下的债务重组，不能适用于《债务重组》准则。 (2) 经法院批准的债务豁免，其实质是有条件豁免，在破产重整过程中，不能简单地认为法院裁定批准了重整计划，被豁免的债务就符合了终止确认的条件，因为有关债务重组协议的执行过程和结果都存在较大的不确定性

➢ 评价与分析：

破产重整是现代破产制度中的一个组成部分，也是我国 2007 年 6 月 1 日实施的《中华人民共和国企业破产法》（以下简称《破产法》）在积极借鉴西方破产理论和实务的基础上新引入的一项制度。我国《破产法》规定了三种制度：破产清算、破产重整、破产和解。重整是指不对破产企业立即进行清算，而在法院的主持下由债务人与债权人达成协议，制定重整计划，规定在一定期限内，债务人按一定方式全部或部分偿清债务，同时债务人可以继续经营其业务。与破产清算不同的是，破产重整可以使面临困境但有挽救希望的企业避免关门清算，从而获得恢复生机的机会。它是对可能或已经发生破产原因但又有希望再生的债务人，通过各方利害关系人的协商，并借助法律强制性地调整其利益，对债务人进行生产经营上的整顿和债权债务关系的清理，以期摆脱财务困境、重获经营能力的特殊法律程序。它的实施对于弥补破产和解制度、破产整顿制度的不足，防范大公司（尤其是上市公司）破产带来的社会问题，具有不可替代的作用。由于重整计划中经常会涉及债权调整方案和债务受偿方案，债权人一般会对债务人的债务作出豁免（让步），因此，破产重整通常无一例外地将债务重组作为一项重要内容。

对于本案例判断的破产重整交易是否属于《债务重组》准则规范的债务重组，需要把握以下几个要点：

（1）《企业会计准则第 12 号——债务重组》适用的前提是企业处于正常经营或持续经营的情形，目前 * ST 宝硕处于破产重整中，持续经营的前提存在着重大的不确定性，但是 * ST 宝硕也没有被宣告破产，不能判定为非持续经营，而是处于非持续经营与持续经营之间的过渡状态。

（2）《企业会计准则第 12 号——债务重组》中规定：“债务重组是指在债务人发生财务困难的情况下，债权人按照与债务人达成的协议或者法院的裁定作出让步的事项。”债务重组的方式有四种：一是以资产清偿债务；二是债务转为资本；三是修改其他债务条件；四是以上三种方式的组合。* ST 宝硕的破产重整可以看成是一种典型的组合方式债务重组。

（3）按照 * ST 宝硕重整计划确定的经营方案，宝硕股份股东让渡的部分股份必须是由重组方有条件受让，这样重组方新希望化工才会承诺向宝硕股份注入资产，同时提供资金支持，并对宝硕股份依重整计划所须偿还的债务提供担保，以保障宝硕股份能按期偿还债务，保证公司具有持续经营能力，所以股份受让是进行债务重组的条件。

（4）根据《破产法》的规定，只有在债务人履行重整计划规定的偿债义务后，债权人才根据重整计划豁免其剩余债务。如果债务人在重整期间不能执行或者不执行重整计划，经破产管理人或者利害关系人请求，人民法院应当裁定终止重整计划的执行，并宣告债务人破产，则债权人在重整计划中所作的债权调整承诺也随之失效。所以，经法院批准的债务豁免，其实质是有条件豁免，在破产重整过程中，不能简单地认为法院裁定批准了重整计划，被豁免的债务就符合了终止确认的条件，因为有关债务重组协议的执行过程和结果都存在较大的不确定性。

综上所述，本次破产重整在新希望化工尚未入主宝硕股份之前，债务重组的条件尚未达成，不适用于《债务重组》准则；在新希望化工入主宝硕股份之后，债务重组的条件达成，宝硕股份暂时脱离了破产的状态，可以适用于《债务重组》准则。

是否适用于《债务重组》准则实际上意味着企业是否仍采用持续经营的前提进行会计核算。只有在持续经营的前提下，企业债务重组中的资产、负债以及所有者权益才可以按照企业（管理层）预期的方式得以运营、清偿与筹集，才可以按照企业（管理层）预期的方式进行确认与计量；否则，在非持续经营的情况下，企业的资产与负债只能采用可变现净值计量。

2. 如果你是项目负责人叶涛，对于破产重整下债务重组收益如何确认与计量，请评价老李、小徐与老张观点中的正确与不当之处。

➢ 参考答案：

与会人员关于问题 2 的意见分歧见表 23-3。

表 23-3 **与会人员关于问题 2 的意见分歧**

人员	老李	小徐	老张
观点	＊ST 宝硕 2011 年确认债务重组收益的会计处理没有问题	＊ST 宝硕不应该在 2011 年确认债务重组收益，应该是在重整协议履行完毕（重整债务清偿后）后，确认债务重组收益	＊ST 宝硕能不能在 2011 年确认债务重组收益，关键要看破产重整协议履行的重大不确定性是否已消除
理由及依据	公司重整计划已经法院裁定执行完毕，符合《债务重组》准则中规定的债务重组的确认时点：在满足金融负债终止确认条件之后，在债权人和债务人签订协议后，即可认为新的债务替代了旧的债务，这时可以确认债务重组收益	（1）宝硕股份未按重整计划的要求偿还到期的第二期、第三期和第四期债务，重大不确定性并未消除。（2）宝硕股份大股东提供的担保承诺并不意味着重整协议履行完毕，所以应该在重整协议真正履行完毕后确认债务重组收益	我国《破产法》第九十四条规定：按照重整计划减免的债务，自重整计划执行完毕时起，债务人不再承担清偿责任，即法律已确认债务人被免除了旧债务。在这种情况下，＊ST宝硕可以认为破产重整协议履行的重大不确定性已消除，确认债务重组收益符合会计准则的规定

➢ 评价与分析：

从我国上市公司破产重整实践来看，破产重组收益主要有三种确认时点和确认方法。

方法一：重整计划被批准后，确认债务重组收益。例如，＊ST 宝硕曾经在

2008 年第三季度季报中确认过 20 亿元债务重组收益、后被中国证监会叫停，并在 2008 年年报中又将该收益冲回的处理。即老李的观点。

方法二：重整协议履行完毕后（重整债务清偿后），确认债务重组收益。即小徐的观点。

方法三：在重整过程中，判断重整债务清偿的重大不确定性（清偿风险）已经消除，即使重整债务尚未全部清偿，仍确认债务重组收益。即老张的观点。

方法一存在的最大的问题是，进入破产重整程序的公司在对重整计划的履约能力存在重大不确定性的情况下，如何判断破产重整计划执行完毕后的重大不确定性已经消除。如果在重整过程中债务人不能完全执行重整计划、履行相关债务清偿协议，甚至重整失败，就会存在一定风险，会引起原来确认的重组收益的转回，难以保证重整过程中有关会计信息的可靠性。如出现债务人不能执行或者不执行重整计划的情况，按照《破产法》有关规定，债权人因执行重整计划所受的清偿仍然有效，债权未受清偿的部分作为破产债权。即使重整计划被通过，由于债务人的违约，旧债务仍不能免除。《企业会计准则讲解 2010》中又提到债务重组不适用于《企业会计准则第 22 号——金融工具确认和计量》中规定的债务人与债权人之间签订协议以承担新金融负债方式替换现存金融负债，且新金融负债与现存金融负债的合同条款实质上不同的，应当终止确认现存金融负债，并同时确认新金融负债的情形。所以，在这个时点确认债务重组收益显然不合适。

方法二中破产重整协议履行完毕说明不确定因素已经消除，此时确认债务重组收益无异议，是一种最为稳妥的重组收益确认方法。但这种方法存在的问题是违背了权责发生制，降低了会计信息的有用性。

方法三是对方法二的补充，在本案例中，针对尚未清偿的债务，宝硕股份的大股东提供了相应的担保。而且，保定市中级人民法院终审裁定宝硕股份重整计划执行完毕。由于我国《破产法》第九十四条规定："按照重整计划减免的债务，自重整计划执行完毕时起，债务人不再承担清偿责任。"即法律已确认债务人被免除了旧债务，在这种情况下，可以认为破产重整协议履行的重大不确定性已消除，确认债务重组收益符合会计准则规定。

债务重组收益的确认首先要区分普通债务重组和破产重整条件下的债务重组。对于普通的债务重组，在债权人和债务人签订协议后，即可认为新的债务替代了旧债务，可以确认债务重组收益。对于破产重整条件下的债务重组，其收益要谨慎确认，同时又要考虑到会计信息的质量要求，如果在破产重整债务尚未清偿完毕前，债务人就尚未清偿的债务取得有效的担保、抵押或其他偿还债务的保证，足以消除债务履行过程中的重大不确定性或清偿风险，并且经过法院的终审裁定后，可以确认债务重组收益。否则，就应该在破产重整协议履行完毕后确认债务重组收益。

总体来看，老李与小徐的观点不够全面，老张的观点相对更为合理，在会计实务中更多地被采用。

3. 如果你是项目负责人叶涛，对于宝硕股份 2011 年年末确认债务重组收益，你是否认可，请说明理由。

➢ 参考答案：

根据 2011 年 6 月 24 日保定中院作出（2007）保破字第 014-21 号《民事裁定书》，保定中院经审查认为："在管理人的监督下，债务人宝硕股份公司在重整计划执行期间，已清偿部分重整债务，就尚未清偿的部分债务，债务人与债权人另行达成债务和解协议，并提供有效担保，即债务人与债权人建立了新的债权债务关系，可视为债务人已经按照重整计划履约，重整计划执行完毕，管理人对重整计划执行的监督工作全部结束。申请人的请求符合法律规定，裁定如下：一、确认宝硕股份公司重整计划执行完毕，按照重整计划减免的债务，债务人不再承担清偿责任；二、宝硕股份公司破产管理人的监督职责依法终止；三、因未依法申报债权而未被列入重整计划清偿范围的债权人，自本裁定生效之日起，可以按照重整计划规定的同类债权的清偿条件行使权利。本裁定为终审裁定。"

如果诚如保定中院所述，宝硕股份所有旧债已清理完毕，未清偿的部分另行达成了债务和解协议，建立了新的债权债务关系，因此债务重组执行完毕，围绕着债务偿还的重大不确定性已经消除，那么 2011 年年末宝硕股份确认债务重组收益是合理的。

但是作为项目负责人，仍有必要向债权人进行函证或询问，了解破产重整的合法性与债务重组的合理性是否仍有争端、仍存在待决诉讼以及是否属实，进一步确证相关债务重组的不确定性是否消除，新债务是否存在隐匿。只有在债务重组执行的重大不确定性已经消除，2011 年年末宝硕股份确认债务重组收益才是合理的。

4. 如果本案例中 2011 年度发生并开始实施的破产重整计划，法院未作出判决，而在资产负债表日后的 2012 年 1 月完成重整计划并由法院裁定破产重整计划实施完毕，是否可以作为资产负债表日后调整事项？

➢ 参考答案：

资产负债表日后调整事项，是指对资产负债表日已经存在的情况提供了新的或进一步证据的事项。

如果资产负债表日及所属会计期间已经存在某种情况，但当时并不知道其存在或者不能知道确切结果，资产负债表日后发生的事项能够证实该情况的存在或者确切结果，则该事项属于资产负债表日后事项中的调整事项。如果资产负债表日后事项对资产负债表日的情况提供了进一步的证据，证据表明的情况与原来的估计和判断不完全一致，则需要对原来的会计处理进行调整。

如果本案例中 2011 年度发生并开始实施的破产重整计划，法院未作出判决，而在资产负债表日后的 2012 年 1 月完成重整计划并由法院裁定破产重整计划实施完毕。

该事项是否可以作为资产负债表日后调整事项、调整 2011 年年度报告利润数字，取决于该破产重整计划是否已经在资产负债表日执行完毕。

如果该破产重整计划在 2011 年年底已经执行完毕，且提交到法院等待判决，则该事项属于在资产负债表日已经存在的事项，而后法院判决证实了企业在资产负债表日已经存在现时权利与义务，可以在 2011 年确认与该债务重组相关的负债、资产与损益。

如果该破产重整计划在 2011 年年底尚未执行完毕，而是在 2012 年 1 月才执行完毕，那么该事项不属于在资产负债表日已经存在的事项，不属于资产负债表日后调整事项，不能调整 2011 年财务报告的相关资产、负债与损益。

5. 如果本案例中大股东新希望化工代偿了宝硕股份的部分债务 2 亿元，同时保留对宝硕股份 1 亿元的债务追索权，那么宝硕股份应该如何进行会计处理？

➢ 参考答案：

如果大股东新希望化工代偿了宝硕股份的部分债务 2 亿元，同时保留对宝硕股份 1 亿元的债务追索权，那么需要分为两个部分进行会计处理。

大股东对宝硕股份 1 亿元的债务追索权，应在宝硕股份的财务报表上注销原债务 1 亿元，并确认新的“应付账款——新希望化工”或“其他应付款——新希望化工”。

根据财政部财会函〔2008〕60 号的相关规定，企业接受的捐赠和债务豁免，按照会计准则规定符合确认条件的，通常应当确认为当期损益。如果接受控股股东或控股股东的子公司直接或间接的捐赠，从经济实质上判断属于控股股东对企业的资本性投入，应作为权益性交易，相关利得计入所有者权益（资本公积）。

大股东为宝硕股份代偿的 1 亿元债务，应作为权益性交易处理，借方注销原债务 1 亿元，贷方计入资本公积 1 亿元，不确认为当期债务重组利得。